南开大学农业保险研究中心·农业保险系列教材

农业风险评估与管理概论

主　编　张峭
副主编　李越　王克

南开大学出版社

天　津

图书在版编目(CIP)数据

农业风险评估与管理概论 / 张峭主编. —天津：
南开大学出版社，2019.7
南开大学农业保险研究中心·农业保险系列教材
ISBN 978-7-310-05808-2

Ⅰ. ①农… Ⅱ. ①张… Ⅲ. ①农业保险－中国－高等
学校－教材 Ⅳ. ①F842.66

中国版本图书馆 CIP 数据核字(2019)第 126261 号

南开大学出版社出版发行
出版人：刘运峰
地址：天津市南开区卫津路 94 号　　邮政编码：300071
营销部电话：(022)23508339　23500755
营销部传真：(022)23508542　　邮购部电话：(022)23502200
*
天津泰宇印务有限公司印刷
全国各地新华书店经销
*
2019 年 7 月第 1 版　　2019 年 7 月第 1 次印刷
260×185 毫米　16 开本　11.75 印张　2 插页　264 千字
定价：32.00 元

如遇图书印装质量问题，请与本社营销部联系调换，电话：(022)23507125

编委会名单

主　任：庹国柱

委　员：（按姓氏笔画排序）

牛国芬　石　践　卢一鸣　冯文丽

朱　航　江生忠　江炳忠　李连芬

李勇权　邱　杨　沈光斌　张　峭

张仁江　张海军　陈元良　周县华

单　鹏　赵　明　段应元　施　辉

姜　华　郭　红

总　序

经南开大学农业保险研究中心（以下简称南开农研中心）将近两年的精心策划、筹备、招标、研讨和各位专家学者的艰苦写作，我国农业保险界第一套专业丛书陆续问世了。这是一件值得农业保险界和保险界高兴和庆贺的事。

中国的农业保险，要从 20 世纪 40 年代商业性试验算起，到现在已有 70 多年的历史了，但是真正的制度化农业保险启动、试验和发展，只不过 12 年时间。在这 12 年时间里，我们农业保险学界和业界，在中国农业现代化发展和乡村振兴的背景下，借鉴和吸收不同国家发展农业保险的实践和经验，努力设计出一套有我们自己特色的制度模式和经营方式，开发出自己的丰富多彩的产品体系，在这个领域创造出中国的经验和中国速度。这可能是我们的农业保险界前辈和国际农业保险界做梦也没有想到的。

实践总是理论和政策的先导，理论和政策又进一步指导着实践。这些年里，农业保险的实践不断给农业保险研究提出新课题，推动着农业保险理论的不断探索。同时，我们的实践经验也在一点一滴积累和总结。这套教材，就是政、产、学、研在这几十年里实践和研究成果的结晶，这些成果必定会为农险制度和政策的完善、业务经营和管理的改进提供指导和规范。

几十年来，特别是近 12 年来，我国农业保险的发展走过了一条循序渐进之路。从该业务性质层面，开始是单一的商业化农业保险的试验，后来才走上政策性农业保险和商业性农业保险并行试验和全面实施的阶段。当然，目前的农业保险，政策性业务已经占到农业保险业务 95% 以上的份额。就农业保险的内容层面，也从最初的种植业和养殖业保险，扩大到涉农财产保险的广阔领域。就农业保险产品类别和作业方式层面，我们从最初的以承保少数风险责任的生产成本损失的保障，扩大到承保大多数风险责任的产量和收入的保障。承保方式也从传统的一家一户的承保理赔方式，扩展到以区域天气指数和区域产量的承保和理赔方式。从农业保险制度构建的层面，我们从商业性保险领域分离出来，建立了专门的农业保险制度。这个发展和建设过程虽然不短，但相比其他国家，特别是其他发展中国家，速度是最快的，而且从 2008 年以来我们的农业保险市场规模已经稳居亚洲第一、全球第二了。

随着农险业务和制度的发展变化，我们遇到越来越多法律的、政策的以及上述所有业务拓展领域的理论和实际问题。在商业性农业保险试验屡战屡败的背景下，最早提出来的是"农业保险有什么特殊性质"的问题。随着理论上的认识深化和逐步统一，制度和法律建设问题就提出来了。2007 年政府采纳了农业保险界的意见，开始对农业保险给予保险费补贴。随着这类有财政补贴的政策性农业保险的试验和扩大，业务经营和扩展的问题也逐渐提上议事日程。《农业保险条例》出台之后，随着全国普遍实施政策性农业保险和广大小农户的参保遭遇承保理赔的困境，天气指数保险、区域产量保险等经营方式和产品形态便受到广泛关注和开发。当国家对大宗农产品定价机制改革的政策推出时，作为配套政策的农业收入保险和其他与价格风险相关的保险产品的研究也变得迫切起来。这些年，特别是在这十几年里，制度创新、经营模式创新、组织创新、产品创新等我们需要面对和探讨的课题，就一个一个被提出来了，我们的农险研究在逐步形成的政、产、学、研体制下，广泛地开展起来，参与研究的专家、学者、研究生和广大从业者越来越多，各类成果也就呈几何级数式增长的势头。我们有关农业保险法律和政策就是在这样的基础上产生并不断完善，推动着我国农业保险的制度建设、业务规模和服务质量的快速推进和发展。

本套丛书既是适应业界业务发展的需要，也是适应学校教学的需要，在保险监管部门的充分肯定和大力支持下，集行业之力，由众多学者、业界专家和研究生们共同努力，一边调研一边讨论，共同撰写出来的。从该创意的提出，题目征集，选题招标，提纲拟定和交流，初稿的讨论，直到审议、修改和定稿，虽然历时不短，但功夫不负有心人，现在丛书终于陆续出版，与读者见面了。我想，所有参加研讨和写作的专家、学者和研究生们，都从这个过程中经受了调研和写作的艰苦，也享受到了获得成果的喜悦。我们相信，这些作品会为我们的农险实践提供帮助和支持。

这套丛书是我国第一套农业保险专业图书，也是我所知道的世界上第一套全方位讨论农业保险的图书，虽然不敢说具有多么高的理论水平和实践价值，但这是一个很好的开头，是我们这些农业保险的热心人对我国农业保险的推进，对世界农业保险发展做出的一点贡献。当然，我们的实践经验不足，理论概括能力也有限，无论观点、论证和叙述都会有很多不足之处甚至谬误，需要今后进一步修正、提高和完善。我们欢迎业界和学界广大同仁和朋友在阅读这些作品后多加批评和指正。

南开农研中心要感谢这套丛书的所有参与者、支持者和关注者，特别是各位主编及其团队，感谢大家对农业保险"基建工程"的钟爱并付出的巨大热情和辛劳，感谢诸多外审专家不辞劳烦悉心审稿。也要感谢南开农研中心所有理事单位对这套丛书的鼎力支持和帮助。南开农研中心也会在总结组织编写这套丛书经验的基础上，继续推出其他系列的农业保险图书，更好地为所有理事单位服务，更好地为整个农业保险界服务，为推动我国农业保险事业的蓬勃发展做出更多的贡献。

南开大学出版社的各位编辑们为第一批图书能赶在 7 月之前出版，加紧审稿，精心设计，付出诸多心血，在此表达我们的深深谢意。

庹国柱

2019 年 5 月于南开大学

前　言

农业是国民经济的基础，是安天下、稳民心的战略产业，但同时又是风险较高的弱质性产业，对农业风险的管理一直是农业生产经营活动的重要内容。当前，我国农业正在加速转型升级，农业产业正面临着深刻变革，农业生产经营过程中涌现出的风险因素越来越多，风险传导机制也日益复杂，农业风险管理体系的建立和完善，成为中国农业产业稳定发展的重要保证。

农业保险是农业风险管理的重要工具之一，也是农业风险管理体系构成中的核心部分。但农业保险并不是风险管理的唯一工具，特别是在日益强调风险管理综合性的今天，必须重视包括农业保险在内的各种风险管理工具协调配合，重视风险管理体系中各方主体的利益协调，重视不同来源、不同性质风险的统筹管理。本书是南开大学组织编写的全国首套《农业保险》系列教材之一，旨在从风险管理全局角度，帮助农业保险从业人员更全面地审视和把握农业保险在风险管理体系中的定位和作用，树立起农业保险与其他风险管理工具、农业保险组织与其他多方主体协作配合的综合风险管理思维。

本书共分为七个章节，采取总-分-总的编写框架。第一章对风险、农业风险和农业风险管理的相关概念、相关理论、一般步骤方法进行分析，以保证全书在语义与逻辑上的一致性，为后续章节的撰写打下基础、做好铺垫。根据第一章中对风险来源的分类，第二、三、四章分别介绍了农业生产经营过程中几类主要风险——农业生产风险、市场风险、信贷风险的特点及其对应的风险管理策略、工具和方法。此外，由于农业巨灾风险的危害和损失巨大，农业巨灾风险管理具有较强的公共性和特殊性，因而又在第五章对农业巨灾风险的管理进行了专章介绍。在细分风险的管理机制与方法介绍之后，第六章对典型国家农业风险管理体系的现状、历史沿革、经验启示进行系统分析和介绍。最后在第七章提出了农业综合风险管理的概念、方法和实施框架，农业综合风险管理是为了适应新时期农业风险及农业风险管理环境呈现诸多新变化、新趋向而提出的，旨在增强风险管理目标、主体、工具、政策的协调性，提高农业风险管理的效果。

本书是我们团队持续多年来研究的结果和集体智慧的结晶，笔者主要负责提出全书的总体设计、逻辑构架和主要观点，以及书稿体系的贯通、内容审核、观点把控和最终统稿，各章的具体内容由团队主要成员分别撰写。其中，博士生左璇负责第一、二章的撰写，硕士生杨志青负责第三章的撰写，博士生倪旭负责第四章的撰写，博士生王月琴负责第五章的撰写，侯煜庐研实员、王克博士、李越博士负责第六章的撰写，李越博士负责第七章的撰写。王克博士、李越博士协助对全书内容进行了系统修改、完善和统稿。我们团队的其他成员，如赵俊晔博士、赵思健博士、汪必旺博士、张晶博士、聂谦博士生等，也参与了本书的研究工作，本书成果也有他们的贡献。此外，在本书写作过程中，也收集、借鉴了许多专家、学者的优秀成果，以期集众家之所长，特别是得到庹国柱教授、江生忠教授以及本丛书编写组各位老师和专家的指导建议，在此一并表示感谢。

近年来，政府主管部门、国内外学者、业界专家对农业风险管理和农业保险的关注日渐增多，但仍缺乏系统性的梳理和总结，更缺乏具有较强实践指导意义的教材。本书也只是抛砖引玉，难免存在纰漏，欢迎各界同仁和广大读者批评和赐教。

张峭

2019 年 4 月

目　录

第一章　风险与农业风险管理

【学习目标】本章主要对风险、农业风险和农业风险管理的有关概念进行界定，对其中的相关理论问题进行分析。现代风险管理理论认为，农业风险分析和评估是农业风险管理链条的重要环节，对深入认识农业风险、制定合理有效的农业风险管理政策措施具有极为重要的作用。本章的主要学习目标是深刻理解农业风险管理中涉及的基础概念，了解农业风险管理的一般步骤和方法，更清晰地掌握本书学习的整体框架思路，为后续深入学习打下基础、做好铺垫。

第一节　风险

一、风险的定义

目前在学术界与实务界，对风险的概念并无统一定义，不同的学者对风险的理解不同，分析问题的角度不同，往往得出的结论也不同。有学者对国内外已有研究进行了归纳综述，学者们对风险的概念界定可分为两类：一类认为风险是指损失的不确定性，包括损失发生的不确定性，以及损失程度的不确定性；另一类认为风险是实际收益和预期收益的偏离。按照该定义，风险不仅仅是指损失的不确定性，还包括收益不确定的情形，只要实际收益和预期收益发生了偏离，就形成风险。后一种对风险概念的界定多用于金融投资领域，在该领域，降低风险意味着提高投资收益的稳定性。而在保险领域，或对于一般人来说，我们倾向于认为风险具有"不利性"，即只有损失的不确定性才被视为风险。因此，本书将风险定义为：在未来一段时间和一定空间范围内，由于决策者无法确定与控制的外在因素，导致决策者在特定的活动中获得的实际收益低于预期收益的可能性。我们认为，风险应满足如下属性：

（1）未来性。风险是指向未来的，已经发生的事实不属于风险，可以称作事件、事故、灾害或成本。

（2）不确定性。对决策者来说，风险存在的前提是未来发生的结果具有不确定性。如果未来事件的结果完全由决策者自己控制，或者可以被认为是确定的（比如由已知的物理定律决定的结果），那就不存在风险。

（3）不利性。风险的不利性，是指风险会给决策者带来成本或损失。无论如何定义与衡量风险，风险都会带来成本，且较高的风险必然意味着较高的成本。风险的成本主要表现在两个方面：①不确定结果可能给决策者带来损失，风险的成本可以用期望损失来衡量；②不确定性本身就会带来价值的减少，风险的成本表现为不确定性会降低一项资产的市场交易价值。

（4）客观性。经典的风险理论基于风险客观学说，认为风险是客观存在的与损失相关的不确定性。20 世纪 80 年代以来，来自心理学、哲学等领域的学者开始对风险客观学说提出质疑，并提出了风险主观学说，认为个人对未来的不确定性的认识与估计与个人的知识、经验、精神和心理状态有关，不同的人面对相同的事物时会有不同的判断，因此主张风险的不确定性是来自主观的。本书认同风险客观学说，认为风险的存在是由客观环境决定的，它不随决策者主观意志的变化而变化。需要强调的是，虽然风险是客观的，但人们如何认识和评估风险却是主观的。人们对风险的认识可能存在偏误，受知识水平、心理、偏好等主观因素的影响，但我们认为这种认识上的偏误不是风险本身的问题，而是风险认知和管理的问题。

（5）主体性。风险是有主体的，即风险是针对具体的决策主体而言的，这主要有两个原因：①风险定义中所指的未来不确定性事件，是相对一定的利益主体而言的，而不一定对任何人都是不确定的。例如，如果市场价格是垄断价格，那么对购买者来说，未来的价格是不确定的，可能存在价格风险；但对垄断企业而言，就不存在该类价格风险。②同样的不确定事件，对于不同的利益主体所造成的损益也可能不同，有时甚至是相反的。例如，两个人都无法确定明天是否下雨，但一个人要卖雨伞，另一个人要去郊游。如果出现了下雨天气，对其中一个人而言是利好事件，而对另一个人而言是不利事件。

二、风险的构成要素

从构成要素上，风险是由风险因子、风险事故和风险损失 3 要素构成的统一体。

（一）风险因子

风险因子是风险事故发生的根本原因，是造成损失的内在或间接原因。根据性质不同，风险因子可以分为客观风险因子（如灾害）、道德风险因子（如人为故意）和心理风险因子（如过失、疏忽）3 种类型。

（二）风险事故

风险事故是造成损失的直接或外在的原因，是损失的媒介物，即风险只有通过风险事故的发生才能导致损失。就某一事件来说，如果是造成损失的直接原因，那么它就是风险事故；而在其他条件下，如果它是造成损失的间接原因，它便成为风险因子。

（三）风险损失

风险损失是非故意的、非预期的、非计划的，通常包括两种形态：直接损失和间接损失。直接损失是指风险事故导致的财产损失和人身伤害，这类损失又称为实质损失；间接损失是指由直接损失引起的其他损失，包括额外费用损失、收入损失和责任损失。在风险管理中，损失是指经济价值的减少，通常可以分为4类：实质损失、额外费用损失、收入损失和责任损失。

三、与风险相关的几个概念

在实践中，有几个常用的概念与风险的概念有关联性，但容易发生混淆，我们认为有必要将这些概念加以区分。常见的几个与风险相关的概念如下：

（1）不确定性。针对风险与不确定性的关系以及两者之间的差别，学者们已开展了大量研究，一些学者从概念上对其进行了区分（如美国学者奈特（Knight）认为，风险的发生概率是可以计算的，而不确定性事件发生的概率是不能计算的），但更多的学者认为这种区分在实践中不具有可操作性。然而，学界普遍认为，风险一定意味着不确定性，但不确定性却不一定意味着风险。我们认为，不确定性强调的是人们对未来的认知状况，不一定与人们的利益相关，而风险是指与人们利益相关的不确定性。

（2）波动。波动一般为统计概念，它是指在一段时期内，某项衡量指标会出现变动。波动可以是未来的波动，也可以是历史的波动。在实证研究中，一般以历史的波动作为衡量风险大小的依据。但是，风险并不等同于波动，未来的波动也不完全等价于风险。风险更强调在未来某个时间点上，收益结果无法确定；而波动则需要考察更长的时期。波动和风险的根本区别是，风险强调产生的原因是由外在不确定性因素造成的，而波动只是强调衡量指标的结果会发生变动，但并不强调变动的来源是什么；波动可以是由外在不确定性因素造成的，但也可以是确定性的选择行为造成的。例如，如果决策者采取一项结果被认为以完全确定的技术代替原有的技术（例如，用双核CPU代替单核CPU），导致产量发生了变动，虽然在统计上产量也表现为波动，但在这一过程中却不存在风险。由于波动不完全等同于风险，我们利用历史数据的时候，应该考察这些数据的结果是否都是由不确定性因素造成的。事实上，大多数统计结果都是由客观不确定性因素和确定性因素共同造成的。

（3）脆弱性。国内外关于风险管理，尤其是针对发展中国家的风险管理研究文献中有不少文献涉及反贫困问题。在这样的研究背景下，脆弱性（或弱质性）这一概念常常被使用。脆弱性是指由于风险的存在，可能导致家庭福利大幅降低的难易程度；也就是说，家庭对于不利事件缺乏足够的抵抗力。显然，脆弱性和风险是不同的概念；而且，脆弱性不仅与风险的特征有关，同时也取决于家庭的资产禀赋，可以利用的市场风险防范措施（如保险、期货）和政府的补助等其他因素。

第二节　农业风险

一、农业风险的定义

农业是人们利用太阳能、依靠生物的生长发育来获取产品的社会物质生产部门。利用土地资源进行种植生产的部门是种植业；利用土地资源培育或者直接利用草地发展畜牧的是畜牧业；利用土地上水域空间进行水产养殖的是水产业，又称为渔业；利用土地资源培育采伐林木的部门是林业。广义上的农业包括种植业、林业、畜牧业、渔业、副业五种产业形式；狭义上的农业一般指种植业。本书所说的农业主要包括种植业、畜牧业和渔业。

根据前文对风险的定义，本书将农业风险定义为农业生产经营者在生产和经营过程中，由于自身无法控制的外在不确定因素的影响，导致最终获取的经济收益低于预期收益的可能性。需要说明的是，农业风险不仅影响农业生产者（包括农户家庭、农业合作社、农业企业等）本身，也会直接影响农业产业链上其他主体（如农业生产资料的供应商、农产品加工商、贸易商），以及服务农业的其他金融机构（如保险公司、商业银行、担保公司等）和政府的经济利益。因此，农业风险分析要从各个利益主体的角度出发，在全面深入分析的基础上进行农业风险管理，这也是本书最后一章提出要对农业风险进行综合风险管理的原因之一。

二、农业风险的分类

为加深对农业风险的理解，便于对农业风险进行管理，本节在农业风险概念界定的基础上对农业风险进行分类。根据已有的研究文献，农业风险常见的分类方式主要有3种：根据风险来源分类、根据风险相关性分类和根据风险损失程度分类。

（一）根据风险来源进行分类

农业风险的来源，是指农业生产经营者在生产与经营农业的过程中，导致收益发生损失或低于预期水平的因素。对农业风险来源的认知是管理农业风险的基础，而由于目的不同，可以从不同的角度对农业风险的来源进行分类。本书从风险来源的角度将农业风险分为4类：生产风险、市场风险、信贷风险、政策与法律风险。

（1）生产风险是指农业生产经营者在提供确定的物质和人力生产要素的情况下，由于受到未知和不可控因素的影响，导致所获得的农产品数量和质量低于预期水平的可能。由于农业经营的是动植物，而动植物有其自身的自然属性，容易受天气和疫病的影响，因此，农业生产风险主要是由不利气候和疫病等自然因素导致的。而且，由于动植物的生长周期一般都比较长，这些不可控的自然因素往往在农业生产经营者无法知晓和预测的作物和动物的未来生长期内发生作用，因此，也增加了生产风险的不可控性。

（2）市场风险，也称为价格风险，指农产品价格与农业投入品价格可能出现不利变动，导致农业收入低于预期水平的可能性。农产品与农业投入品的价格主要是由市场供求关系决定的，农产品供给和需求的变化会集中反映在农产品价格变化上。一方面，由于农业生产风险的普遍存在，导致农产品总供给并不稳定；另一方面，农产品的需求有时也会因消费心理等因素发生临时性改变，这些都导致了农产品价格的不确定性。

（3）信贷风险指由于农业经营过程中的各种不确定性以及获取信贷的不确定性，导致在还款期限届满之时，由于农业生产经营者财务状况的不利变化影响其履约能力，致使服务农业的金融机构遭受损失的不确定性。信贷风险往往是一种引致风险，它的产生源于农业经营过程中的风险，主要包括生产风险和市场价格风险。由于农业本身是高风险行业，农民的生产经营收入也存在较强的不确定性，导致金融机构对农业的信贷供给也存在高风险。

（4）政策与法律风险是指由于与农业、环境保护等相关的政策与法律的变化而导致农民从事农业生产与经营收益具有不确定性。由于农业具有准公共物品的性质，包括中国在内的许多国家，政府往往会特别对农业进行各种政策的干预和指导，如中国政府会对农业进行生产指导、对农产品价格进行管理、对农民种植粮食作物进行补贴等。因而，政府政策的变动对农业的影响往往比其他行业更明显。

在上述 4 个风险来源中，生产风险和市场风险是农业的两个基本风险来源。这是因为，信贷风险很大程度上是由于生产风险和市场风险引致的风险；而政策与法律风险，是由于政策与法律制定者干预农业生产与经营导致的，而这些干预措施很大程度上是协助农业生产经营者应对其他风险的。

除此之外，随着经济社会的变革和农业产业的发展，在新形势下农业生产经营过程中的风险有了新的表现形式，出现了一些新兴风险。例如，随着人民生活水平的提高，社会对"舌尖上的安全"关注度明显提升，由此也引发了人们对农产品质量安全风险的关注；又如，近年来农产品电子商务蓬勃发展，带来了和传统线下销售渠道完全不同的交易模式和流程，传统的市场风险在互联网时代有了新的表现形式，新的风险因子也融入此过程之中，形成了新的电子商务风险。

（二）按照风险相关性进行分类

风险性质和种类不同，其有效管理的工具和策略也不一样，因此，除了按来源分类外，根据风险的关联性对农业风险进行划分可能更有助于风险管理的科学决策。一般而言，根据风险的相关性，风险可划分为独立性风险和系统性风险两种。经济与合作发展组织（以下简称 OECD）在此基础上做了进一步的总结，他们将农业生产经营者面临的风险进一步细分为微观风险、中观风险和宏观风险，分别对应的风险特征是个体性、相关性和系统性。我们认为 OECD 的三分类方法更为科学，更适合农业风险的实际情况。因此，根据风险的相关性，编者认为农业风险可分为独立风险、系统风险和中间风险 3 种。

（1）独立风险。独立风险又称为个体风险或可分散风险，是指某因素的变化仅影响到单独个体的收益，使其收益发生损失的风险。在农业生产经营过程中，所谓独立风险是指风险事件或风险单位独立、风险发生偶然和风险损失具有不确定性的风险，如局限于一个乡镇的空间范围内发生的冰雹灾害。独立风险具有发生频率较高、风险单元相对独立、风险相关性弱、风险损失较低的特点，属于经典保险理论涉及的"独立随机风险"，一般采用商业性保险工具就可以对这种风险进行有效分散和转移。

（2）系统风险。系统风险又称为不可分散风险，是指由于某种因素的影响和变化影响到所有或大范围内市场主体的收益情况，给众多市场主体同时带来损失的风险。在农业生产经营过程中，所谓系统风险是指由于地域的广延性和气象灾害的特点，可能造成较大区域内所有农业生产者同时受到损失的风险。市场价格波动就是一种典型的系统风险，它会影响所有市场参与者的收益。系统性风险具有相关性、同因性和连片性的特征，无法通过普通商业保险来分散和转移，通常采用对冲机制（如买卖合约、期货和期权等管理工具）进行风险分散和转移。

（3）中间风险。中间风险是介于独立风险和系统风险之间的风险，是指由于自然灾害等风险事件造成的风险损失或影响超出了一个小区域范围，影响范围较广但尚未影响到所有市场主体的风险。事实上，在农业生产中，大部分不利天气事件和自然灾害造成的风险都属于中间风险。虽然相比完全系统风险，中间风险的影响范围要小一些，如一场大的洪水或干旱可能只会危及邻近的几个省市或县市，但这种具有较强相关性的"中间风险"也超出了传统商业保险的承保能力，有学者研究指出农业领域中因中间风险给保险公司带来的赔付风险是传统商业保险赔付风险的 10 倍左右，这也是商业性农业保险道路走不通的一个重要原因。

（三）按照风险损失程度进行分类

除了风险来源和风险相关性之外，在现实生活中，人们还十分关心风险事件可能造成的损失或危害程度，因为风险损失可能会直接影响到管理主体对风险防范或风险管理的重视程度和管理方式。按照风险损失程度，农业风险可分为常规风险和巨灾风险两种。

从字面上看，似乎很容易理解，所谓常规风险一般是指那些损失程度中等或较低、发生概率较高、经常面临的风险，而所谓巨灾风险是指风险事件造成的损失特别严重、发生概率相对较低的风险。

但事实上人们很难对两者进行严格区分，常规风险和巨灾风险更多的是一个相对概念。两者的相对性主要体现在两个方面：① 常规风险是相对巨灾风险而言的，但目前国际上对巨灾风险并没有一个明确统一的定义，有的将洪水、干旱、地震和暴风等具有广泛系统性并导致严重损失的风险归为巨灾风险，也有的将单次灾害一次性经济损失总额超过当年 GDP 0.01％的灾害定性为巨灾风险；② 常规风险和巨灾风险都与地域范围相关，具有"空间尺度"的属性，例如对个人或家庭而言，其面临的巨大的经济损失或人身伤害事件是一种巨灾风险，但对社会而言可能并不是巨灾。又如，一个区域农业生产的全部绝收无疑对该区域而言是一个巨灾事件，但对于全国而言可能就不是巨灾风险。同理，对于中国而言可能属于巨灾的自然灾害风险，对于全世界而言可能仅是常规风险。

此外，需要指出的是，虽然由于农业生产的特点，许多自然灾害事件，如干旱、洪涝的影响往往会同时波及一个甚至几个较大的区域，这种农业风险的系统性特点容易诱发巨灾风险事件的发生，但笔者认为农业巨灾风险不同于系统性风险，系统性风险往往会导致巨灾风险，但巨灾风险不一定是系统性风险。从巨灾风险产生的根源来看，笔者认为农业巨灾风险可以分为两类：一种是由农业生产风险的系统性造成的，即一种风险的损失程度可能不是很大，但其影响的范围很广，不同区域风险之间的高度相关性和累积性产生了农业巨灾风险；另一种是由发生概率很小，一旦发生则危害程度特别巨大的自然灾害事件造成的。

三、农业风险的特征

一般而言，风险的特点包括普遍性、客观性、某一具体风险（事故）发生的偶然性、大量风险发生的必然性和可变性等。而农业风险的作用对象是有生命的动植物，其价值形成有其特殊性，故与一般风险不同，农业风险除具备风险所共有的特点外，还具有一些独特的性质。

（一）农业风险的系统性很高，具有高度的相关性

农业生产受自然灾害的影响很大，洪涝、干旱等不利气候条件的发生往往会导致农业产量的降低,而自然灾害的发生通常都具有地域性的特征,灾害波及的范围很广，风险单位（一次风险事故所造成的损失范围）在灾害事故及灾害损失中常常表现为高度的时间与空间的相关性。例如，一场飓风，在较短的时间内，可能使跨越几个省市的风险单位同时遭受损失；一次涝灾，同样可以使相当大的面积和范围内的风险单位遭受损失。这种农业灾害损失的同因性、风险灾损的高度相关性和连片性表明农业生产风险具有系统性风险的特征。此外，农业生产面临的市场或价格风险也是一种系统性风险，农产品市场价格的波动会影响到该产品所有生产者的收益。因此，正是因为农业风险（农业生产风险和市场风险）的系统性和高度相关性，即使农业风险较小，也难以通过传统的商业保险来分摊损失。

（二）农业风险具有明显的区域性和季节性

农业灾害特别是自然灾害具有明显的区域性，尤其是在我国，由于幅员辽阔，不

同地区的主要灾害有所不同，风险类型、风险发生频率和风险强度差异也很大。在高纬度地区气候寒冷，无霜期短，作物易受冻害；在长江、黄河中下游地区，地势低洼，作物易受水涝灾害；在西北黄土高原地区，降雨量稀少，经常遭受旱灾；在沿海地区，易受台风、赤潮的侵袭，这些都是由地理和气候规律决定的。与此同时，气象灾害的季节性也较为突出，如我国的霜冻灾害，春季主要发生在北方冬麦区，秋季主要发生在东北、华北及西北地区，冬季则主要发生在江南、华南及西南部分地区，在很大程度上赋予了农业风险显著的季节性特征。

（三）农业风险具有阶段损失不确定性和广泛的伴生性

农业生产有其特殊性，农作物的价值在其生长发育过程中是动态变化的，会随着动植物生长周期的变化以及人类劳动和耗费投入的积累而产生变化。因此，对于农作物来说，在不同生长期受到自然灾害的冲击（即使灾害大小一致），其风险损失程度是有所差异的，其风险程度具有不确定性。此外，在农业生产中，单一风险事故的发生往往会引起另一种或多种风险事故的发生，导致农业损失扩散化，而且由于这种损失是多种灾害事故的综合结果，很难区分各种风险事故各自的损失后果。例如，在雨涝灾害季节，高温高湿很容易诱发动物疫情，台风灾害往往伴有暴雨灾害。在该情形之下，单一风险理赔很难区分不同风险事故各自的损失后果，直接导致农业生产风险管理经营成本上升，这也是许多国家开展多重灾害险或一切险（MPCI）农业保险的理由之一。

（四）农业风险具有风险事故与风险损失的非一致性

农业生产的对象——动植物是有生命的有机体，其自身对灾害有一定的适应和抗灾等调节能力，并且能够通过后期的生长弥补前期灾害带来的影响，所以，在很多情况下，农业风险事故甚至重大的农业风险事故，最终不一定导致损失，甚至可能导致丰收，或者一个地区的风险事故会使相邻地区受益。例如，玉米生长期遭受的一场冰雹可能折断了很多玉米秆，但不一定导致玉米减产，玉米完全可以通过后期的生长弥补前期的损失，且由于冰雹中含有大量的氮，等于为玉米施加了氮肥，还可能使当年的玉米增收；又如，一场台风可能使台风中心地区的农作物受损，但台风带来的雨水，可能会使附近地区的作物解除旱情，创造丰收的条件。但其他财产的风险就不具有这种特点。例如，一场大火烧毁了房屋、船舶触礁沉没都是绝对的损失，保险标的不可能因此不受损失或增加价值，与受灾标的相邻的标的也不会因此而获益，因此，风险事故与风险损失的非一致性是农业风险有别于其他风险的重要特征之一。

（五）农业风险具有风险估计的复杂性

农业生产是自然再生产和经济再生产相交织的生产过程，农产品价值的形成既有动植物吸收自然能量和营养进行生长发育而形成价值的过程，同时又离不开人类活动，是人类生产劳动的结晶，它是动植物自然生长与人类社会生产相互交织、相互影响和共同作用的结果。这就说明农产品价值的形成不仅受自然因素制约，而且受人类主观因素的影响，人们采取的生产技术、投入水平、管理行为和抗灾救灾措施等在相当程度上决定和影响着农业生产成果。因此，遭受相同自然灾害的农业生产单位可能具有不同损失结果，而这往往又被生产者行为所放大或缩小，从而造成估计农业生产风险损失的复杂性。

（六）农业风险具有发生频率高、损失大和易导致巨灾风险的特性

我国是一个自然灾害频发的国家，轻中度的自然灾害较为频繁，1970—2006 年的30 余年间，我国农业受灾面积平均达 29.1％，成灾面积平均为 13.8％，农作物产量低于平均产量的年份在部分地区超过 20％，远高于一般风险的发生概率（如火灾发生的概率在一般情况下为万分之五左右，飞机失事的概率是二百万分之一）。虽然轻中度自然灾害对农业生产的破坏性不是很大，但是自然灾害发生地域的辽阔性、时间的同步性，加之农业生产的弱质性，都使得农业生产风险导致的损失较为严重，频繁发生的自然灾害也增加了农业巨灾风险发生的可能性。此外，农业是一个受自然灾害影响很大的产业，因此，特大自然灾害的发生必然会导致农业巨灾风险的出现，特大自然灾害发生的可能性又进一步增加了农业巨灾风险发生的可能性。

第三节　农业风险分析与评估

一、农业风险分析

风险分析是研究风险的产生、发展、危害，以及如何预防、控制和规避风险的科学，已被广泛应用于工程制造、医药卫生、金融投资等各个领域。从风险分析的概念可以看出，风险分析是一个非常广泛的概念。百度百科以软件工程为例，认为风险分析是贯穿在软件工程过程中的一系列风险管理步骤，包括风险识别、风险估计、风险管理策略、风险解决和风险监督等。国际风险分析协会（Society of Risk Analysis, SOA）也认为，风险分析是一个包括风险评估、风险识别、风险沟通、风险管理和风险政策在内的广义性概念，可用于分析一个地区、一个国家甚至世界范围内，个人、政府部门和私营公司的所有与风险相关的事件。

我们认为，农业风险分析可以被视为研究农业风险产生、发展、影响以及如何预防控制或规避农业风险的科学。农业风险分析是一个动态的过程，它包括：对农业生产经营的环境进行分析，分析识别出主要的风险因子，对这些因子可能造成的不利影响进行估计、判断和评价，并对可能的风险管理措施或手段进行考核，评估其可能的

效果。需要说明的是，依据农业风险管理的最新理论——农业风险综合管理理论（详见本书第七章），我们认为农业风险分析不能仅仅局限于对一个主体、一个生产经营或一种风险类型的分析，而应该从横向和纵向两个维度对农业风险进行综合分析。具体来说：

（1）横向维度的农业风险分析是指要对农业生产经营环节的风险进行深入和综合的分析，不仅要单独考虑对自然灾害风险、市场价格风险等某类风险本身的管理，还要重视各种农业风险因素之间的相关性和交互性，以及这种交互性对风险管理效果可能产生的影响。这是因为，一方面，影响农户收入风险的各种因素，如生产风险和市场风险之间可能具有天然的负相关性，此时利用这种相关性设计农业风险管理措施就比单独管理某类风险更有效率，也更加经济。例如，美国推出的农产品收入保险，以农业生产者的收入作为保险赔付的依据，不仅同时管理了农业生产者面临的生产风险与价格风险，而且由于农产品的产量与价格存在潜在的负相关关系，农产品收入序列的波动率要小于产量序列与价格序列的波动率之和，农业生产者获得同等收入保障的负担也有所降低，即农产品收入保险所需要缴纳的保费要低于产量保险或价格保险保费之和。横向维度的农业风险分析要对各种类型农业风险进行归类、整合和综合考虑，从风险分析和估测的角度看，既需要创建可反映总体风险状况的风险测量指标（如收入波动性或农民效用），又需要构建各相关风险要素的相关系数矩阵，通过构建多变量联合概率分布模型来实现。

（2）纵向维度的农业风险分析是指不能仅关注农业生产经营环节的风险，还要从现代产业组织的视角出发整体看待和分析整个产业链或风险链条的相关风险，既要注重风险分散链条上的风险分散和利益平衡问题，又要通过不同风险管理工具的紧密衔接对产业链条上下游的风险进行综合一体化分析。这是因为，现代农业已经不再是单一的生产部门，而是在社会分工逐渐细化的推动下形成了一个包含产前、产中、产后的完整产业链条。产业链条中的参与主体除农业生产者外，还包括要素供应商和加工商、出口商、批发商和零售商等，这些主体出于各自的利益理性、处置风险的策略、行为偏好和彼此的博弈，使得农业风险不仅仅局限在农业生产环节，而是会沿着产业链条扩展到整个产业，因此某一个环节的风险过度集聚都可能危及整个产业的安全。纵向维度的农业风险分析需要我们深入理解产业链条不同环节的相互影响和交互作用机制，在对整个产业/风险链条风险进行识别的基础上，构建产业链各环节风险综合分析的多维联合概率分布，对产业链条上的风险进行一体化考量和分析。例如，在我国实施多年的订单农业虽然能够将农业生产者面临的价格风险转移给龙头企业，但龙头企业承担的市场价格波动风险却缺乏合适的渠道进行进一步的分散和转移，不能否认这一点是造成我国订单农业面临高违约率的原因之一。又如，我国实行的粮食最低收购价和临时收储政策，虽然降低了粮食生产者面临的销售价格风险，但是却增加了下游粮食加工企业的采购成本，削弱了粮食加工企业的市场竞争力和抗风险能力。

案例 1：农户生产经营的经济风险环境分析

农户的经济风险取决于农户收入来源，其可以分为两部分：一部分是农户经营收入，另一部分是农户的非经营收入，如来自政府的补贴或者其他转移支付。如果政府对农民征税而不是给予补贴，则可以将政府转移支付看作负值。农户的经营收入也可以分为两部分：一部分来自农业收入，另一部分来自非农业收入（图 1-1）。农业收入又可以分为种植业收入和养殖业收入等其他农业收入，且和其他行业一样，农业收入也可以认为是由投入产出所决定的。农业产出部分所获得的毛收入，一方面取决于产量，另一方面取决于产品的市场价格。在投入部分，农户的投入品包括物质投入和劳动投入。物质投入又包括物质固定投入和物质可变投入。而劳动投入一部分来自家庭劳动，另一部分来自雇佣劳动。如果劳动来自雇佣劳动，则需要支付佣金，而佣金的多少又受到农村劳动力市场供求影响。同样的，家庭劳动成本可以按市场雇佣成本的价格折算。图 1-2 是对农户种植业经营净收入的分解。

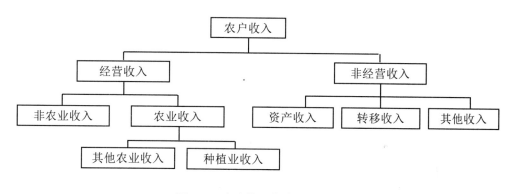

图 1-1　农户收入构成分析

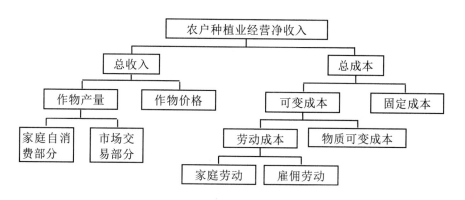

图 1-2　农户种植业经营净收入分解

在对农户收入构成的分析基础上，我们可以了解农户面临的经济风险来源。从农户家庭收入构成分析着手，不难发现，农民面临如下主要风险：

（1）农作物产量与养殖业产出都会受到自然条件的影响，从损失的角度来说，主要指自然灾害，如洪涝、干旱、风灾、雨雪、冰雹、病虫害等。我们把这部分风险称为自然风险。

（2）一部分风险来自影响价格波动的因素，包括农产品价格和投入品价格。我们假设每个农户都是价格接受者。这部分风险可以称为市场风险。

（3）国家的农业、农村政策，对农业的税收或补贴，或者对农户的经济福利措施，都会直接影响农户的收入。这部分风险可以称为政策风险。

（4）农产品投入要素的变化与改进，对农业产出增长的影响十分显著，例如，种子的改进、生产工具的改良等。这部分风险可以称为技术风险。

二、农业风险评估

风险评估是风险分析和风险管理的核心部分，主要目标是为决策者提供定量化、科学和客观的信息。风险评估应该量化和确认某些风险因子的可能危害程度，提供一个有关风险的明晰图像，评估不确定性条件下不良事件发生的可能性及其潜在影响的程度。依据农业风险的概念，可以认为，农业风险评估就是对农业整个生长过程中遭受的各种影响因素发生可能性及由此引起的实际收入低于预期收入的偏离程度进行评估。从概念中可以看出，农业风险评估包含了两层内涵：一是要对农业风险事件发生的概率进行评估，二是要对农业风险事件可能造成的损失进行评估。

与农业风险分析相比，农业风险评估的范围更窄，但技术性更强，农业风险评估结果的准确性与其所采用的评估方法直接相关。张峭等（2013）对农业生产风险评估的方法进行了归纳和总结，提出了农业生产风险评估方法可以分为基于风险因子的评估方法、基于风险损失的评估方法和基于风险机制的评估方法。虽然张峭等对农业风险评估方法的分类只针对农业生产风险，但我们认为这一分类同样适用于对农业风险评估方法的区分。例如，在农业市场风险评估中，可以将对农业市场的一些定性分析和指标体系评估方法视为基于风险因子的评估方法；而基于农产品历史价格数据进行的量化分析可以归为基于风险损失的评估方法，而通过构建局部均衡或一般均衡模型来分析农产品市场价格波动的努力可以视为基于机制的风险评估方法。尽管如此，必须要强调的是，农业风险的具体评估方法与要分析的农业风险类型密切相关，不同的风险类型需要采用不同的风险评估模型和方法。例如，对单个区域农业一般风险的评估可以采用常规风险模型和方法，而针对农业巨灾风险的评估则应该采用极值风险模型和方法。同样，如果要评估多个地区同时发生某种灾害的风险，或要评估一个在多个地区同时开展业务的保险公司综合赔付率超过某一水平的风险，则应该采取基于联合概率分布函数的模型和方法。

案例2：基于单产损失数据的东三省主要粮食作物生产风险评估

首先，利用直线滑动平均法（LMA）模拟作物单产趋势，随后对作物单产波动序列进行平稳性检验并计算出作物单产的随机波动（RSV）序列，各作物 RSV 序列的简单统计量如表 1-1 所示。

表 1-1　东三省稻谷、玉米和大豆 RSV 序列简单统计量一览表

	辽宁			吉林			黑龙江		
	稻谷	玉米	大豆	稻谷	玉米	大豆	稻谷	玉米	大豆
均值	−0.0052	−0.0072	−0.0046	−0.0022	−0.0029	−0.0041	−0.0077	−0.0019	−0.0028
最大值	0.0047	0.0164	0.0001	0.0036	0.0192	−0.0158	0.0082	−0.0039	0.0060
最小值	0.3577	0.2472	0.3279	0.3280	0.2548	0.2581	0.3367	0.7669	0.2525
标准差	−0.4428	−0.4236	−0.4608	−0.5362	−0.2480	−0.2984	−0.5622	−0.3170	−0.2643
变异系数	0.1368	0.1351	0.1480	0.1484	0.1157	0.1302	0.1544	0.1565	0.1189
偏度	−0.5665	−0.6913	−0.3628	−0.5651	−0.1795	−0.0711	−0.6238	1.5791	−0.1979
峰度	4.0688	3.4229	3.4502	4.5901	2.4590	2.5471	4.9703	10.6754	2.3911
JB 统计量	6.3680	5.4880	1.9140	9.9906	1.1068	0.5916	14.2764	180.8255	1.3846
p-value	4.1%	6.4%	38.4%	0.7%	57.5%	74.4%	0.1%	0.0	50.0%

备注：p-value 意为拒绝 RSV 序列服从正态分布原假设所犯错误的概率。

在确定 3 个省份 3 种作物的单产分布以后，我们就可以用极大似然估计法（MLE）估算出各分布模型的参数，分别计算出 3 个省份 3 种作物的概率密度函数（PDF）和累积分布函数（CDF），各作物单产序列的 CDF 及分布拟和 CDF 如图 1-3 至图 1-5 所示。

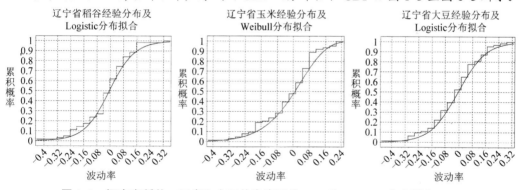

图 1-3　辽宁省稻谷、玉米和大豆单产序列的 CDF 和 Logistic 分布拟和 CDF

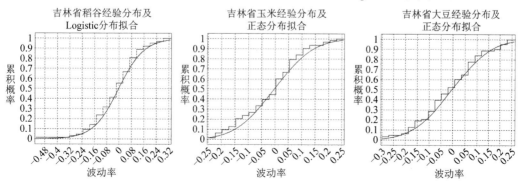

图 1-4　吉林省稻谷、玉米和大豆单产序列的 CDF 和 Logistic 分布拟和 CDF

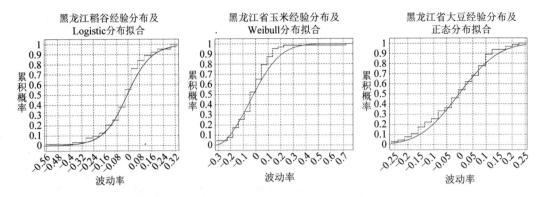

图 1-5　黑龙江省稻谷、玉米和大豆单产序列的 CDF 和 Logistic 分布拟和 CDF

根据上文构建的东三省稻谷、玉米和大豆 3 种作物的单产波动模型，运用概率论和数理统计知识，就可以计算出 3 个省份 3 种主要农作物的生产风险程度，计算结果如表 1-2 所示。

表 1-2　东三省主要农作物生产风险一览表

风险损失发生概率（%）		辽宁			吉林			黑龙江		
		稻谷	玉米	大豆	稻谷	玉米	大豆	稻谷	玉米	大豆
轻灾	5～15	21.90%	23.83%	22.56%	20.51%	23.71%	24.48%	21.70%	23.19%	24.15%
中灾	15～25	8.25%	14.63%	8.92%	9.23%	8.56%	8.96%	9.41%	18.84%	8.56%
重灾	25～35	2.40%	5.08%	2.70%	3.27%	1.69%	1.63%	3.16%	4.89%	1.49%
巨灾	>35	1.16%	0.35%	1.35%	2.18%	0.01%	0.16%	1.89%	0.00%	0.14%
风险均值		5.14%	7.01%	5.53%	5.97%	4.60%	4.81%	5.95%	7.55%	4.64%

注：本表中减产幅度划分标准同上。

风险均值＝各等级风险中位值的概率加权平均＝10%×P（轻灾）+20%×P（中灾）+30%×P（重灾）+50%×P（巨灾）。

第四节　农业风险管理

一、农业风险管理的内涵

农业风险管理并不是要消除风险，而是农业风险管理主体基于自身的风险管理目标，在对农业风险环境进行识别、评估和分析的基础上，运用一系列风险管理工具和手段，寻求投入成本、承担风险和未来收益之间的平衡和最佳组合。关于这一概念，需要说明以下几点。

第一，这里所提到的农业风险管理主体，有广义和狭义之分。狭义的农业风险管理主体仅包括农业生产经营者，即农业风险管理的直接受益者。而广义的农业风险管理主体还包括政府，这是因为农业风险尤其是农业巨灾风险是一种介于私人风险和公共风险之间的风险，农业风险管理具有福利外溢性和显著的"准公共物品"属性。

第二，农业风险管理主体是基于自身的风险管理目标对农业风险进行管理的。不同的风险管理目标会使风险管理主体对农业风险识别、评估的侧重点存在差异，也会造成风险管理方式上的差异。

第三，农业风险管理应该以对风险的识别、评估和分析为基础。本书遵循风险客观学说，认为风险是客观存在和可以测度的。显然，识别风险的来源、评估风险的大小、分析风险的演变规律，是提出风险管理措施的基础。

第四，农业风险管理是对一系列风险管理工具和手段的运用。农业风险管理需要通过具体的工具和手段来实现。进行农业风险管理，需要对农业管理的工具与方法进行综合运用或创新。

第五，农业风险管理最终需要在投入成本、承担的风险和收益之间实现最佳的平衡。风险管理措施可以降低农业风险带来的收益不确定性，也可以减轻风险带来的损失，但是风险管理也是有成本的，风险管理并不是要将可能的风险损失降到最低或杜绝风险事件的发生，因为这样可能会使投入成本高于潜在收益。风险和投入成本都会影响未来收益的概率分布，因此，农业风险管理的主体必须要在投入的成本、承担的风险和未来收益之间寻求最佳的平衡。

二、农业风险管理的步骤

一般来说，农业风险管理要遵循如下 5 个步骤：确定风险管理目标、风险识别、风险评估、风险管理决策和计划实施与评价。具体流程如图 1-6 所示。

（一）确定风险管理目标

目标是行动的导向，在研究如何对风险进行管理之前，应该首先明确风险管理的目标。不同的农业风险管理主体其目标显然是不同的，如农业风险管理的微观主体，即农业生产经营者进行风险管理的目标可能更多地是从实现自身经济福利最大化的角度考虑的；而政府作为农业风险管理的宏观主体，在进行农业风险管理时不仅要考虑农业生产经营者自身的收益问题，还需要考虑粮食安全、生态环境和农产品价格稳定等社会问题，因而，政府在面对农业风险的时候，需要同时兼顾提高农民收益、保障粮食安全、保护生产环境和稳定农产品价格等政策目标，这些不同的目标在某些时候是存在一定冲突的。政府在不同的时期，根据当时的社会需要，会在这些不同的目标之间进行权衡取舍，从而制定不同的农业政策，这反过来又会影响农业生产经营者的决策环境。

（二）风险识别

农业风险识别是指对农业生产与经营过程中面临的以及潜在的风险因素加以判断，并对不同风险的性质进行归类整理，明确不利事件的致损环境和过程。风险识别是风险管理工作的开始，也是风险管理中一项十分重要的工作，有效识别农业生产与经营过程中所面临的潜在风险是对农业风险进行有效管理的前提。风险识别一方面可以通过感性认识和历史经验来判断，另一方面也可通过对各种客观的资料和风险事故的记录进行分析、归纳和整理，以及必要的专家访问，从而找出各种明显和潜在的风险及其损失规律。因为农业风险具有可变性，因而风险识别是一项持续和系统的工作，要求风险管理者密切注意原有风险的变化，并随时发现新的风险。

（三）风险评估

农业风险评估是在农业风险识别的基础上，通过对所收集资料的分析，对农业风险发生概率和损失程度（与预期收益比较）进行估计和衡量，对农业收益的波动性进行计量，明确农业风险的时空分布特征，为采取有效措施进行风险管理提供科学依据。风险评估是风险管理工作的核心，通过对主要致损风险因子发生频率和损失程度的定量分析，可以明确农业生产风险的大小及时空分布特征，进而为农业风险管理提供依据。

（四）风险管理决策

农业风险管理决策是指决策者根据农业风险识别和评估情况，为实现风险管理目标，选择合适的风险管理策略、方法与工具，制订风险管理计划的过程。风险管理决策的科学性取决于农业风险识别和评估结论的准确性，决策结果直接影响到风险管理的效果。

（五）计划实施与评价

对于农业风险管理的决策和计划，只有付诸实践才能产生应有的效果，因此，农业风险管理计划的实施是农业风险管理过程中必不可少的一环。在农业风险管理的决策和计划贯彻实施以后，还必须对其实施效果进行检查和评价。理由有二：一方面，农业风险管理是一个动态的过程，风险是在不断变化的，新的风险会产生，原有的风险会消失，上一年度对付风险的方法也许不适用于下一年度；另一方面，有时做出的风险管理决策可能是错误的，对计划进行检查和评价可以及时地发现这些错误，并在它们造成严重后果前加以纠正。

如果风险管理实施的结果无法实现风险管理的目标，则需要重新设计风险管理方案；或者再重新从风险识别开始整个风险管理的过程，评估原有的方案设计中是否存在一些遗漏的风险信息。

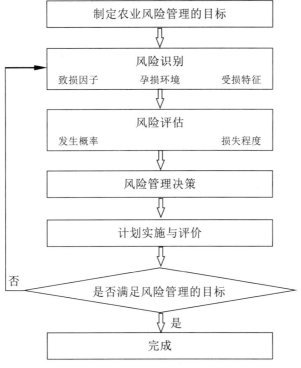

图 1-6　农业风险管理的步骤

三、农业风险管理的特殊性

由于农业在国民经济中的基础性地位以及农业风险的特殊性，使得农业风险管理相对于其他行业的风险管理，有着显著不同的特征。这些特征表现在农业风险管理的主体、对象与方法等方面。

首先，从农业风险管理的主体来看，政府在农业风险管理中发挥着更为重要的作用。在市场经济条件下，对于其他行业的企业而言，政府影响其风险管理的方式主要是提供宏观经济政策和行业政策，从而影响到企业的经营条件和外部经营风险环境，一般不会直接参与和干预企业生产过程的风险管理。而农业由于具有准公共物品的性质，且市场化的农业风险管理工具会出现市场失灵的情况，政府在很多时候会直接参与到农业生产过程中风险的管理，对农产品的价格也会有更多的干预和调控措施。因此，相对于其他行业，政府在农业风险管理中的参与和介入程度更深，扮演着更为重要的角色。

其次，从农业风险管理的对象来看，农业的生产风险和农产品价格风险都显著区别于其他行业。工商行业的生产过程一般受天气等自然因素的影响较小，其生产过程更多受人为可控制因素影响，生产风险主要来源于生产过程中的管理缺陷与人员操作的失误等因素。而农业是自然再生产与经济再生产的结合，生产过程受天气等自然因素的影响，具有时空性、时滞性、相关性和动态性等特征，且农产品的市场风险也显著区别于一般工商业产品，农产品价格风险具有时滞性、系统性、周期性、短期波动性、突发性等特征。农业风险特征的差异也决定了农业风险管理的特殊性。

最后，从农业风险管理的方法来看，农业风险管理所采取的措施也显著区别于其他行业，这主要是由于农业风险管理主体与风险管理对象具有特殊性。例如，由于其他行业的生产风险主要受人为因素影响，所以主要通过管理和控制生产过程来进行生产风险管理，对于某些意外事故（如生产中的火灾），也可以寻求普通的商业保险予以承保；而由于农业生产风险的相关性、时滞性和时空性特点，使得农业生产风险超出了一般商业性保险的保障能力，这就要求政府参与和支持，因此，处理好政府和市场之间的关系就成为农业风险管理不同于其他行业风险管理的一个重要特征。

四、农业风险管理的目标、策略与工具

（一）农业风险管理的目标

设定农业风险管理的目标，是农业风险管理的首要步骤。但农业风险管理目标的设定，首先会影响管理者对农业风险的衡量方式，继而会影响风险管理策略与方法的选择，因此必须加以重视。根据对农业风险管理概念的界定，我们认为农业风险管理的最终目标是要实现投入成本、承担风险和未来收益之间的平衡和最佳组合。

当然，农业风险管理的具体目标与风险管理主体有关。即使在相同的风险环境下（指未来风险事件造成的损失和发生的概率相同），不同的农业风险管理者可能也会有不同的风险管理目标，或者说，农业生产经营者和政府要实现的收益保障目标是不同的，而不同的收益保障目标会使得农业风险管理者在看待投入成本、承担风险与未来收益之间最佳组合的"最佳"标准上存在不同。从主体上看，农业风险管理的主体既有微观的农业生产经营者，也有宏观的政府。

1. 农业生产经营者的风险管理目标

农业生产经营者，是农业风险管理的微观决策主体，也是农业风险管理的直接受益者。农业生产经营者的风险管理目标可以分为 3 类。

第一类风险管理目标：使可能的最大福利损失最小化，这种决策目标被称为"最小最大原则"。在这种决策规则下，决策者对于风险的评估是基于损失的数量，与概率无关，他们不关注风险损失的概率分布（基于样本信息获得），只需要知道总体的损失函数，避免采取可能造成最大福利损失的行动即可。举例来说，如果种植 A、B、C 三种作物的期望收益分别是 2 万元、3 万元和 1 万元，但其面临的最大收益损失和对应概率分别是：A 作物可能遭遇的最大损失额为 3000 元，最大损失发生概率为 10%；B 作物可能遭遇的最大损失额为 2000 元，最大损失发生概率为 15%（中等损失、中等概率）；C 作物可能遭遇的最大损失额为 1000 元，最大损失发生概率为 30%（低损失、高概率）。在"最大最小原则"的决策目标下，农业生产经营者并不关心损失发生

的概率，只会选择最大损失额最小的 C 方案。

第二类风险管理目标：使消费水平的损失低于某个给定水平的概率最小，这种决策目标被称为"安全第一原则"。决策者在面对不同的风险项目时，会首先设定一个自己可以接受的最低回报水平（通常是基于决策者的消费需要设定的，因此可以将这种最低回报水平称为"临界消费水平"），决策者选择项目的依据是该项目低于事先设定的最低回报水平的概率在所有备选项目中是最小的。仍以上述 A、B、C 三种作物为例，农业生产经营者可接受的最低回报水平是 1000 元，A、B、C 三类作物收益低于 1000 元的概率分别为 10%、20%、30%，在"安全第一原则"下，农业生产经营者会偏好种植 A 作物。

第三类风险管理目标：在未来收益的风险或变动率一定的情况下，使预期回报最大化，这种决策目标被称为"预期效用最大化"。预期效用理论最早由冯·诺伊曼和摩根斯顿（John von Neumann and Morgenstern）于 1944 年在《博弈论和经济行为》一书中提及，后经卢斯、霍华德·雷法、肯尼斯·约瑟夫·阿罗和普拉特（Luce，Howard Raiffa，Kenneth J. Arrow and Pratt）等众多学者进一步完善和发展，决策者的决策依据就是使得期望效用值最大。举例来说，在上述 A、B、C 三种作物中，B 作物的期望收益 3 万元，高于其他两种作物，遵循"预期效用最大化"原则的农业生产经营者会倾向于种植 B 作物。

此外，农业生产经营者的风险管理目标也可以是以上 3 类目标的组合。例如，农业生产经营者可以首先采取"安全第一原则"，从而优先保障可以获得某一最低水平的预期收入或消费水平；在尽量保证了基本收益的情况下，再追求预期效用最大化目标，并拒绝采取可能会造成最大福利损失的行动。

2. 政府农业风险管理政策目标

政府是农业风险管理中十分重要的参与者，其不仅是农业风险管理的宏观主体，也可以制定相应政策来改变农业生产经营者所面临的风险环境。农业生产经营者的风险管理目标一般只考虑其自身的经济收益，而政府作为公共决策的代表，需要考虑的政策目标不仅包括农业生产经营者的利益，还包括社会其他群体的利益。一般认为，政府政策的最终目标是为了实现全社会整体利益的最大化。进一步说，我们认为，政府在农业风险管理中，主要是为了实现如下 3 个目标。

第一，保障农产品供应安全。农业是国民经济的基础，是可以满足居民食品需求和工业原材料需求的基础产业，同时农业又具有较强的正外部性，因此，农产品的供应安全是政府必须要考虑的政策目标。如果一国立足于满足粮食或主要农产品的自给自足，那么就必然会采取促进本国农业（尤其是主粮）生产的政策。在这种情况下，政府会优先考虑降低该国重要农产品生产风险的政策，从而使得重要农产品生产面临的风险威胁最小化。在此基础上，政府会采取激励措施，鼓励农民多种植政策导向的农产品（如粮食）。在农业风险管理的扶持上，体现出对某些主要农业品种的政策倾斜。

第二，降低农产品供应量与价格的波动。由于农业生产的特殊性，在没有政府干预措施的情况下，一国许多农产品的供给和价格都会出现比较明显的周期性波动。如果农产品价格过高，就会影响工商业群体的生产成本，甚至引致一国的通货膨胀；如果价格过低，则会严重损害农业生产者的利益，并为下一期的农产品价格上涨和供给短缺埋下伏笔。无论哪种情况，都不利于宏观经济和社会的稳定。因此，政府必须采取措施，降低农产品价格波动幅度，将农产品供应维持在比较稳定的水平。基于这一政策目标，政府会首先采用稳定重要农产品市场价格的措施，如逆周期补贴措施。

第三，保障农业生产经营者的收入稳定。在许多国家，尤其是发展中国家，农业属于低收入的行业，农业生产经营者也往往是该国的低收入群体。政府为了社会公平的目标，会给予农业生产经营者政策上的扶持。此外，农民团体作为一种政治力量，也会争取获得政府的支持。当然，无论政府出于何种政策目标，其所采取的措施一般都是有助于农业生产经营者的收入稳定。这里要强调的是，政府的政策目标并不总是为农业生产经营者提供更高的收入水平，如当农产品价格上升过快时，对农业生产经营者来说是有利的，但政府为了整个社会的利益，会采取措施抑制农产品价格的上涨。

上述政府农业风险管理的目标，并不是完全独立的。有时候，政府可以同时实现这3个目标，但当3个目标不能兼得，或者存在一定的冲突时，政府会更倾向于实现其中的一个目标，而放弃其他目标。我们认为，政府倾向于何种风险管理目标主要与农业产业政策有关，而一国的农业产业政策又受到该国农业资源禀赋、农业贸易政策及宏观经济状况的影响。农业资源禀赋对该政府的农业风险管理目标有重要的影响。如果一国农业资源十分丰富，产量相对本国的需求有大量盈余，且有大量农产品出口，那么政府就不会选择第一个目标，而主要选择第二、三个目标。反之，如果一国农业产量相对需求而言比较偏紧，则会更倾向于第一个目标。农业贸易政策也是影响政府农业风险管理目标的重要因素。如果一国的农业供给相对不足，而政府允许本国依靠大量进口来解决本国的农产品供应问题，那么在农业风险管理政策目标上可以较少考虑本国的农产品产量的问题，即不采用第一个目标。反之，如果一国立足于在重要农产品上实现自给，且本国农业资源禀赋相对需求并不丰富，就会采取保护这些重要农产品产量的目标。

（二）农业风险管理的策略

农业风险管理的策略是在深入识别、评估和分析农业风险基础上提出的应对农业风险的基本原理和方法。研究农业风险管理的策略，可以为农业风险管理提出指导性的原则。关于农业风险管理的策略，学术界存在着多种分类，比较有代表性的有如下两种。

1. 根据风险管理的微观决策主体所能采取的策略类型分类

农业风险管理可分为预防、减轻和补偿3种策略。

（1）灾前预先防范策略，指降低下行风险（如减产风险、价格下跌风险等）发生的概率。该策略运用在风险事件发生之前，可以通过增加决策者的预期收益和减少收益的波动来实现。降低不利事件发生概率有许多具体措施，其中有些措施，如提供稳定的宏观经济环境、良好的生态环境、高效的教育与培训资源等超出了传统风险管理策略的范畴。

（2）灾中灾后的抢救减轻策略，指灾害发生时采取一切必要措施（例如，干旱时增加灌溉，雨涝时及时排涝，干旱、雨涝、冰雹发生后加强田间管理等）以减少风险事故带来的损失，降低不利事件的潜在影响。减轻策略也是运用在风险事件发生之前的，但减轻策略并不是降低风险事件发生的概率，而是减轻风险事件带来的潜在损失。对于农业来说，灾害是一个较长的过程，干旱、雨涝、冰雹灾害会一直持续到收获。灾害是否会带来损失，在很大意义上取决于灾害过程中的救灾措施是否及时有效。如果采取的各种补救措施及时有效，会得到有灾无损或大灾少损的效果。这有别于其他财产遭受灾害损失的情况，例如，一栋房子发生火灾，火灾过程很短，灾害事故过后损失立刻显现。之所以如此，是因为农业保险标的是有生命的动植物，有再生和自我恢复的特性，因此，灾中灾后的抢救措施对农业生产风险管理至关重要。

（3）灾损发生后的补偿策略，指在风险事件发生以后，通过采取一些措施来补偿风险事件造成的利益损失，以维持简单再生产或扩大再生产。例如，在发生风险损失后，个人和家庭可以动用积蓄，或向亲戚朋友、金融机构借贷，加强劳动供给（包括让儿童劳动）、减少食物摄取、依靠公共与私人的转移支付、获得保险赔付等。

2. 根据风险管理的内在机制分类

农业风险管理策略可分为缓释、转移和应对 3 种。

（1）风险缓释，指降低不利事件发生概率或降低不利事件潜在损失的严重程度的活动，包括提高水资源管理水平、使用耐旱或耐淹的种子、建立早期预警系统等。

（2）风险转移，即将风险转移给愿意接受风险的一方，并为此支付一定的费用或保险费，包括保险、对冲或其他风险转移安排。

（3）风险应对，是指通过事前准备提高承担和应对风险事件发生后的能力，包括储蓄、目标安全网计划、风险融资等。

可以看出，这两种分类方法的角度略有不同。前者是针对风险管理的微观决策主体所能采取的策略类型进行分类，而后者主要依据风险管理的内在机制进行分类。笔者更倾向于后一种分类方式。此外，根据研究，我们认为可以将农业风险管理的策略进一步分为如下 4 种类型，如图 1-7 所示。

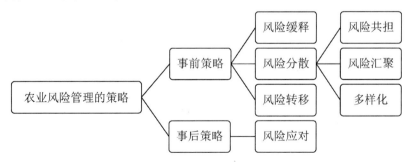

图 1-7　农业风险管理的策略

　　第一种策略为风险缓释策略，指降低不利事件发生概率或降低不利事件直接损失严重程度的活动。风险缓释策略主要是使用技术手段来预防和控制不利事件的发生与影响，如灌溉、抗灾性种子、更佳的预警系统和农事活动方法等。

　　第二种策略为风险分散策略，指在不改变风险事件本身发生概率和造成损失程度的情况下，将风险分散给不同的主体或不同的活动，从而使得每一个主体或活动承担的风险降低。风险分散策略具体包括 3 种方式：风险共担、风险汇聚和多样化策略。

　　第三种策略为风险转移策略，指将风险转移给愿意接受风险的一方。由于不同的主体对未来结果的判断和风险偏好存在差异，不同的主体愿意承受的风险也有所不同。

　　第四种策略是风险应对策略，指通过事前准备提高承担和应对风险事件的能力，一旦不利事件发生，就可以启动这些措施，降低其带来的损失。例如，安全网项目、巨灾风险准备金、储蓄、战略储备和意外事件融资等。

　　特别要说明的是，风险分散和风险转移是两种不同的策略。首先，风险分散策略不仅包括风险在不同人群之间的分散，也包括在不同投资与经营活动中的分散（即多样化经营策略）；而风险转移仅指风险从一个风险承担主体转移到另一个风险承担主体。其次，风险分散策略和风险转移策略的原理并不相同，风险分散策略并不强调风险承担主体在风险判断、偏好和风险承担能力上的差异，而只是通过一种分散策略客观地降低了每一个参与风险分散安排的主体的损失可能性；而风险转移策略，则基于不同风险承担主体在风险判断、偏好与风险承担能力上的差异，从而使得不愿承担风险的一方愿意支付一定的费用来降低或消除自己的风险，而愿意承担风险的一方则获取了不愿承担风险一方支付的费用，并承担了不愿承担风险一方的风险，且有机会从中获利。

　　风险分散和风险转移策略也存在着相似之处。一方面，风险分散策略与风险转移策略，往往需要中介机构参与完成。由于存在交易费用，众多参与主体直接完成风险分散与风险转移策略会有很高的成本，包括信息搜集成本、沟通成本等，因而需要中介机构作为交易的媒介来完成。例如，保险本质上是对纯风险的汇聚安排，是将风险在不同的投保人之间进行分散。但不同的投保者直接进行风险汇聚安排，由于成本太高而难以实施，因而需要由保险公司作为中介来完成这种安排。保险公司搜集众多投保人的信息，对承保的风险进行专业化的运作，且所有投保人只需要与保险公司进行交易即可，不需要彼此协商交易，这些大大降低了风险汇聚安排的交易成本。期货与期权具有风险转移的功能，也需要通过期货交易所作为中介机构完成。另一方面，风险分散与风险转移策略可以在一种制度安排中同时出现。例如，保险公司在本质上是进行风险汇聚与风险共担的中介，但当农民购买保险的时候，事实上是将风险转移给了保险公司。也就是说，保险公司不仅仅是一个中介机构，其本身也作为一个承担风险的主体参与到风险管理之中。

（三）农业风险管理的工具

农业风险管理的工具，是指在农业风险管理中所采取的具体措施和手段。选择、设计与组合农业风险管理工具是农业风险管理过程的核心内容之一。农业风险管理工具的设计，既需要以农业风险管理策略为指导，也需要以技术性手段为基础。农业风险管理工具随人类科学技术的进步和社会的发展而逐渐丰富和完善，并在实践中不断调整和创新。下文我们主要探讨可供选择的农业管理工具，并对一些重要的农业风险管理工具的原理进行说明。

根据提供农业风险管理工具的主体不同，我们可以将农业风险管理工具划分为自组织工具、市场化工具和政策性工具。

自组织农业风险管理工具，是指农业生产经营者以家庭为单位或由农业生产经营者自发组织的非正式团体实施的农业风险管理措施。即便在市场化的风险管理工具和现代政府的公共服务政策出现之前，农业生产经营者自身也可以采取许多措施来管理农业风险。首先，农业生产者可以利用技术手段来降低农业生产风险，包括选择抗灾性强的种子、农田整治、良好的生产过程管理等；其次，通过进行生产经营的多样化，可以将农业风险分散在不同的生产对象上，从而降低总体的农业风险；再次，农业生产经营者可以通过一些自行组织的非正式安排，实现风险在农业生产经营者之间的分散与转移。例如，农业生产者可以形成以家族血缘或村庄社区为组织的非正式互助团体，一旦某个家庭出现了经济上的困难，其他家庭就会为其提供帮助；最后，农业生产经营者也可以通过储蓄、向亲朋和社区成员借款来应对风险事件发生后的损失。

市场化农业风险管理工具，是指农业生产经营者同其他市场经营主体，在自愿互利的基础上，通过具有法律约束效力的协议而采取的风险管理措施或手段。市场化农业风险管理工具的参与主体将不限于农业风险生产经营者的家庭和社区团体，而是将其他社会力量，如保险公司、农产品加工企业、农产品期货投机者、银行等，也纳入农业风险管理中来。在传统社会，农业风险只能通过农村社区来分散，而市场经济的发展，使得农业风险可以在全社会甚至全球范围内进行风险分散。市场化风险工具，主要是通过风险分散与转移的策略，使非常多的社会成员自愿加入对农业风险的分担，从而可以非常有效地降低单个农业生产经营者所面临的风险。市场化的工具主要包括农业保险、订单农业和农产品期货、期权等。

政策性农业风险管理工具，是指由政府制定、提供和执行，旨在帮助农业生产经营者提高农业风险管理能力和效果的政策或公共服务。政府一方面可以通过参与市场创造、影响市场激励来促进市场化农业风险管理工具的发展，另一方面也可以直接参与农业风险管理，降低农业生产经营者面临的风险和应对农业风险事故。政府直接参与农业风险管理所采取的具体措施，称为政策性农业风险管理工具。有一些工具，是政府支持下的市场化工具，如政策性农业保险，其具有政府和市场合作的性质；对于这种类型的农业风险管理工具，我们可根据情况进行划分，如果主要是由市场主体实施，政府只是提供政策和经费的支持，那么就将其纳入市场化工具的范畴；如果主要是由政府部门实施，私人部门参与的，那就将其纳入政策性工具的范畴。

根据农业风险管理工具提供的主体以及所使用的农业风险管理策略，我们可以将农业风险管理的常用工具进行归纳，如表 1-3 所示。

表 1-3 不同农业风险管理主体的风险管理策略与工具

	农场/家庭/社区	市场	政府
风险缓释	技术选择	提供风险管理方面的培训	灾害防控（灌溉、防洪设施等） 对动物疾病的预防 良种补贴 农业技术支持 目标价格补贴 粮食最低收购价和临时收储政策
风险分散与转移	生产多样化 作物共享	期货与期权；农业保险；订单农业；远期合约；非农业务	—
风险应对	从邻居或家族其他成员借贷 农村社区的慈善救济	在银行存储或借贷	社会救济/灾害救济 补贴性贷款 其他专项转移支付

参考文献

1. Actuaries A A O, Force I S T. Evaluating the Effectiveness of Index-Based Insurance Derivatives in Hedging Property / Casualty Insurance Transactions[R]. American Academy of Actuarial, 1999: 1-78.

2. Baquet A E, Hambleton R, Jose D. Introduction to Risk Management[R]. Washington D C: U.S. Dept. of Agriculture, Risk Management Agency, 1997.

3. Benfield A. Reinsurance Market Outlook[R]. Technical Report, Aon Benfield, 2010.

4. Chambers, R. G. Insurability and Moral Hazard in Agricultural Insurance Markets[J]. American Journal of Agricultural Economics, 1989, 71(3): 604-616.

5. Fafchamps M. Market Institutions in Sub-Saharan Africa: Theory and Evidence[M]. MIT. 2004. Press Books, 1.

6. Glauber J W, Collins K J. Crop Insurance, Disaster Assistance, and the Role of the Federal Government in Providing Catastrophic Risk Protection[J]. Agricultural Finance Review, 2002: 81-101.

7. Glauber J W. Crop Insurance Reconsidered[J]. American Journal of Agricultural Economics, 2004, 86(5): 1179-1195.

8. Goodwin B K, Vado L A. Public Responses to Agricultural Disasters: Rethinking the Role of Government[J]. Canadian Journal of Agricultural Economics/Revue Canadienne D'agroeconomie, 2007, 55(4): 399-417.

9. Goodwin B K, Vandeveer M L, Deal J L. An Empirical Analysis of Acreage Effects of Participation in the Federal Crop Insurance Program[J]. American Journal of Agricultural Economics, 2004, 86(4): 1058-1077.

10. Hardaker J B, R Huirne, J R Anderson, G Lien. Coping with Risk in Agriculture [electronic resource]: CABI Publishing.

11. Morris J, Hess T, Posthumus H. Agriculture's Role in Flood Adaptation Andmitigation: Policy Issues and Approaches. Consultant's Report to the OECD, CAM/TAD/ CA/ENV/EPOC/RD (2008), 54.

12. OECD. Income Risk Management in Agriculture: OECD Publishing, 2000.

13. OECD. Risk Management In Agriculture -A Holistic Conceptual Framework. OECD, Working Papers, TAD/CA/APM/WP(2008)22/FINAL.

14. OECD. The Impact on Production Incentives of Different Risk Reducing Policies. OECD Papers, 2005, No 422. Vol. 5 No 11. 138.

15. Siegel P B, Alwang J. An Asset-based Approach to Social Risk Management: Aconceptual Framework, Social Protection Discussion Paper No. 9926: World Bank, 1999.

16. Skees J R, Barnett B J. Conceptual and Practical Considerations for Sharing catastrophic/systemic risks. Review of Agricultural Economics, 1999, 21(2): 424-441.

17. WorldBank. Managing Food Price Risks and Instability in an Environment of Market Liberalization, 2005.

18. WorldBank. Reduce Risk, Vulnerability and Gender Inequality in Agriculture. 2011.

19. Zhang Q, Wang K, Boyd M. The Effectiveness of Area-Based Yield Crop Risk Insurance in China[J]. Human and Ecological Risk Assessment: An International Journal, 2011, 17: 566-579.

20. Zhou Yanli. An Introduction to the Development and Regulation of Agricultural Insurance in China[J]. The Geneva Papers, 2009, 34: 78-84.

21. 冯文丽，董经纬. 农业保险功效研究[J]. 浙江金融，2007（5）：38, 33.

22. 侯玲玲，穆月英，曾玉珍. 农业保险补贴政策及其对农户购买保险影响的实证分析[J]. 农业经济问题，2010（4）：19-25.

23. 廖楚晖，温燕. 农产品价格保险对农产品市场的影响及财政政策研究——以上海市蔬菜价格保险为例[J]. 财政研究，2012（11）：16-19.

24. 娄伟平，吴利红，陈华江，等. 柑橘气象指数保险合同费率厘定分析及设计[J]. 中国农业科学，2010（9）：1904-1911.

25. 穆月英,陈家骥. 两类风险两种对策:兼析农业自然风险与市场风险的界限[J]. 农业经济问题, 1994（8）: 33-36.

26. 孙香玉,钟甫宁. 对农业保险补贴的福利经济学分析[J]. 农业经济问题,2008(2): 4-11.

27. 孙香玉,钟甫宁. 农业保险补贴效率的影响因素分析——以新疆、黑龙江和江苏省农户的支付意愿数据为例[J]. 广东金融学院学报, 2009, 24（4）: 112-119.

28. 庹国柱,李军. 我国农业保险试验的成就、矛盾及出路[J]. 金融研究,2003(9): 8-97.

29. 庹国柱,王国军. 中国农业保险与农村社会保障制度研究[M]. 北京: 首都经贸大学出版社, 2002.

30. 庹国柱. 我国农业保险的发展成就、障碍与前景[J]. 保险研究,2012(12): 21-29.

31. 王克,张峭. 农业生产风险评估方法的评述及展望[J]. 农业展望,2013(2): 38-43.

32. 王克. 中国农作物保险效果评估及相关政策改善研究[D]. 北京: 中国农业科学院, 2014.

33. 邢鹂,黄昆. 政策性农业保险保费补贴对政府财政支出和农民收入的模拟分析[J]. 农业技术经济, 2007（3）: 4-9.

34. 薛昭胜. 期权理论对订单农业的指导与应用[J]. 中国农村经济, 2001（2）: 73-76.

35. 张凡建. 动物和动物产品进口风险分析及其要素研究[D]. 北京: 中国农业大学, 2005.

36. 张峭,等. 中国农业风险综合管理[M]. 北京: 中国农业科学技术出版社, 2015

37. 张峭,宋淑婷. 中国生猪市场价格波动规律及展望[J]. 农业展望,2012(1): 24-26.

38. 张峭,王克. 农业自然灾害风险管理工具创新研究[C]. the Prospecting of 3rd Annual Meeting of Risk Analysis Council of China, 2008.

39. 张峭,徐磊. 中国农业风险管理体系:一个框架性设计[J]. 农业展望, 2007（7）: 3-5.

40. 张峭. 创新风险管理,应对农业灾害[N]. 农民日报, 2009-09-02.

41. 张小红,庹国柱. 保险学基础[M]. 北京: 首都经济贸易大学出版社, 2009.

第二章　农业生产风险评估与管理

【学习目标】本章学习的主要目标是了解农业生产风险的基本特征、农业生产风险分析评估的一般方法，系统了解几种常见的农业生产风险管理的工具及其优缺点，特别是了解如何运用农业保险管理农业生产风险。本章首先介绍了农业生产风险的定义和特征，便于读者理解农业生产风险的概念和涵盖领域；其次，详细说明农业生产风险的分析流程，主要对其中的 3 个重点方面进行分析；最后，在分析农业生产风险管理机制和管理工具的基础上，重点说明如何运用农业保险的手段对农业生产风险进行管控。

第一节　农业生产风险

一、农业生产风险的特征

农业生产风险是指农作物或畜产品在生长过程中的风险，是农产品实际产量与预期产量可能发生偏离的程度。之所以发生这种风险是因为农业活动受天气、病虫害等不可控的自然因素影响很大。但需要注意的是，生产风险不等同于自然灾害风险，农业生产的产出水平不仅受天气等自然条件的影响，同时还与农民选用的作物品种优劣、生产投入多少及田间管理精细程度等因素密切相关。由于自然灾害、生产投入、生产管理等因素对农业生产的影响最终都反映在农产品产量（或单产）的波动上，因此，生产风险又可以称为产量风险或单产风险。

相对于其他行业来说，农业生产的根本特征是自然再生产与经济再生产相互交织，这导致农业生产风险具有如下特征。

（1）时空性。由于农业生产具有季节性、区域性的特点，所以在不同的季节和区域，即使是同一种农产品，其生产风险也会存在明显的差异。其他行业的生产由于较少受自然因素的制约，因而其生产风险不具有明显的区域性与季节性。

（2）时滞性。由于动植物的生长周期较长且具有自我修复的能力，因此，农业生产风险从风险事件的发生到损失的发生有比较长的时滞，风险事件（如自然灾害、病虫害）所造成的产量或质量减损并不能马上显现，而需要等到收获时节才可完全确定。例如，发生了一场暴雨，气象灾害受灾面积为 10 亩（1 亩约为 0.067 公顷，下同），但由于作物的自我恢复功能，到实际收获的时候，农业灾害受损面积可能只有 7 亩。农业生产风险的这个特征，使得在农业保险实务中，保险公司进行核灾定损比较困难。

（3）相关性。农业生产风险主要来源于未来自然条件的不确定性。在一个区域范围内，动植物的自然条件往往是相似的。以天气为例，对同一个地区不同农业生产经营者的农作物而言，影响是相同的。病虫害和动物疫病往往在同一个区域内具有传染性。这就使得农业生产风险往往具有系统性特征，即同一种类型的生产风险在同一区域不同的农业生产经营者中同时发生。

（4）动态性。动态性是指农业生产经营者在生产和经营同一种类型的作物或牲畜时，其所面临的风险环境随着时间、所在区域气候和土壤环境的变化而发生改变。从较长时期来看，气候和土壤性质的变化、动植物自身的基因变异以及采用新的人工品种等，都可能导致农产品的生产风险特征发生改变。在实证研究中往往是通过历史产量数据的波动来估计农业生产风险的大小，但近年来农业生产自然环境条件已经发生了变化，而且未来农业生产自然环境条件可能还会发生系统性变化，所以这种估计方法可能导致对未来农业生产风险估计的偏差。

二、种植业生产风险

种植业是以土地为基本生产资料，利用农作物的生活机能，摄取、转化和蓄积太阳能，从而获得产品。种植业的生产对象主要包括粮食作物、经济作物、蔬菜园艺作物、水果和果树以及其他。种植业特别是粮食作物的生产和发展，对国计民生具有特别重要的意义，直接关系到一国畜牧业和工业的发展以及人民生活水平的提高，由此可见，粮食安全也就成为世界各国最重要的经济、社会和政治战略问题之一。

种植业的主要生产活动都是在自然条件下露天完成的，更直接、更紧密、更经常地依赖于自然界的力量。种植业的生产活动，无论对于发达国家还是发展中国家来说，都属于一种高风险的活动。农业是"经济的再生产过程，不管它的特殊的社会性质如何，在这个部门内，自然的再生产过程总是交织在一起"。种植业生产风险的来源有许多，主要包括来自地理环境、气候和生物系统本身的内在不确定性以及农业投入产出品市场价格的外在不确定性。自然条件的变化，尤其是气候条件变化是影响全球农业生产的主要风险来源，不充足和不均衡的降雨量、干旱和洪水、极度寒冷和极度炎热、暴风和暴雨都会导致严重的产量损失。气候变动不仅会引起产量的周期性变动，而且还会侵蚀农业投资的价值（如暴雨冲毁梯田），从而致使农业生产欠佳。因此，种植业生产最容易受到自然界的影响。在人类社会所拥有的科学技术手段还不能更好地控制和消除自然界的影响时，自然灾害（包括气象灾害、病虫灾害和地质灾害等）已成为种植业生产的最大风险。

种植业生产风险是指农作物从种植到收获的整个生长过程中遭遇各种因素的影响而引起的实际产量低于预期产量的偏离程度。自然风险，尤其是自然灾害，在种植业生产风险中所占比例最大，影响程度也最大。种植业生产风险具有如下 4 种特征：①普遍性。从时间和空间上来看，每年都有一些地区会遭受不同程度的灾害。以比较常见的旱涝灾害为例，就某一地区而言，干旱或多雨，或先旱后涝、先涝后旱，或旱涝交错等情况均可能出现；在同一时间里，既可能发生大范围的干旱或雨涝，也可能在一个地区发生多雨成涝，而另一个地区出现少雨干旱。②区域性。气象灾害种类繁多，发生频率较高，再加上地理条件十分复杂，使得气象灾害的分布具有一定的区域性。在同一地区的同一灾害也可能有不同的表现形式，如冰雹，就可能存在发生在山区多、平原和盆地少；迎风坡多，背风坡少；山脉南坡多，北坡少的现象。③季节性。以我国为例，春季往往是南涝北旱，盛夏则是南旱北涝；寒露风是南方晚稻抽穗花期的灾害性天气，长江中下游地区主要出现在 9 月中下旬，华南地区则多出现在 10 月上旬；霜冻在春季主要发生在北方冬麦区，秋季主要发生在东北、华北及西北地区，冬季则主要发生在江南、华南及西南部分地区；长江下游、浙、闽及两广地区暴雨集中在每年的 5~7 月，而华北、西北地区则集中在 7~8 月。④持续性。灾害的持续性表现在同一类灾害常常连季、连年发生。一种灾害发生时往往诱发其他灾害同时发生，如台风灾害往往伴发暴雨灾害；雹灾往往与大风和暴雨同时发生；连续阴雨，常伴有低温寡照，危害作物发育，秋季的连阴雨容易诱发作物病虫害。

三、养殖业生产风险

养殖业是利用畜禽等已经被人类驯化的动物，或者鹿、麝、狐、貂、水獭、鹌鹑等野生动物的生理功能，通过人工饲养、繁殖，使其将牧草和饲料等植物能转变为动物能，以取得肉、蛋、奶、毛、皮、丝和药材等畜产品的生产部门，是人类与自然界进行物质交换的重要环节。养殖业是农业的主要组成部分之一，与种植业并列为农业生产的两大支柱。我国是一个畜牧养殖大国，生猪养殖量和出栏头数都位居世界第 1位，畜牧业的发展对我国农村经济的发展和农村收入的提高具有十分重要的意义。

养殖业生产风险是指在人工养殖动物从出生或买入到市场流通的整个生长过程中因遭遇疫病灾害等各种因素而引起的实际收益低于预期收益的偏离程度。在畜牧养殖行业，疫病永远是其面临的最大威胁，我国民间一直有"家财万贯，带毛的不算"的谚语。例如，口蹄疫在畜牧生产业中一直是一个难以回避的问题，1951—1952 年加拿大爆发口蹄疫，当时仅影响了 2000 只动物，范围很小，但也造成了 200 万美元的损失（相当于现在的 20 亿美元）。1997 年爆发的口蹄疫摧毁了台湾地区的生猪市场，从疾病在某一个农场暴发到这种疾病被证实的时间内，又有 27 个农场被感染。一周内，717个农场被感染，3 个月内，台湾地区农场普遍感染，400 万头猪受到影响。台湾地区猪肉出口的禁令使其 GDP 下降了 2%。2013 年，在我国爆发的 H7N9 禽流感疫情给我国家禽养殖业带来了破坏性的损失，直接影响了人们对禽肉产品的消费信心和消费意愿，导致家禽产品市场交易萎缩、产品价格大幅下跌，成交量的萎缩和价格的下挫又使养殖户补栏意愿降低，纷纷减少养殖规模以降低成本，而这又为"后禽流感时代"家禽产品的有效供给埋下了隐患。据农业农村部统计，此次禽流感事件给我国家禽产业造成了超过 160 亿元的直接经济损失。但是需要强调的是，在畜牧养殖中，畜牧疾病风险除了危害巨大以外，还具有不同于种植业生产风险的一些显著特征。除了技术进步和品种改良等长期影响因素外，学界大都认可大部分种植业生产风险（即作为单产的波动）在短期内是由不可预测的不利天气事件造成的，有学者估计作物减产中有超过 80% 的损失是由自然灾害等不利气象事件造成的。然而，造成畜牧死亡的原因中除了疫病本身以外，养殖户的防疫水平和养殖能力也与畜牧业生产风险密切相关。有学者研究认为，在畜牧死亡的原因中大约只有 50% 是疾病造成的，其余的 50% 均与养殖户的养殖行为和防疫水平息息相关，因此，从保险角度讲，畜牧业生产风险并不是纯粹的"客观风险"，承保畜牧死亡率保险可能会面临严重的道德风险，这也是国内外畜牧业保险的发展要落后于种植业保险的原因所在。

综上，笔者认为养殖业生产风险具有阶段性、系统性、评估困难性和主体相关性等特征。①阶段性。牲畜养殖分为不同养殖阶段，不同阶段面临的风险及大小也有所不同，如仔猪从断奶到出栏的时间，或者牛犊从断奶到产奶的时间，都有着相对较为固定的阶段周期，不同的生长阶段对应着不同的风险系数，仔猪不超过 20 斤时夭折率非常高，但是进入育肥阶段后其死亡概率大大降低。②系统性。如前所述，畜牧养殖风险中有一半是疫病造成的，疫病尤其是传染性疾病（如猪瘟）一旦爆发，则难以控制且蔓延的速度很快，为了防范疫病风险，政府往往会对周围地区养殖的畜禽进行大面积扑杀，从而造成较大的损失。③评估困难性。畜牧生产风险因子中有大量传染性疾病，但出于社会稳定或其他因素考虑，畜牧疫病风险信息具有保密性，缺乏客观和准确的数据信息增加了畜牧生产风险评估难度。④主体相关性。畜牧业养殖一般是在场舍中进行的，畜牧生产风险与养殖户的养殖技术和防疫行为密切相关。

第二节　农业生产风险分析与评估[①]

一、农作物生产风险识别

农作物生产风险识别是指对农业生产过程中面临的以及潜在的风险因素加以判断，并对不同风险的性质进行归类整理，以明确不利事件的致损环境和致损过程。如前所述，风险识别是风险管理工作的开始，也是风险管理流程中非常重要的一项工作。可以说，农作物生产风险识别是对农作物生产风险进行有效管理的前提。

---

① 本节的农业生产风险是以农作物生产风险为代表。

农作物生产风险识别主要是根据待研究作物品种的生产特点，寻找造成其产量波动的影响因子，研究判断各风险因子的危害性；依据风险因子危害程度、监测的难易性和风险因子发生时期的分析，结合典型产区实地调查，筛选出对农产品生产危害程度大、发生时期早并且易于监测的主要风险因子；综合考虑主要风险因子对农业生产过程的影响和共同作用机制，建立农作物生产与各主要风险因子间的定量化风险分析模型。由于农作物生产风险受自然条件影响较大，具有较强的可变性和不确定性，因而农作物生产风险识别是一项持续性和系统性工作，要求风险管理者在以往经验的基础上，密切注意现有农作物生产风险的状态和变化，并随时发现新的风险。识别方法主要分为经验推断法和资料分析法，具体来说，经验推断法是通过感性认识和历史经验对农作物可能发生的生产风险进行观测和预判；资料分析法则是对各种客观的资料和风险事故的记录进行分析、归纳和整理，以及通过必要的专家访问，找出各种明显和潜在的农作物生产风险及其损失规律。

案例1：我国主要的农业自然灾害因子识别

我国是一个自然灾害频发的国家，每年自然灾害的发生都会对农业生产造成严重的影响。对于政府相关部门和保险公司来说，掌握农业自然灾害风险水平是进行有关决策的重要依据，但我国主要的农业自然灾害因子是什么？灾害管理或风险管理的重点应该放在哪？张峭等（2011）利用民政部门的农业灾害面积统计数据，以及基于灾情数据的农业生产风险评估方法，定量地分析我国农业自然灾害风险及不同种类自然灾害风险的大小、构成、演变趋势和空间分布等特征，进行了自然灾害风险因子的量化识别。

主要结论是：我国农作物因灾年均损失率为12.9%，即我国平均每年因自然灾害造成的农作物损失量占农作物总产量的12.9%。从灾种构成来看，干旱和洪涝是我国面临的主要农业自然灾害，年均损失率分别为6.5%和3.1%，造成的农作物损失分别占农作物因灾总损失的50.6%和23.7%，两者相加占我国农作物因灾总损失的3/4左右。风雹造成的年均损失率达到1.3%，冷害和台风造成的年均损失率分别达到0.6%和0.4%（表2-1）。

表2-1 我国农作物自然灾害的大小及灾种构成

	年均损失率	比重
总灾	12.9%	100%
干旱	6.5%	50.6%
洪涝	3.1%	23.7%
风雹	1.3%	10.1%
冷害	0.6%	5.0%
台风	0.4%	3.0%
其他	1.0%	7.6%

资料来源：张峭，王克. 我国农业自然灾害风险评估与区划[J]. 中国农业资源与区划，2011.32（3）：32-36.

同时，由于造成农作物生产损失的因素中有 80% 是自然灾害因子，因此，农业生产风险识别的另外一种方法与农业气象灾害因子识别具有很高的相似性。基本流程包括：综合考虑农业生产的特点及农作物不同生育期对光照、气温、水分的生理需求，通过对农作物历年产量数据以及当年特定阶段气象数据进行统计分析及相关性分析，识别出农业生产关键气象风险因子，分析风险因子危害性、风险载体脆弱性和风险载体抗风险能力之间的相互关系，建立关键气象因子与农作物气象产量之间的定量关系。

案例 2：我国玉米生产的主要风险因子及其时空分布

根据自然灾害风险评价理论，农业自然灾害系统包括致灾因子、孕灾环境、承灾体 3 个因素，这 3 个因素相互作用、相互联系，形成了一个具有一定结构、功能特征的复杂体系。在灾情形成过程中，孕灾环境、致灾因子、承灾体缺一不可，并在不同的时空条件下，对灾情形成产生影响。根据农业生产的特点和自然灾害的危害程度及危害频率，我们选取了表征孕灾环境因子、致灾因子、承灾体的不同指标，构建了农作物自然灾害风险评价指标体系。从整体角度来看，孕灾环境因子和致灾因子代表了灾害因子的危害性，承灾体因子代表了作物生产系统的脆弱性（图 2-1）。

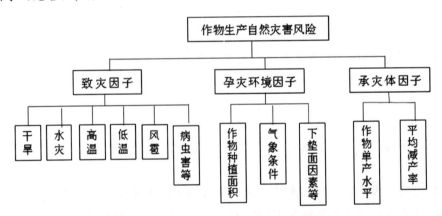

图 2-1 作物生产自然灾害风险评价指标体系

根据不同气象站点不同作物的灾情旬值数据所记录的不同灾害的发生程度（轻、中、重）频数，利用加权求和得出不同灾害因子对作物的影响指数。由于不同省份的气象站点数量不同，为便于区域间比较，将各省平均每站点的灾害发生频数加权求和值作为各省的灾害影响指数。计算公式如下：

$$R_{ijk} = \frac{n1_{ijk} + n2_{ijk} \times 2 + n3_{ijk} \times 3}{N_{ik}}$$

公式中，$n1$ 为轻发生或不发生的频数；$n2$ 为中发生的频数；$n3$ 为重发生的频数。i 为不同灾害种类，包括干旱、水灾、高温、低温、风雹、病虫害、总自然灾害；j 为不同省区；k 为水稻、小麦、玉米等不同作物。

根据全国 241 个涉及玉米的气象站点记录的历年以玉米为承灾体的自然灾害发生

频数和危害程度,分析玉米生育期内主要灾害因子的发生规律,从图 2-2 中可以看出,干旱是我国玉米产区的主要自然灾害,干旱发生频次占自然灾害总发生频次的 45.81%,接近一半,其次是低温和风雹,分别约占玉米产区自然灾害发生频次的 16%,包括暴雨、洪涝等在内的水灾和病虫害发生频次分别占自然灾害发生频次的 9.5%。

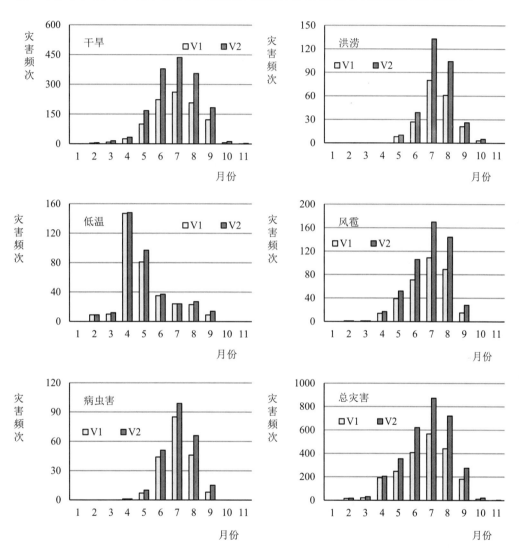

图 2-2　全国玉米不同种类自然灾害发生频次和发生程度

如按照灾害发生程度计算加权的发生频次,干旱占灾害发生的 50.78%,风雹占 16.60%,水灾和低温分别占 10.14% 和 11.77%,病虫害占 7.74%。这一比例变化说明玉米产区的干旱、水灾和风雹等灾害比低温和病虫害的发生程度更严重。按照不同时间段来分析,玉米产区在 2~10 月都可能有干旱灾害发生,相比而言,5~9 月干旱发生风险更大,危害程度也更严重。5~10 月都可能有水灾发生,但主要集中于 7~8 月,且易发生危害程度较大的灾害。低温灾害在 2~9 月都有可能发生,但主要集中于 4~

5月，且4月发生灾害的程度相对较严重。风雹灾害在4～9月均有可能发生，主要集中于6～8月份，灾害发生程度一般较严重。病虫害自4～9月份都有发生风险，但主要集中于6～8月。从总灾害来看，2～10月均有不同程度的灾害发生风险，其中6～8月发生风险较大，4、5、9月发生风险次之，2、3、10月发生风险较低。

我国玉米产区均受到不同程度旱灾风险的影响，其中陕西和山东产区为旱灾风险极高影响区，山西、甘肃、广西、江苏、辽宁5省份为旱灾风险高影响区，四川、吉林、内蒙古、贵州、宁夏、河北、湖北等省为旱灾风险中等影响区，其他省份的旱灾风险相对较低。可以看出，我国玉米干旱风险主要集中在中部、北部和西南地区。

二、农作物生产风险评估

参照第一章中对农业风险评估的概念界定，笔者认为，农作物生产风险评估就是对农作物整个生长过程中遭受的各种影响因素发生可能性及由此引起的实际产量低于预期产量的偏离程度进行评估，这种评估包含了两层含义，一是对农作物生产风险发生的概率进行评估，二是对农作物生产风险损失进行评估。

按照风险构成的3个要素包括风险因子、风险事故和风险损失，笔者认为农作物生产风险评估方法可以分为3类：①基于风险因子的评估法；②基于风险机制的评估法；③基于风险损失的评估法（图2-3）。

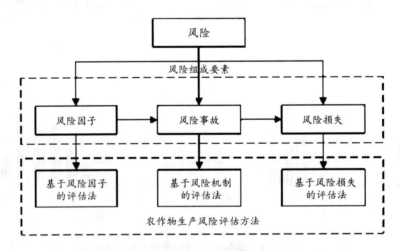

图2-3 农作物生产风险评估方法分类

（一）基于风险因子的风险评估法

基于风险因子的风险评估法是从造成农作物生产风险的各种风险因子入手开展风险评估建模。通常，指标是衡量因子的基本单位，因此基于风险因子的农作物生产风险评估法又称为农作物生产风险综合指标评估法。

农作物生产风险综合指标评估法的流程如图2-4所示，具体包括如下几个步骤：

①选择反映风险因子指标,构建分层风险评估指标体系;②收集衡量指标的量化数值,对数值进行归一化处理;③选择数学模型,分层确定指标权重;④选择数学模型,进行指标值的分层加权计算,最终获得综合风险指数。在上述 4 个步骤中,构建评估指标体系与选择数学模型是核心。

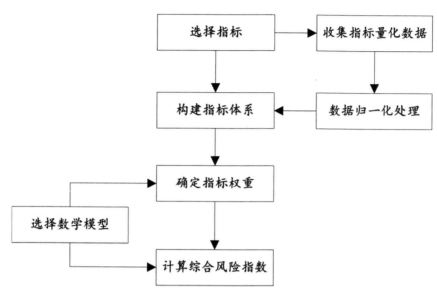

图 2-4　综合指标评估法流程图

（二）基于风险机制的风险评估法

基于风险机制的风险评估法是从风险事故机制的视角出发开展风险评估,这里所说的机制包括农作物遭受的灾害过程机制和农作物自身的灾害脆弱性机制。为了有效兼顾灾害过程机制和农作物灾害脆弱性机制,以及风险的未来不确定性,本书引入"情景"要素开展基于机制的风险评估方法。

在开展风险评估时,通常会提出 3 个问题:①将会发生何种不利事件?②该事件发生的可能性有多大?③如果该事件发生,可能造成的后果有多严重?每回答一组这样的问题,就会获得一组答案,答案 1 实质上是对一种未来不利情景的描述,答案 2 回答该情景发生的可能性,答案 3 回答该情景造成的不利后果。根据风险情景分析的原理,情景驱动的农作物灾害风险评估分为 4 个步骤,如图 2-5 所示。

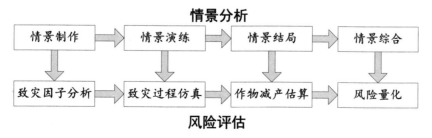

图 2-5　基于情景的农作物灾害风险评估步骤

步骤一：情景制作——致灾因子分析

风险情景分析的首要前提是制作研究区未来可能出现的风险情景集。由于自然灾害的特殊性，情景集中各情景的差异主要集中在致灾因子的差异，因此，致灾因子分析是情景制作的关键。

任何一种致灾因子都需要通过"时""空""强"三个参数来进行完整的刻画。"时"表示致灾因子的出现时间与持续时间；"空"表示致灾因子出现的位置与作用范围；"强"表示致灾因子的强度，如暴雨雨量。研究给定区域内一定时段内各种强度的致灾因子发生的可能性称为致灾因子分析。由于致灾因子的出现是随机事件，因此致灾因子分析的任务就是构建以时、空、强为参数的致灾因子的概率函数或重现期函数。所谓"重现期"是指某种现象或事件平均多少年重复出现一次，如"百年一遇"表示某种现象平均 100 年才出现 1 次，或者说每年出现这种现象的可能性是 1/100，即 1%。

利用致灾因子的概率函数或重现期函数的反函数，并通过设定概率或重现期来生成未来灾害情景。例如，可以通过设定概率区间（0.01～0.1）或重现期的范围（如十年一遇到百年一遇）来为研究区制作一组未来可能出现的致灾因子，而这组致灾因子就构成未来灾害情景集。通常，重现期范围还将进一步离散为 20 年、30 年、50 年、75 年和 100 年，进而制作出有限个情景样本。

综上所述，情景制作的主要任务是：识别灾害的致灾因子，构建不同时、空、强的致灾因子发生的概率函数或重现期函数，利用合理重现期范围生成一组区域未来可能出现的致灾因子，进而构造未来情景集。

步骤二：情景演练——致灾过程仿真

获取风险情景集后，要对情景集中每个情景的未来发展轨迹进行勾画，并定性或定量化情景中系统的发展状态。对于自然灾害而言，情景发展演练其实是对致灾因子的致灾过程进行演练，并定量化场地致灾力的大小。

刻画致灾过程的最佳途径是对各种致灾过程的仿真。依据灾害过程的物理机制，建立复杂地理环境上致灾因子致灾过程的通用仿真模型，如洪涝仿真模型、干旱仿真模型和台风仿真模型等。在输入致灾因子参数（时、空、强参数）和区域地理环境特征后，仿真模型便可模拟出该致灾因子作用下的灾害发展过程，并获得具有破坏力的场地致灾力。场地致灾力是指由致灾过程产生，与承灾体直接接触，对承灾体产生破坏的破坏力。例如，洪涝的地面积水便是造成农作物溺死的致灾力，积水深度和持续时间是洪涝致灾力的参数。此外，由于致灾过程与地理环境分布特征有着密切的联系，因此致灾力差异也存在空间差异。例如，地形低洼的地区洪涝积水深度大，地势较高的地区无洪涝积水等。

从仿真技术上，目前主要有系统动力学技术（System Dynamic, SD）、元胞自动机技术（Cellular Automata, CA）和多智能体技术（Multiple Agent, MA）。其中，系统动力学技术是通过分析系统的结构，建立一种"结构-功能"模型并在计算机上进行模拟，从而定量研究复杂系统的行为发展过程；元胞自动机技术是一个在具有离散、有限状态的元胞组成的元胞空间上，按照一定局部规则，在离散的时间维上演化的动力学系统；多智能体技术则认为任何复杂系统都是由不同的智能体构成的。多智能体模型是指具有不同目标的多个智能体对其目标、资源等进行合理的安排，协调各自的行为，最大限度地实现各自的目标，进而在一定的时空范围内模拟现实事物或现象的演变过程。

值得注意的是，致灾过程仿真的可靠性在很大程度上取决于仿真模型的可靠性。回溯检验法是验证仿真模型可靠性的一种有效手段，该方法是利用仿真模型对过去发生过的灾害进行仿真，并将仿真结果与现场调查结果（或历史遥感影像解译结果）进行对比分析。由于自然灾害本身存在随机性，我们认为仿真与实际的匹配度达到70％以上便可判断仿真模型是可靠的。

综上所述，"情景演练"的主要任务是：构建致灾过程的仿真模型，实现模型的可靠性检验，输入风险情景集中的每种情景的致灾因子参数，分别进行致灾过程的仿真，获得每种情景下场地致灾力。

步骤三：情景结局——作物减产估算

风险研究的是损失后果，情景结局便是对情景不利后果的度量阶段。承灾体的破坏是自然灾害的主要表现形式之一，没有破坏、没有损失就构不成灾害，更构不成风险，因此灾损的估算就成为风险评估的一个关键。

区域内农作物的灾损估算包含3层内容：一是计算灾害发生时区域内的灾度，即致灾力的大小及分布；二是获取区域内农作物的暴露性，包括农作物种类、种植分布与种植面积；三是考察区域内各种农作物的灾害脆弱性。其中，第一层内容已在步骤二中完成，通过灾害过程模拟输出了区域内的致灾力大小及分布；第二层内容的实现则可借助遥感技术，利用不同作物的光谱特征进行遥感影像解译，获得区域内不同作物的种植分布与面积；第三层内容的实现要借助历史灾情数据或实验手段，利用灾情数据或田间实验统计出不同灾度下农作物的减产率。此外，农作物脆弱性研究还要注重考虑农作物品种与生育期的差异。最后，结合不同品种农作物的经济价值，综合计算出区域内农作物的灾害减产损失金额。

综上所述，情景结局的主要任务是：识别区域内农作物的品种，评估不同品种农作物的种植分布与种植面积，构建农作物的灾害脆弱性函数，利用"情景演练"获得的致灾力，计算各情景的农作物灾害减产损失，构成情景的结局。

步骤四：情景综合——风险量化

风险是未来情景的综合，因此风险的量化就是要对未来情景集中所有情景不利后果进行综合量化。通过前三个步骤的分析，研究区的每个空间单元可获得一组情景样本，样本中包含情景发生的"超越概率"和情景发生后的"作物减产损失"。利用一组情景样本制作出"风险曲线"，并计算期望损失或条件期望减产损失作为风险的量度。

综上所述，"情景综合"的主要任务是，对情景集中的情景样本进行期望或条件期望损失计算，并将获得的结果作为风险量度。

针对某一个特定的自然灾害，基于情景的农作物生产风险评估的具体实施流程如

图 2-6 所示。

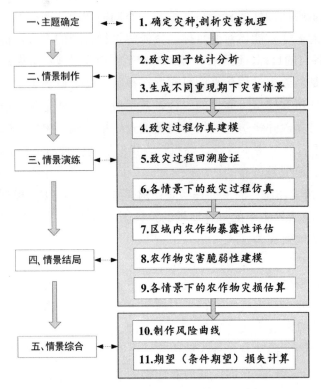

图 2-6   情景驱动的农作物灾害风险评估实施过程

（三）基于风险损失的风险评估法

基于风险损失的风险评估法是从农作物生产损失结果的角度入手开展风险评估建模，其具体的实施流程如图 2-7 所示。

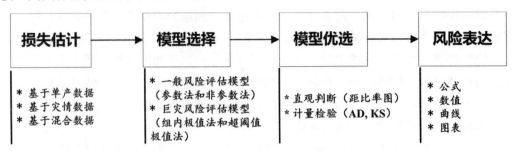

图 2-7   基于风险损失的风险评估流程

虽然有很多学者提出了不同的农作物生产损失的概率分布模型，但在模型的选择标准上并没有一个统一的标准。一般的模型优选步骤如下：

（1）计算出损失数据的偏度和峰度值。

（2）将偏度和峰度值与布鲁斯·沙洛克（Bruce. J. Sherrick）等（2004）提出的距比例图（图 2-8）进行比对，初步选出较好的模型。

（3）再利用 Anderson-Darling（AD）、Kolmogorov-Smirnov（KS）等计量经济学方法进行检验，确定最佳的模型。

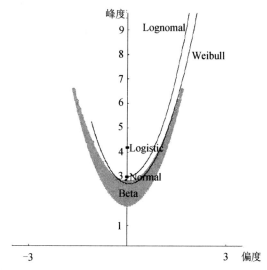

图 2-8　Beta、Weibull、正态、标准正态和 Logistic 模型的距比例图

在获得农作物生产损失的概率分布模型后，便可对农作物生产风险进行表达，具体的表达方式有公式、曲线、数值和图表等（图 2-9）。

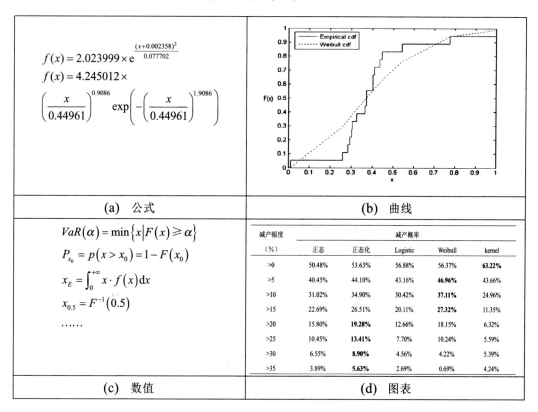

图 2-9　风险的表达方式

①损失的概率分布公式描述了不同程度的生产损失发生概率，可直接用于表达风险。但公式表达风险过于抽象，不易清晰地描述风险的大小。②利用损失的概率分布函数生成曲线图来表达风险可较为直观地描述风险，但不易进行风险大小的比较。③数值是从损失概率分布模型中计算出来的各种量度值，如极值（VaR）和均值（期望、条件期望和50%分位数）等，可从量化的角度上表达风险，适合风险的大小比较。④图表通常具有两个维度，便于进行不同风险量度计算结果的横纵比较。

（四）不同风险评估方法的对比

不同的评估方法具有不同特征与适用范围，表2-2列出了3种农作物生产风险评估方法在理论依据、特征、结果形式、优缺点和适用范围方面的对比分析结果。

表2-2　3种风险评估方法的对比

评估方法	基于风险因子的评估法	基于风险损失的评估法	基于风险机制的评估法
理论依据	灾害系统构成理论，任何一种自然灾害系统都包含致灾因子、孕灾环境、承灾体和防灾减灾能力4部分	数理统计原理，数据（产量或灾情）中包含丰富的风险信息，通过观察数据分布特征，合理选择统计模型便可获取统计意义上的风险量度	灾害过程机制与农作物灾害脆弱性机制，自然灾害遵循致灾因子出现、灾害过程演进、致灾力产生及承灾体破坏的顺序过程；农作物作为承灾体，脆弱性反映其遭受不同强度灾害时的损失程度
特征	是一种风险评估的完整性思路，从导致风险的因子入手开展建模	是一种风险评估的直观性思路，直接从风险结果入手开展建模	是一种风险评估的溯源性思路，从造成风险的前因后果入手开展建模
结果形式	风险指数	概率分布函数、各种量度值（VaR、超越概率值等）	概率分布函数、各种量度值（VaR、超越概率值等）
优点	易于完整把握风险要素，操作直观，实现难度小，不受历史灾害数据样本少的限制	数学推理性较强，结果表达方式多，评估结果较客观	能完整再现灾害过程和农作物灾损特征，评估结果客观，不受历史灾害样本少的限制
缺点	是典型的定性评估方法，主观性强，评估结果仅能给出风险等级，无法被进一步应用	非常依赖数据样本的"量"和"质"，在数据样本量不足、样本质量不好和样本完全缺失的情况下无法顺利实施	灾害机制复杂、建模复杂
适用尺度	国级、省级和县级尺度	国级、省级和县级尺度	省级、县级和网格尺度
应用范围	农业灾害风险防范、灾害早期预警和防灾减灾工程	农业一般保险的费率厘定与区划	农业灾害风险防范、农业灾害定损、农业巨灾保险的费率厘定与区划、防灾减灾工程

三、农作物生产风险区划

（一）农作物生产风险区划的必要性及意义

根据农作物生产风险的特性可知，农作物生产风险的一个显著特征就是区域相关性，一个灾害事故的发生往往会同时影响相邻的多个区域，这一特性决定了农作物生产风险区划的必要性。

实施农作物生产风险区划是实现农作物风险精细化管理的重要手段，至少有两方面的意义。①农作物风险区划是进行农作物风险管理的客观要求。我国幅员辽阔，地理位置、土壤种类、气候条件等有很大的差异，灾害种类繁多，不同地域风险差异较大，不进行风险区划，不仅会给农作物风险管理造成偏差，导致决策失误，还会给农民造成不必要的负担。②农作物风险区划是正确确定保险责任、厘定保险费率的需要。在不同的区域，风险的大小存在差异。不进行风险区划，开展农业保险就难以实行分区域费率。如果实施统一费率，势必造成风险相对较小的地区负担较重，获得补偿较少；风险相对较大的地区负担较轻，获得补偿较多，从而导致严重的逆选择和道德风险问题，影响广大农民对保险的全面认识和参加保险的积极性，造成保险机构运营的亏损。

（二）农作物生产风险区划的定义

农作物生产风险区划是在农业生产风险评估的基础上，依据风险地域分异特征和规律进行科学分类，按照区域内相似性与区域间差异性的原则，在空间上划分不同类型、不同等级的风险区域。具体来说，它是在风险评估结果的基础上，以行政区划为单元，对单元内的风险评估结果进行合理的等级划分后，编制成风险等级区划图，用于反映区域上农作物生产风险等级的空间分布格局。

（三）农作物生产风险区划理论及方法

实施风险区划前，要先对风险区划方法做出选择，因为选择不同的区划方法会得出不同的区划结果。区划方法的选择具体可细分为区划品种选择、区划灾种选择、区划单元选择、区划指标选择和区划等级选择（图 2-10）。

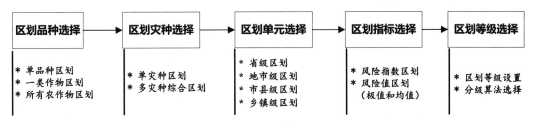

图 2-10　农作物生产风险区划的方法

1. 区划品种选择

农作物的品种繁多，进行风险评估与区划时通常会对农作物的品种做出选择，可选择单品种，如水稻、玉米和小麦等进行风险评估与区划，也可对一类作物，如粮食作物、经济作物等进行风险评估与区划，还可笼统地对所有农作物进行风险评估与区划。

2. 区划灾种选择

引发农作物生产风险的灾害类型很多，在进行风险评估与区划时要对灾害类型做出选择，可选择单灾种，如干旱、洪水和冷害等进行风险评估与区划，也可进行多灾种综合的风险评估与区划。

3. 区划单元选择

所谓区划单元是指用于体现风险区域差异性的最小空间单元。根据区划单元的不同，风险区划可以分成省级区划、地市级区划、市县级区划和乡镇级区划。

省级区划是以省为基本空间单元，表达各省之间风险差异的区划方案，多适用于全国或多省范围的风险区划；地市级区划是以地级市为基本空间单元，表达各地级市之间风险差异的区划方案，多适用于多省或一省范围内的风险区划；市县级区划是以市辖区和县为基本空间单元，表达市辖区和县之间风险差异的区划方案，多适用于一省或多市范围内的风险区划；乡镇级区划是以区与乡镇为基本空间单元，表达区与乡镇之间风险差异的区划方案，多适用于多市或一市范围内的风险区划。

风险区划单元通常与风险评估单元保持一致，评估单元的选择要受到实际应用目标、数据获取难度和分析建模难度的限制。单元越小对数据要求与建模要求就越严格，常常会出现数据样本缺失和样本不足的难题，导致无法建模评估风险，也就无法实施风险区划。

4. 区划指标选择

所谓的区划指标就是指用于划分风险等级的数值，通常是风险评估结果。根据风险评估的结果形式，区划指标的选择主要包括如下两类。

（1）风险指数区划。利用基于风险因子的风险评估法获得单一风险指数或综合风险指数作为指标进行区划，因此又可再分为单一风险指数区划和综合风险指数区划。

（2）风险值区划。利用基于风险损失与风险机制的风险评估法获得的风险量度值作为指标进行区划。根据风险量度方式的不同，风险区划还可进一步分为极值区划和均值区划。其中，极值可以利用 VaR 模型，计算一定置信水平下的最大损失；均值则可以是损失概率密度函数（cdf）的期望值、条件期望值或 50% 分位数。

5. 区划等级选择

区划等级选择包括两部分内容：区划等级设置和分级算法选择。

通常，风险区划等级可设置成三级、四级和五级 3 种，三级对应的是"高风险""中风险"与"低风险"，四级对应的是"极高风险""高风险""中风险"与"低风险"，而五级则对应的是"极高风险""高风险""中风险""低风险"与"极低风险"。

所谓的分级算法是一种寻找区划指标值等级界线的算法，分为传统分级算法和统计分级算法。用数列和级数分级的方式进行等级界线划定的算法被称为传统分级算法。其中，数列分级算法包括等差数列分级、等比数列分级和倒数数列分级；级数分级算法包括算术级数分级和几何级数分级。从统计学角度研究等级界线划定的算法被称为统计分级算法，具体可包括平均值-标准差分级法、分位数分级法和嵌套平均值分级法。

（四）农作物生产风险区划模型

风险区划指标是指用于进行风险区划等级划分的数值标准，也是风险评估的结果。按照风险评估得到的数值结果，风险区划可以分为极值模型区划和均值模型区划两种。

1. 极值模型

所谓极值是指在某一风险水平下，农作物生产可能发生的最大损失。根据建模的角度不同，极值计算模型可分成 VaR 模型和超越概率模型。

（1）VaR 模型。

VaR 是 Value at Risk 的缩写，中文名为风险值，是最引人瞩目的风险度量工具和方法，目前主要用于金融领域的市场风险度量。VaR 模型实际上是要回答一定"置信水平"（或称"概率水平"）下，农产品生产在未来特定一段时期内的最大可能损失，其公式如下：

$$VaR(\alpha) = \min\{x \mid F(x) \geqslant \alpha\} \qquad (2-1)$$

即

$$VaR(\alpha) = F^{-1}(1-\alpha) = x_a \qquad (2-2)$$

其中，$F(x)$ 表示农作物损失的概率分布函数，α 表示置信水平，x_α 表示置信水平下的最大损失。VaR 模型的图形表达如图 2-11 所示。

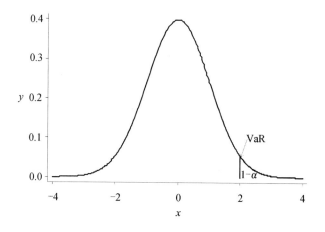

图 2-11　VaR 的图形表达

$VaR(1-\alpha)$ 的直观理解是：损失小于等于 VaR（0.05）的可能性为 95%，损失小于等于 VaR（0.01）的可能性为 99%。由于 $1-\alpha$ 通常是 95% 或 99%，因此，从统计学角度看 VaR 就是损失分布函数的一个高位分位数。

（2）超越概率模型。

所谓超越概率是指在一定时期内，农作物损失超越某个给定值的概率，其公式如下：

$$P_{x_0} = p(x > x_0) = 1 - F(x_0) \qquad (2-3)$$

其中，P_{x_0} 表示损失超越 x_0 的概率，$F(x)$ 表示损失的分布函数。

在实际应用中，超越概率常与重现期联系在一起。重现期是指某种现象平均多少年重复出现一次，如"百年一遇"（表示为 100a）表示某种现象平均 100 年才出现 1 次，或者换种说法，每年出现这种现象的可能性是 1/100＝1%。如果将这种现象定义为超越某种损失的现象，超越概率就可以与重现期等同起来，即

$$T = \frac{1}{P_T} \qquad (2-4)$$

反之，如果假定重现期 T_0，结合式（2-3）和式（2-4）可计算出超越损失值 x_{T_0}，公式如下：

$$x_{T_0} = F^{-1}\left(1 - \frac{1}{T_0}\right) \qquad (2-5)$$

这个超越损失值也被称为重现期下的损失极值。

此外，在无法获得损失分布函数 $F(x)$ 的前提下，还可利用超越概率下的损失样本建立"超越概率-损失"曲线（图 2-12），在曲线上直接找到对应重现期下的超越损失值。

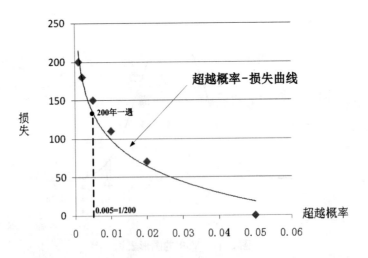

图 2-12　超越概率-损失曲线

2. 均值模型

所谓均值模型就是利用风险可能的平均损失来充当风险量度，计算模型包括数学期望模型、条件期望模型和50%分位数模型。

（1）数学期望模型。

设 X 是描述损失的随机变量，$f(x)$ 是损失的概率密度函数，数学期望模型（Expectation）的表达如下：

$$x_E = \int_0^{+\infty} x \cdot f(x)\,\mathrm{d}x \qquad （2-6）$$

数学期望是最常用的风险量度，在农业保险领域内普遍应用。用概率分布函数表达的数学期望如图 2-13 所示。

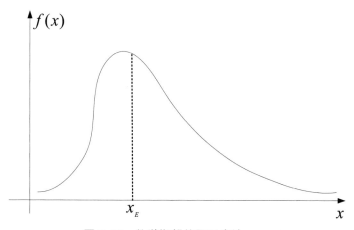

图 2-13　数学期望的图示表达

（2）条件期望值模型。

数学期望会将小损失大概率事件和大损失小概率事件等同在一起。例如，两个事件的损失和 $x_1 = 2$ 及 $x_2 = 20000$ 分别拥有概率和 $p_1 = 0.1$ 及 $p_2 = 0.00001$，但它们却对期望值产生同样的贡献：$(0.1) \times (2) + (0.00001) \times (20000) = 0.2 + 0.2$。为了消除数学期望值均匀化的缺陷，可以用分段的方式计算条件期望值（Conditioned Expectation，CE）来量度不同区间的风险，特别是可以对发生频率低但损失大的巨灾进行量度。

设 x 是描述损失的随机变量，$f(x)$ 是损失的概率密度函数，β_1 表示损失的下限，低于该下限的事件虽发生的可能性大，但损失较小，可以接受，β_2 表示损失的上限，高于该上限的事情虽损失大但极不易发生，介于 $[\beta_1, \beta_2]$ 的条件期望值的公式如下：

$$x_{CE} = \frac{\int_{\beta_1}^{\beta_2} x \cdot f(x)\,\mathrm{d}x}{\int_{\beta_1}^{\beta_2} f(x)\,\mathrm{d}x} \qquad （2-7）$$

当 $\beta_1 \to -\infty$，$\beta_2 \to +\infty$ 时，条件期望值模型就等于数学期望模型。用概率密度函数表示的条件期望如图 2-14 所示。

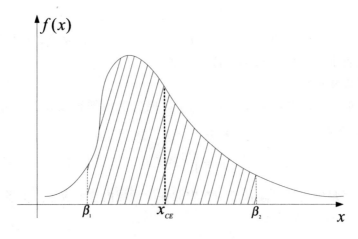

图 2-14　条件期望的图示表达

（3）50%分位数模型。

设 X 是描述损失的随机变量，$F(x)$ 是损失的概率分布函数，$f(x)$ 是损失的概率密度函数。那么，对于任意的 α，当

$$F(x_\alpha) = \int_0^{x_\alpha} f(x)\,\mathrm{d}x = \alpha \qquad (2\text{-}8)$$

时，x_α 为此分布的分位数。简单来说，分位数指的就是连续分布函数中的一个点，这个点对应概率。

当 $\alpha = 0.5$ 时，利用损失概率分布函数可计算 50% 分位数，即

$$x_{0.5} = F^{-1}(0.5) \qquad (2\text{-}9)$$

该分位数可视为均值，用于量度风险。

第三节　农业生产风险管理与农业保险

一、农业生产风险管理机制

对于农业生产风险管理而言，正如第一章所述，针对不同大小和性质的生产风险，分别采用风险缓释、风险转移、风险分散和风险应对等策略进行分别管理和综合管理。这几种风险管理策略的机制在第一章中已有概述，本章着重从时间和空间两个维度对风险分散策略的原理进行补充阐述和分析。农业风险分散策略可以进一步划分为风险共担策略、风险汇聚策略与多样化策略 3 种。下面逐一对每种策略背后的机制进行分析。

（一）风险共担机制

风险共担是指通过将未来的收益在不同的主体之间划分，使得风险在许多主体之间分散而不是集中在一个主体上。通过这种方式，可以使全部主体承担的风险之和低于总收益的风险。风险分担的思想为：假设有风险资产 W，其风险大小为 $V(W)$，如果将 W 在 n 个主体之间平分，那么每一个主体所承担的风险为 $V\left(\dfrac{1}{n}W\right)=\dfrac{1}{n^2}V(W)$，所有成员承担的风险之和为 $\dfrac{1}{n}\cdot V(W)$，小于原来的风险 $V(W)$。

风险共担的一个例子是古代农业中的一种佃农制度安排。在该种佃农制度安排下，地主让农民将土地出产的一部分作为租金，而不是收取固定的货币或实务租金。这客观上允许佃农与地主共担生产风险，通过这种方式，地主和佃农承担的风险之和要小于农业生产的总风险。风险共担现代化的运用体现在公司发行股票，不仅可以融资，同时也可以通过公司股票持有者共担的方式来分散创业风险。

（二）风险汇聚机制

风险汇聚是将多个主体的风险收益汇总，并由这些主体分担最终的结果。风险汇聚是保险业运作的理论基础，为了说明风险汇聚如何降低风险，我们举如下例子进行说明。

农民张三和李四都种植小麦，我们将单位面积产量低于目标单位面积产量定义为损失。假定张三和李四明年出现单产意外损失的可能性均为 20%，单产的意外损失均为 250 元。我们同时假设，张三和李四的事故损失是不相关的。因为张三和李四各有 20% 的可能发生意外损失，所以在未进行风险汇聚安排时，每个人的期望损失和标准差如下：

$$期望损失=0.8\times0+0.2\times250=50（元）$$

$$标准差=\sqrt{0.8\times(0-50)^2+0.2\times(250-50)^2}=100（元）$$

现在，假设张三和李四都愿意参加一种风险汇聚安排，即他们愿意平摊损失，每个人支付平均损失。如果两人都未发生意外损失，则支付总成本为零；如果其中一人发生了意外损失，总损失成本为 250 元，每人支付 125 元；如果两人都发生了意外损失，总损失成本为 500 元，每人支付 250 元。此时每个人的期望损失和标准差分别为：

$$期望损失=0.64\times0+0.32\times125+0.04\times250=50（元）$$

$$标准差=\sqrt{0.64\times(0-50)^2+0.32\times(125-50)^2+0.04\times(250-50)}=70.7（元）$$

通过风险汇聚，每个人的期望损失没有发生改变，但成本的标准差由 100 元减少到了 70.7 元，使得意外损失变得更具预测性，每个人所面临的风险也降低了。

（三）多样化机制

多样化策略是指一个农民将其资源分散在不同的活动或资产上，而不是集中在某一项活动或资产上。显然，如果多样化的活动或资产未来的收益结果不是完全呈正相关的，那么多样化策略就可以起到风险分散和降低的效果。多样化策略虽然也是风险分散策略，但它属于单个农业生产经营者的经营策略，与风险在人群中的分散没有关系，任何农业生产经营者都可以使用，如将土地用于种植不同类型的作物、同时经营种植业与畜牧产品等。

二、农业生产风险管理工具

农业风险管理工具，是指在农业风险管理中所采取的具体措施和手段。农业风险管理工具的设计，既需要以农业风险管理策略为指导，也需要以技术性和财务性管理手段为基础。农业风险管理工具随人类科学技术的进步和社会的发展而逐渐丰富和完善，并在实践中不断调整和创新。参照第一章农业风险管理工具的分类，我们认为，农业生产风险管理工具也可以分为自组织工具、市场化工具和政策性工具3种。对于农业生产风险而言，自组织工具主要是农业生产经营者为降低和规避风险而自发采取和实施的一些技术性措施，如多样化生产、选择抗灾性强的种子、农田整治、良好的生产过程管理等；市场化管理工具主要涉及农业保险，传统的农业保险包括成本保险和产量保险等，气象及价格指数保险、收入和收益保险等作为创新型农业生产风险管理工具逐渐发挥出重要的作用；政策性管理工具包括农业技术服务、农业自然灾害预警、灾害救济、农田水利设施建设等。

（一）市场化管理工具——农业保险

农业保险是指在农业生产经营过程中，为有生命的动植物因自然灾害、价格波动或意外事故所造成的经济利益损失提供损失补偿的一种保险机制。农业保险一般可以分为种植业保险和养殖业保险。农业保险是一种特殊类型的保险，其运作原理与普通保险并没有本质的区别。保险的基本原理是提供一种风险汇聚安排，使得风险在被保险人之间进行时间和空间上的分散。

农业保险是农业生产风险最核心的管理工具之一，其地位和重要性也在逐步提升。据世界银行统计，截至2008年底，农业保险已在全球100多个国家得到推广或试点。根据瑞士再保险的统计，2011年全球农业保险保费收入总规模达到了235亿美元。按照农业保险的承保对象划分，农业保险可分为种植业保险、畜牧业保险和水产养殖业保险3种；按照保险赔付触发机制的不同，农业保险又可以分为个体保险和区域保险两种，前者以个体实际损失是否低于保障水平作为是否进行保险赔付的条件，而后者则是以一定区域内某种指标的实际值是否低于预先确定该区域指标值作为是否进行保险赔付的条件，如美国多灾害产量保险（MPCI）和区域产量保险；按照承保风险责任的不同，农业保险又可以分为以自然风险为保险责任的传统单产险或成本险、以市场价格风险为保险责任的农产品价格保险，以及以覆盖自然和市场双重风险为保险责任的农业收入保险。目前，我国主流的农业保险产品为成本保险或产量保险，各类指数保险、价格保险和收入保险仅在部分地区部分品种上进行了试点，尚未大面积推广。从发达国家农业保险发展的情况来看，收入保险已成为美国农业保险的主要保险产品。

（二）政策性管理工具

1. 农田水利设施建设

政府通过投资或补贴兴修和维护为农田服务的水利设施，改变不利于农业生产发展的自然条件，建设具有抵御干旱和洪涝等自然灾害能力和降低农业生产风险的高质量的农田水利工程，为高产高效提供保障。

农田水利设施建设主要包括灌溉、排水、除涝，以及防治盐、渍灾害等，建设旱涝保收、高产稳产的基本农田。据此可以有效降低洪涝和干旱等自然风险对农业生产造成的损失。

2. 农业技术服务

大部分农民对于农业生产抱持"靠天吃饭"的想法，对于生产风险的防御意识和抵御能力较弱。因此，政府不断加强农业技术服务和抗逆性品种推广，重点培养一批懂农业、爱农村、爱农民的技术人员，为应对农业生产风险提供实际可靠的保障，并对农民进行技术培训，提高农民的防灾和减灾技术水平。

农业技术服务主要包括农技农机技术推广服务、畜牧水产技术推广服务、农业新品种推广服务和农产品质量监管服务，有助于增强农民农业技术方面的理论知识和实践运用能力，从而能够运用技术手段应对和抵御农业生产风险。

3. 农业自然灾害预警和灾害救济

对于农业生产风险来说，风险发生之前采用技术手段进行监测预警，风险发生之后采取及时有效的救济并提供良好的善后服务。政府利用遥感技术、无人机和物联网等现代信息手段对气象因子进行监测预警，发现可能引起生产风险的自然灾害警兆并且及时发布，有助于农民在灾害来临前做好防范措施。当生产风险发生之后，政府运用财政手段和国家力量开展灾害救济，使农民的损失降到最低，保障农民再生产的能力。

三、农业生产风险与农业保险

农业生产风险最主要的市场化管理工具是农业保险，农业保险在应对生产风险的过程中发挥了举足轻重的作用，已成为美国和加拿大等国农业安全网的核心内容，在中国、印度、日本和欧盟农业政策中的地位也在不断提升。

（一）农业保险是政府支持的政策性保险

农业保险是一种特殊的财产保险，其运作的原理和普通的财产保险是一致的。保险的基本原理是依据大数法则，对风险进行汇聚和分散的制度性安排，使得风险在被保险人之间进行时间和空间上的分散。传统的保险理论认为，可保风险需要满足如下条件：①风险独立性。承保者承保的风险必须是独立的个体性风险，因为高度相关的风险会导致保险人承受巨大损失的概率较高，很难通过汇聚安排来分散。②风险可测性。承保的风险必须是可计量的，存在可以估计风险事件发生概率与遭受经济损失的信息或方法，否则保险无法计数费率和定价。③风险信息对称性。与风险事件相关的信息容易从保险人和承保人处获得，从而使道德风险与逆向选择的可能性最小。④风险中等型。损失发生的可能性和严重程度都应该处于相对居中的水平。如果损失发生的可能性或严重程度过高，那么保险费率将过高，投保人无法承担；如果损失概率和程度很低，则没有转移和分散的必要，因为转移和分散风险的成本可能超过风险损失，得不偿失。农业生产风险的相关性和巨灾性特点，难以满足风险可保性的条件，所以纯粹的商业农业保险在全球范围内都不成功。农业保险一般需要政府的参与和支持。政府对农业保险的支持主要包括如下几个方面：①提供法律制度保障。许多国家都制定了《农业保险法》，为农业保险的发展提供了基础的法律保障。②提供保费补贴。政府给予农业生产者一定比例的保费补贴，从而提高农业生产者对农业保险的需求和参与率。③提供经营管理费补贴。政府对经营农业保险的商业保险公司给予经营管理费补贴或税收减免等优惠措施，从而增加农业保险的供给。④提供再保险补贴和支持建立巨灾风险分散制度。政府通过补贴的方式为从事农业保险经营的商业型保险公司提供优惠再保险服务，同时通过财政支持建立全国性农业巨灾风险分散体系和制度，以应对农业巨灾风险和保障农业保险的可持续发展。

（二）农业保险在化解生产风险中的作用

农业是国民经济的基础，是安天下、稳民心的战略产业，同时又是风险较高的弱质性产业，面临着生产风险和市场风险等诸多风险威胁，这些风险严重影响农业的持续发展，农业保险作为农业风险管理核心工具，有助于保障农业生产过程的持续稳定。近年来，农业保险在世界各国中的覆盖范围不断增大，保险品种逐渐增加，承保面积与日俱增，保障水平大幅提高，对农业生产风险的灾前防范和灾后补偿起到了举足轻重的作用。农业保险可以使大额的不确定的农业生产风险损失转化为小额的固定的农业保险费的缴纳。投保农户在遭受保险责任范围内的灾害后及时得到经济补偿，保障了农业生产能够及时恢复，确保了农民收入基本稳定，因此，农业保险在保障农产品有效供给、促进农业生产持续健康发展方面具有重要作用。同时，农业保险为农业生产者提供了系统和可预期的收入保障支持，从长期来看，有利于吸引社会资金和生产者长期投入农业生产和扩大生产规模，并积极采取新的农业技术手段，在提升农业生产竞争力和促进现代农业发展方面具有战略意义。

（三）农业保险已成为中国农业生产风险管理的最重要工具

相比灾害救济等农业风险管理手段，农业保险（政策性农业保险）不仅可以有效地分散和转移农业生产风险，起到弥补农民经济损失、稳定农户收入与促进农业发展"减震器"和"稳定器"的作用，更具有放大财政资金效果的杠杆效应。近年来，我国也高度重视农业保险市场的培育和发展，2004 年以来的中央"一号文件"都明确提出要建立和完善我国农业保险体系，推动中国农业保险的长足发展。尤其是 2007 年中央财政开始提供保费补贴后，中国农业保险快速发展，已成为全球最重要、最活跃的农业保险市场之一。2017 年，农业保险承保主要农作物 21 亿亩（1.4 亿公顷），约占全国播种面积的 84.1％；农业保险实施区域已覆盖全国所有省、市、自治区，承保品种也不断丰富，覆盖了农、林、牧、渔的各个方面。农业保险在弥补农业灾害损失、保障国家粮食安全、促进农民增收方面的积极作用得到有效发挥，已成为我国管理农业生产风险的最主要手段和中国农业风险管理体系的重要构成。

参考文献

1. Agricultural Economics Association Annual Meeting, Portland, Oregon, 2007.

2. Ahsan, Ali, Kurian. Toward a Theory of Agricultural Insurance[J]. American Journal of Agricultural Economics, 1982, 64: 520-529.

3. Bechtel A I, D L Young. The Importance of Using Farm Level Risk Estimates in CRP Enrollment Decisions. Selected Paper at the Western Agricultural Economics Association Annual Meetings.

4. Birkmann J. Risk and Vulnerability Indicators at Different Scales: Applicability, Usefulness and Policy Implications [J]. Environ Hazards, 2007 (7): 20-31.

5. Bruce J Sherrick, Fabio C Zanini, Gary D. Schnitkey et al. Crop Insurance Valuation Under Alternative Yield Distributions[J]. Amer. J. Agr. Econ., 2004, 86(2): 406-419.

6. Cardona O D. Indicators for Disaster Risk Management [R]. First Expert Meeting on Disaster Risk Conceptualization and Indicator Modelling, Manizales, 2003.

7. Claassen R, R E Just. Heterogeneity and Distributional Form of Farm-Level Yields[J]. American Journal of Agricultural Economics, 93(1): 144-160.

8. Coble K H, R Dismukes, S Thomas. Policy Implications of Crop Yield and Revenue Variability at Differing Levels of Disaggregation. Selected Paper for Presentation at the American.

9. Dilley M. Setting Priorties: Global Patterns of Disaster Rrisk [J]. Royal Society, London. 2005.

10. Glauber J W. Crop Insurance Reconsidered[J]. Amer J. Agri. Econ, 2004, 86: 1179-1195.

11. Hardaker J B, Huime, R B M, Anderson J R. Coping with Risk in Agriculture[M]. CAB International, Wallingford, UK, 1997.

12. Harri A, et al. Crop Yield Distributions: A Reconciliation of Previous Research and Statistical Tests for Normality[J]. Review of Agricultural Economics, 2009, 31(1): 163-182.

13. Ker A P, B K Goodwin. Nonparametric Estimation of Crop Insurance Rates Revisited[J]. American Journal of Agricultural Economics, 2000: 463-478.

14. Knight, Coble. Survey of US Multiple Peril Crop Insurance Since 1980[J]. Review of Agricultural Economics, 1997, 19 (1): 128-156.

15. Kron, et al. Flood Risk Zoning and Loss Accumulation Analysis for Germany[R]. In: Proc. of the International Conferenee on Flood Estimation. Berne, 2002: 549-558.

16. Lei Xu, Qiao Zhang, Xi Zhang. Evaluating Agricultural Catastrophic Risk[J]. China Agricultural Economic Review, 2011, 3(4): 451-461.

17. Marra M C, B W Shurle. Kansas Wheat Yield Risk Measures and Aggregation: A Meta-analysis Approach[J]. Journal of Agricultural and Resource Economics, 19(1): 69-77.

18. Nelson, Loehman, et al. Further toward a Theory of Agricultural Insurance[J]. American Journal of Agricultural Economics, 1987, 69(3): 523-531.

19. Ozaki V A, et al. Spatio-Temporal Modeling of Agricultural Yield Data with an Application to Pricing Crop Insurance Contracts[J]. American Journal of Agricultural Economics, 2008, 90(4): 951-961.

20. Pusch C. Preventable Losses: Saving Lives and Property Through Hazard Risk Management[R]. Working Paper Series of the World Bank，2004.

21. Stan Kaplan. The Word of Risk Analysis[J]. Risk Analysis, 1997, 17(4): 407-417.

22. Stanley Kaplan, B John Garrick. On the Quantitative Definition of Risk[J]. Risk Analysis, 1981, 1(1): 11-27.

23. Turvey C G, Zhao C. Parametric and Nonparametric Crop Yield Distributions and Their Effects on All-risk Crop Insurance Premiums [D]. Guelph: University of Guelph, 1993.

24. 陈怀亮，邓伟，张雪芬，等. 河南小麦生产农业气象灾害风险分析及区划[J]. 自然灾害学报，2006，15（1）：135-143.

25. 陈仕亮. 风险管理[M]. 成都：西南财经大学出版社，1994.

26. 邓国，李世奎. 中国粮食产量的灾害风险水平分布规律[G]//李世奎. 中国农业灾害风险评价与对策. 北京：气象出版社，1999：129-149.

27. 邓国，李世奎.中国粮食作物产量风险评估方法[G]//李世奎.中国农业灾害风险评价与对策.北京：气象出版社，1999：122-128.

28. 邓国，王昂生，周玉淑，李世奎.中国省级粮食产量的风险区划研究[J].南京气象学院学报，2002，25（3）：373-379.

29. 杜鹏，李世奎.农业气象灾害风险评价模型及应用[J].气象学报，1997，55（1）：95-102.

30. 黄崇福，刘新立，周国贤，等.以历史灾情资料为依据的农业自然灾害风险评估方法[J].自然灾害学报，1998，7（2）：1-9.

31. 雷星辉.保险公司风险管理观念发展与产品管理创新[M].石家庄：河北人民出版社，2001.

32. 李存山.棉花种植雹灾保险研究[M].北京：海洋出版社，1993.

33. 李世奎，霍治国，王素艳，等.农业气象灾害风险评估体系及模型研究[J].自然灾害学报，2004，13（1）：77-86.

34. 李云辉，贺一梅，扬子生.云南金沙江流域因灾减产粮食量分析[J].山地学报，2002（20）：43-48.

35. 刘荣花，朱自玺，方文松，等.华北平原冬小麦干旱灾损风险区划[J].生态学杂志，2006，25（9）：1068-1072.

36. 刘伟，李向梅，李俊有.宁城县主要农作物产量风险评估及区划[J].内蒙古科技与经济，2009，189：7-8.

37. 刘长标.农作物区域产量保险的精算研究[D].北京：中国人民大学，2000.

38. 马树庆，袭祝香，王琪.中国东北地区玉米低温冷害风险评估研究[J].自然灾害学报，2003，12（2）：98-102.

39. 马树庆，袭祝香，王琪.中国东北地区玉米低温冷害风险评估研究[J].自然灾害学报，2003，12（3）：137-141.

40. 任义方，赵艳霞，王春乙.河南省冬小麦干旱保险风险评估与区划[J].应用气象学报，2011，22（5）：537-548.

41. 山义昌.冬小麦风雹灾害的等级划分与灾情评估[J].气象，1998，24（2）：49-51.

42. 史培军.灾害研究的理论与实践[J].南京大学学报（自然科学版），1991：37-42.

43. 孙良媛，张岳恒.转型期农业风险的特点与风险管理[J].农业经济问题，2001（8）：20-26.

44. 汤爱平，董莹，文爱花，等.国外地震风险评估和风险管理基础研究[J].世界地震工程，1999，15（3）：26-32.

45. 庹国柱，丁少群.农作物保险风险分区和费率分区问题的探讨[J].中国农村经济，1994（8）：43-47，61.

46. 王克，张峭.中国玉米生产风险分析和评估[J].中国农业科学，2007（40）：146-152.

47. 王石立，娄秀荣. 华北地区冬小麦干旱风险评估的初步研究[J]. 自然灾害学报，1997，6（3）：63-68.

48. 王素艳，霍治国，李式奎. 干旱对北方冬小麦产量影响的风险评估[J]. 自然灾害学报，2003，12（3）：118-125.

49. 魏文迪. 农业风险的认识与管理对策[J]. 安徽农业科学，2007，35（11）：3420-3422.

50. 邢鹏，钟甫宁. 粮食生产与风险区划研究[J]. 农业技术经济，2006（1）：19-23.

51. 徐磊，张峭. 中国农业巨灾风险评估方法研究[J]. 中国农业科学，2011，44（9）：1945-1952.

52. 杨小利，吴颖娟，王丽娜，等. 陇东地区主要农作物干旱灾损风险分析及区划[J]. 西北农业科技大学学报，2010，38（2）：84-90.

53. 于宏敏，姚俊英，朱红蕊. 黑龙江省水稻初霜冻灾害风险区划[J]. 黑龙江农业科学，2011（12）：31-34.

54. 张翠英，张英，汪国平. 浙江农业洪水灾害风险分析[J]. 江苏农业学报，2011，27（6）：1222-1227.

55. 张继权，李宁. 主要气象灾害风险评价与管理的数量化方法及其应用[M]. 北京：北京师范大学出版社，2007.

56. 张建敏. 农业气象灾害风险估算方法初探[G]//李世奎. 中国农业灾害风险评价与对策. 北京：气象出版社，1999：183-189.

57. 张琪，张继权，佟志军，等. 干旱对辽宁省玉米产量影响及风险区划[J]. 灾害学，2010，25（2）：87-91.

58. 张峭，等. 中国农作物生产风险评估及区划理论与实践[M]. 北京：中国农业科学技术出版社，2013.

59. 张峭，王克，张希. 农作物灾损风险的评估方法研究[J]. 上海农业学报，2010（26）：22-26.

60. 张峭，王克. 农作物生产风险分析的方法和模型[J]. AO农业展望，2007（8）：7-10.

61. 张峭，王克. 农作物生产风险分析的方法和模型[J]. 农业展望，2007（8）：7-10.

62. 张峭，王克. 我国农业自然灾害风险评估与区划[J]. 中国农业资源与区划，2011，32（3）：26-30.

63. 张星，张春桂，吴菊薪，等. 福建农业气象灾害的产量灾损风险评估[J]. 自然灾害学报，2009，18（1）：90-94.

64. 张雪芬，任振和，陈怀亮. 河南省冬小麦晚霜冻害风险概率分布及对产量的影响评估[J]. 应用基础与工程科学学报，2006：321-328.

65. 赵思健. 情景驱动的淮河流域水稻洪涝灾害风险评估[A]. 中国灾害防御协会风险分析专业委员会第四届年会论文集，2010：392-399.

66. 赵思健. 情景驱动的区域自然灾害风险分析原理与应用[D]. 北京：北京师范大学，2009.

67. 钟秀丽，王道龙，赵鹏. 黄淮麦区小麦拔节后霜冻的农业气候区划[J]. 中国生态农业学报，16（1）：11-15.

68. 邹朝望，孙媛媛，谢伯承. 湖南省洪涝灾害风险评估研究[J]. 人民长江，2010，41（11）：63-65.

第三章 农业市场风险评估与管理

【学习目标】市场经济条件下，市场价格风险逐渐成为影响农业生产经营者收入稳定性和经营可持续性的重要因素。从我国发展情况看，受供需基本面、政策调整和国内外市场联动等因素影响，我国农产品市场走势也存在较大不确定性，农业市场风险评估和管理日益重要。本章学习的主要目标是：理解农业市场风险的诱发原理和基本特征，并在此基础上了解如何分析、评估和管理农业市场风险，掌握包括农业保险在内的几类农业市场风险管理工具的功能和优缺点。

第一节 农业市场风险

农业市场风险是指在农产品市场交易活动中因市场因素的不确定性，导致市场主体获得的实际收益低于预期收益的可能性。农业市场风险有狭义和广义之分，狭义的农业市场风险是指价格风险，包括农产品的价格风险和农业生产资料的价格风险；而广义的农业市场风险不仅包括价格风险，还包括市场交易风险。

一、价格波动与农业市场风险

农产品和农业生产资料的价格主要由市场供求关系决定。一方面，由于农业生产风险普遍存在，导致农产品总供给并不稳定；另一方面，农产品的需求也会因消费心理等因素发生临时性改变，从而导致农产品的价格波动。虽然广义的农业市场风险包含了很多风险类型，但价格以外因素的变化一般通过农产品价格显现出来，如需求的减少就表现为价格的下降。农产品和农业生产资料的价格波动可以在一定程度上反映农业市场风险的变化，所以经常将农业市场风险等同于价格风险。

近年来，我国农产品价格波动异常频繁，导致局部市场供求失衡，严重扰乱了市场秩序，损害了农产品生产者、消费者和其他经营者的权益，其危害性是相当大的。

第一，对其他商品价格产生传导和放大的影响。农产品是生活必需品和生产的重要原料，农产品价格的异常波动有可能导致核心消费物价的关系发生结构性变化，加剧社会对物价的看涨预期，并迅速传导到其他相关产品，带动其他商品价格在短期内全面上涨，助推整体的通货膨胀。

第二，对弱小的农业生产者产生信息误导。当某种农产品价格上涨时，普通农户所得到的价格信息只是现时暴涨后的价格，若现时的价格成为农户下一生产周期的风向标，将导致扩大种植的行为。农业生产的特性是从开始种植到收获及销售有较长的时间差，这个时间差会使农民面临很大的风险。农民要做出正确的选择，就不能依据当前的价格，而要把握价格的运行趋势。然而，对价格变化趋势的准确把握，是小农生产方式难以实现的。可以说，分散的农户经营很难避免盲目跟风的市场行为。

第三，增加农民收入的不确定，影响生产积极性。农产品市场收购价下降时，农户将直接承担损失；而价格上涨时，农民获得的利润并不一定相应增加。据统计，每次农产品价格上升，往往有利于流通环节，传递到农民手上的利润却十分有限，在价格暴涨中获利的往往是农产品投机者。这就导致农产品价格波动幅度越大，农民收入的不确定性越大的局面形成。

第四，对市场供求格局、社会秩序和生产秩序产生影响。农产品价格暴涨时会影响销售者和消费者的价格预期，供应商产生囤积行为，消费者出现抢购现象，结果进一步加剧农产品供求缺口的矛盾，使农产品价格波动超过趋势性上涨、周期性波动和季节性波动，扰乱市场秩序和农产品市场正常运行，广大民众对政府调控能力产生不信任感，甚至会干扰农产品市场化进程。

案例 1：大起大落，谁来打破农产品价格周期波动怪圈

近期，一些关于蔬菜售价甚至跌破采摘成本价的消息甚嚣尘上。从"蒜你狠"谢幕到"蒜你跌得狠"登场，无论是"菜贱伤农"还是"菜贵伤民"，农副产品价格呈现出"过山车"式的波动。相关人士分析后表示，农产品价格波动幅度过大，使生产者和消费者饱受"折磨"。因此，打破农产品价格"周期性怪圈"就显得尤为迫切和重要。

价格波动大，伤农又伤民

"最近，市场上的蔬菜比较便宜，为我省了不少开销呢！不过想想老家种大蒜的父母，因为今年蒜头卖不上好价钱，心里还是不太舒服。"老家是河南中年的小孔无意间向中国证券报的记者发起了牢骚。

不仅是大蒜，近年来，"豆你玩""姜你军""向钱葱""猪周期"……似乎成为农产品市场的魔咒：每过几年都要来一个轮回，暴涨之后就是暴跌。而这背后，对"农"与"民"来说，都会造成一定的伤害，而且也不利于市场的健康运行。

"以鸡蛋市场为例，价格波动太大，对养殖户和消费者来说均有不利之处。"北京市蛋品加工销售行业协会秘书长王忠强表示，价格大涨之后，对消费者来说，消费成本增加；对养殖户来说，在利益的驱使下，会进行大量补栏，造成鸡蛋市场供应增加，从而造成蛋价大跌，长期的低价会使得养殖利益受损，养殖户在利益得不到保障的情况下，食品安全问题也将突显，对消费者也会产生不利影响，造成市场需求下降，最终导致养殖户大量淘汰商品蛋鸡，鸡蛋供应减少，进而会促使价格上涨。

生意社农产品分析师李冰表示，对于生猪、鸡蛋等农副产品来说，价格大幅波动将对养殖户和饲料厂带来严重影响，而对于玉米等农产品来说，价格大幅波动将会令农户"受伤"。

"在进行种植或养殖前，少数农民或养殖户会对市场情况进行研判，进而敲定种植面积或养殖规模；但对于大多数农户或养殖户而言，因为没有收集、整理信息的能力，对市场的把握能力比较弱，因此会在心理上受到忽上忽下的影响"，王忠强表示。

用经济学中所谓的"蛛网理论"也可以解释农产品价格波动的客观必然性。考虑到当前农产品价格会影响到农业生产决策，但由于生物的生长周期，当前的农产品价格只能影响下一个收获周期的农产品供给。可见，农产品价格对供给调节具有明显的滞后性，从而导致农产品价格的周期性波动。

因此，从整体来看，农产品市场一头连着生产者，一头连着消费者，价格大起大落，不仅会严重损害生产者的利益，也会严重影响消费者的生活。"平衡二者的利益关系十分必要"，业内人士表示。

供需失衡是罪魁

"近年来，我国农副产品价格频繁出现'过山车'式的大幅波动，主要是由多方面因素造成的，如自然灾害、供求失衡、油价上涨、游资炒作等。究其本质，则是产销严重脱节带来的供需失衡。"卓创资讯农产品高级分析师王书童表示，以大蒜为例，2016年大蒜种植收益很高，山东济宁局部地区每亩收益可达万元。农户种蒜积极性高涨，大蒜种植面积呈现几何式增加。面积的增加带来的是产量的激增。但到了2017年，新蒜上市前，大蒜价格一路狂跌，从春节前后的8～10元/斤下滑至5月份的最低1.30元/斤。这反映出供需失衡导致大蒜价格"过山车"式的波动。

"养殖户决策的不理性和信息的不对称是造成蛋价出现周期性的大幅波动的主要因素。"王忠强表示，在我国，蛋鸡养殖主要以小散户为主，由于他们缺乏专业的知识，养殖决策都属于跟风、非理性的操作，一旦出现盈利或者亏损的情况，就会出现"一哄而上""一哄而散"，这样就会陷入"追涨杀跌"的怪圈。

除了上述因素外，李冰表示，随着农产品进口数量的增长，国际市场以及进口产品成本也会对国内农产品价格产生较大影响。

此外，游资炒作也加剧了农副产品价格波动幅度。据王书童介绍，目前市场上的游资炒作方式主要包括散布不实信息、恶意囤积、哄抬物价等。由于农副产品涉及千家万户以及国家粮食和经济安全，因此游资炒作严重损害了农副产品价格的稳定性。往小了说，它抬高了老百姓的生活成本，直接损害了种植户农民的利益；往大了说，它不仅严重扰乱了市场经济秩序，而且还给政府决策造成误判。

为何农户或养殖户不进行"逆周期"种植或养殖呢？

从市场环境方面看，王书童表示，其主要是受两方面因素影响：一方面，农副产品生产周期长、风险大。农业是个高风险、低利润的行业，作物的生长周期一般较长，且存在较多不稳定因素，如自然灾害和病虫害影响等，同时还要面临市场本身存在的风险。另一方面，近几年，随着游资炒作等方式的存在，农副产品的价格周期已有名无实，没有明显的规律可循，也就不具备周期性，因此，也就没有"逆周期"这样的说法。

从农民自身角度来看，济宁市中粮农产品投资研究院院长李继锋表示："由于目前我国多数农民总体素质有限，存在小农意识、从众心理，单靠教化难以形成'逆周期'思维。反过来说，如果大家都进行'逆周期'操作，这样不依然是多数行为吗？因此，'逆周期'逻辑是建立在少数人行为上的，那么既然是少数人的行为，一样无法改观周期性波动。"

"'逆周期'种植或养殖，短期来看恐难以实现。"李冰表示，养殖行业一般都需要一定的周期，当养殖户看到有利可图时，很难做到放弃；而作物种植又面临风险，农户也很难判断是否是真正的周期。

资料来源：《中国证券报》，2017 年 06 月 27 日。

二、农业市场风险类型

（一）价格风险

农业生产经营者价格风险的类型依据其交易环节不同，可以划分为由于购买农业生产资料时生产资料价格不确定带来的价格风险，以及由于农产品销售时农产品价格不确定带来的价格风险。农业生产经营者价格风险存在两种类型是因为农业生产经营者既是生产资料的购买者，又是农产品的销售者。

具体而言，购买生产资料所面临的风险主要是因为化肥、农药、饲料、农机具等价格不断上涨，导致生产成本上升，从而造成实际收益低于预期收益。销售农产品的价格风险主要是因为农产品大多属于时效性较强的物品，难以储存，生产后的及时销售是至关重要的。由于市场的需要和农产品生产时间的不对称，这种滞后会严重影响农产品的价格。而农业生产者在市场上与消费者商定价格时又处于弱势，有可能被动地接受与预期不符的价格。

（二）市场交易风险

市场交易风险主要包括市场需求风险和违约风险。市场需求风险来自人们对农产品需求的不断变化。在现有消费水平下，人们对食用的农产品需求相对稳定；并且在现有生产技术条件下，对作为工业原料的农产品需求相对刚性。因此，人们对农产品的市场需求弹性不足，倘若农民不能依市场需求去组织生产，那么即使农业有较大幅度的增产，农产品仍会出现滞销，农民的收入也可能难以保障。此外，市场需求风险还源自农业生产者将价格变化作为调整生产的准则。因为农产品生产经营周期长，价格调节滞后，错误的决策在生产结束后才会反映出来。当市场发生变化时，再进行调整，少则半年，多则两三年，而这时，市场很可能又发生了变化。即使有关方面能够超前预测、决策，这种预测行为本身就存在一定的风险。

违约风险是指协议双方不能遵守约定带来的风险。违约风险是订单农业中最常见的风险，也是订单农业难以得到有效发展的一个重要原因，因为企业和农户都存在严重违约现象，违约风险成为订单农业的主要风险。企业与农户的目标函数往往并不完全一致，在信息不对称的情况下，受机会主义行为驱使，就容易导致违约。当市场价格高于双方契约中事先规定的价格时，农户存在把农副产品转售给市场的强烈动机；反之，在市场价格低于契约价格时，龙头企业则更倾向于违约而从市场上进行低价收购。由此可见，市场风险并未因签约而消除，只是在不同主体间进行了重新配置。

三、农业市场风险特征

农业生产经营者同时面临投入品和产出品的市场风险。其投入品的市场风险与一般工商企业面临的投入品市场风险差别不大，但产出品的市场风险却与一般工商业企业有显著的不同。这里列出了产出品市场风险的主要特征，即农产品市场风险的特征。

（一）系统性

由于农产品一般为同质性产品，且生产和需求都很分散，生产集中度很低，农产品价格完全由市场供求决定，难以形成生产者垄断，这导致几乎所有农业生产经营者都是农产品市场价格的接受者。随着农产品市场一体化发展，农产品价格变化主要表现为：相同产品在不同区域的价格波动趋势和特征基本一致；相同产品的生产价格、批发价格、零售价格波动趋势和特征基本一致；所有生产经营者面临的价格变动趋势和特征基本一致。因此，当某一类农产品价格下跌时，所有生产该种农产品的生产经营主体都面临收入减少风险，反之，当某一类农产品价格上涨时，所有生产该种农产品的生产经营主体都面临收入提升的可能，该种农产品价格波动对于生产这种农产品的所有生产经营者来说就形成完全系统性风险。

（二）周期性

实践表明，在较长的时间序列中，绝大多数农产品市场价格波动具有一定的周期性特征。对于这种周期性波动的原因，学术界还没有得出完全一致的理论解释。比较常见的是基于"蛛网理论"进行的解释，认为农产品的需求一般较为稳定，且需求弹性较小；并且农产品的供给弹性较大，所以农产品市场一般为发散性蛛网或稳定性蛛网，农产品价格也总是处在周期性波动中。

（三）短期波动性

短期市场价格是指农产品在较短时段上的市场价格，部分农产品特别是鲜活农产品的短期市场价格容易出现较大波动。由于农产品供给和需求受众多偶发和随机因素影响，这些影响因素既包括对供给需求有直接影响的产量、消费量、运输状况的变化，也包括间接影响市场供需的天气状况、消费者心理状况、货币发行状况等因素，从而导致农产品价格短期波动成为常态，特别是鲜活农产品如蔬菜、水果、奶制品、肉类等，容易出现短期价格波动，有时甚至在一天内价格变化都很大。

（四）突发性

部分农产品的市场价格容易受消费者的突发性需求影响，从而出现价格突降或滞销。当发生突发性的食品质量安全事件时，会使得许多消费者对相关食品缺乏信任，从而对相关食品的需求骤降，最终导致与该食品相关的其他农产品也出现滞销或价格大幅下降。例如，前几年暴发的 H7N9 病毒，导致对禽类食品的需求骤降，禽类价格大幅下跌，大量禽类产品滞销，从而使得禽类养殖户遭受巨大的经济损失。

第二节　农业市场风险分析与评估

一、市场价格波动

市场价格波动是指商品的市场价格围绕其价值不断变化的现象，有时高于其价值，有时低于其价值。在现实交易中，由于供求因素的影响，以及其他外部因素的冲击，价格通常会出现偏离价值的现象，因而价值与价格通常是不一致的，即价格波动是普遍存在的。同时，价值制约着价格波动的幅度，使得价格与价值不会相去太远。农产品市场价格波动直接影响农业生产经营主体的收益，是农业生产经营主体面临的主要风险，要分析、评估和管理好农产品市场风险就需要深入研究农产品价格波动的特征和规律。

市场中价格波动是必然的。由于各种因素及经济主体预期的影响，农产品价格围绕其市场均衡价格产生波动，导致市场价格涨落不停。一方面，市场经济条件下，农产品价格是由农产品供求关系决定的，而农产品生产既是经济再生产过程又是自然再生产过程，其生产周期长，因而农产品短期供给弹性较小，长期供给弹性较大。加上农产品需求受"凯恩斯陷阱"和"恩格尔陷阱"双重影响，需求弹性一般较小，所以农产品价格呈"蛛网发散型波动"，意味着依靠目前不完善的市场机制调节市场供求，农产品供应的波动较大，表现为农产品价格大起大落。另一方面，农户往往会根据现有的市场价格来决定未来的种植、养殖种类和数量，当期的农产品的价格较高时，就会吸引大量的农业生产经营者在下期选择进入该农产品市场，供给增加使得该农产品供过于求，导致该农产品价格骤降，而由于该农产品价格降低，下期就会有农业生产经营者选择退出该种农产品，如此循环往复，导致了农产品价格的不断波动，带来了价格剧烈波动的市场风险。

农产品市场价格波动有一定的规律性和不同波动特征，研究分析农产品市场价格波动规律和特征，有利于提高对未来市场形势的把握能力，为市场风险规避和市场宏观调控提供决策依据。一般来说，价格随时间序列的变化是由其自身的趋势成分、周期成分、季节成分、随机成分共同作用的结果。农产品价格波动分解就是通过统计方法将农产品市场价格的变化分解为趋势变动、周期波动（循环变动）、季节波动和随机波动等部分，并进一步分析不同成分的波动特点。

二、市场价格传导

所谓市场价格传导，是指在市场经济条件下，农产品价格体系中某一农产品价格受多种因素的影响而产生波动，并且在其他农产品之间价格相互传递和相互影响。市场价格传导反映了农产品系统内部各组成部分之间的相互联系，既包括农产品产业链上游、中游、下游产品之间的纵向价格传导，也包括不同国别、不同地区、不同品种、不同市场间的横向价格传导。研究农产品价格传导，把握农产品价格在时空上分布和相互影响，对于分析、评估和管理农产品价格风险具有重要价值。

根据传导流向路径的不同，可以将农产品价格传导分为产销间和产业链间农产品价格传导两大类。产销间农产品价格传导，亦称空间农产品市场价格传导、区域型农产品价格传导、横向农产品价格传导，是指某种农产品在不同区域间的价格传导机制。产业链间农产品价格传导，亦称上下游农产品价格传导、纵向农产品价格传导，是指产业链内部上游生产领域、中游流通领域和下游消费领域间的农产品价格传导。

农产品价格传导与一般工业品类似，也受到供求状况变化、信息传递效率、市场结构、市场制度等诸多复杂因素影响，此外，还因其自身的属性而具有一定的特殊性。例如，农产品生产的季节性和周期性明显，尤其是鲜活农产品，多易腐、不耐存贮，导致上游农资成本的提高在很多时候需要在生产过程中消化，不能充分地传导反映在农产品生产价格上，价格传导存在一定的阻滞。再如，农产品，特别是一些关系国计民生的农产品，往往一定程度上会受到国家政策的干预，由此决定了农产品市场价格传导的路径、强度和速率并不完全与完全市场驱动条件下相同，从而降低了农产品市场价格的波动。这些政策性干预措施，也可以被视为应对农产品市场风险的政策性工具，在后文还将进行详细介绍。

三、市场风险评估

市场风险评估，就是对风险识别发现的问题进行分析，找出其可能引起的不良结果及相关的过程。为了进一步分析已识别出的市场风险对经营主体的影响，按照重要程度，分清主次，找出主要市场风险因素，并采取相应的防范措施。市场风险可由价格的波动大致反映，一般采取概率方法来对风险进行估计，主要方法如下所述。

（一）均值方差评估法

最早定量化风险度量方法的当为马科维茨提出的均值-方差理论。1952年，马科维茨将统计学中"期望"与"方差"的概念引入对资产组合问题的研究，提出"用资产收益率的期望来度量预期收益，用资产收益的标准差来度量风险"的思想，实现了将风险定量化。这种方法用数学期望来表示价格平均值，用方差作为度量风险的指标。当价格变化呈对称分布时，方差越大，说明价格的波动越大，潜在损失也越大。农产品在 t 时刻的价格 $x(t)$ 是随机变量，则在 t 时刻的价格平均值 $R(t)$ 和风险 $VaR(t)$ 分别为 t 时刻农产品价格的数学期望和方差，即

$$R(t) = E\big[x(t)\big]$$

$$VaR(t) = D\big[x(t)\big] = E\big[x(t) - R(t)\big]$$

为了计算农产品价格的均值和风险，必须知道农产品的价格在 t 时刻的条件概率密度。

令 $p(x, t; x0)$ 表示从初始 $t=0$ 时刻价格水平为 $x0$ 的状态转移到 t 时刻价格水平 $x(t)$ 状态的转移概率密度。如果已知农产品价格的转移概率密度 $p(x, t; 0)$，那么就可以得到农产品的价格在任意 t 时刻的数学期望值 $R(t)$ 和风险 $VaR(t)$：

$$R(t) = \int_{-\infty}^{+\infty} x p(x, t; 0) \mathrm{d}x$$

$$VaR(t) = \int_{-\infty}^{+\infty} \big[x(t) - R(t)\big]^2 p(x, t; 0) \mathrm{d}x$$

后来风险度量的方法得到不断延伸，相继出现了"安全第一法则"、半方差法、随机主导法则、贝塔（β）值、资本资产定价模型、LPM 模型以及 RLPM 模型等。然而，这些方法存在的一个共同问题是，都将分析对象的分布形式假设为呈正态分布，对风险的度量过于抽象、不直观，并且反映的只是市场的波动幅度，并非真正的风险状态。

（二）风险价值 VaR 评估法

VaR 从统计的意义上讲，是指面临"正常"的市场波动时"处于风险状态的价值"。即在给定的置信水平和一定的持有期限内，预期的最大损失量（可以是绝对值，也可以是相对值）。具体而言，是指在正常的市场条件下和一定置信水平 α 下，给定时间段内预期发生最坏情况的损失大小 x，其数学定义为：设 x 为描述资产组合损失的随机

变量，$F(x)$是其概率分布函数，置信水平为α，则$VaR(\alpha)=-\min\left\{\dfrac{x}{F(x)}\geqslant\alpha\right\}$，即

$$P(\Delta X>VaR)=1-\alpha$$

上式中，ΔX为资产组合在持有期内的损失，VaR为置信水平α下处于风险中的价值。从上述公式中不难看出，VaR实际上就是计算$F(x)$在置信水平α下的上分位数或下分位数，因而完全能够用于市场价格风险的度量。

案例 2：基于市场风险值（VaR）的山东聊城 LG 蔬菜公司的蔬菜市场价格风险评估

山东聊城 LG 蔬菜公司成立于 2003 年 8 月，注册资本 500 万元，以蔬菜种植、外销、深加工、贸易业务为主。山东聊城 LG 蔬菜公司农业标准化示范基地的成立，极大地推动了 JZ 镇蔬菜产业的发展，使农业生产实现了标准化、信息化、规模化，促进了农业生产由粗加工企业向以效益为导向的企业转变。截至目前，公司已带动农民 1 万多户，年种植面积达上万亩。2014 年，公司秉持"统一生产、指导、收购、销售、结算"的生产经营方式，年销售额达到 30000 余万元，利润达到 1900 余万元，从业人员年人均增收 5000 余元。

通过概率分布函数对山东聊城 LG 蔬菜公司蔬菜市场价格风险值进行计算：首先计算一定程度下市场价格上涨的风险最大值（上行 VaR 值）。将 95%、90% 赋为各种蔬菜价格风险分布函数 $F(x)$ 的值，对所需的 x 值进行计算。再测算在最大置信度下最大的损失度（下行 VaR 值）。将（1-90%）和（1-95%）赋给蔬菜价格风险概率分布函数 $F(x)$，并求解 x 值（表 3-1）。

表 3-1　不同置信水平下 LG 公司蔬菜价格的市场风险值

置信水平	VaR 值	芹菜	大白菜	甘蓝	黄瓜	茄子	西红柿
90%	上行	127.96%	180.79%	96.85%	39.60%	52.39%	46.22%
	下行	-41.99%	-49.44%	-46.01%	-18.51%	-20.88%	-21.88%
95%	上行	189.11%	280.23%	128.11%	52.87%	65.97%	60.19%
	下行	-53.45%	-59.82%	-60.02%	-25.49%	-26.49%	-28.74%

由上表可以得到各种蔬菜的价格风险：①公司蔬菜市场价格波动较大，如果置信水平为 95%，那么大白菜可达到 280.23% 上涨幅度、-59.82% 的下跌幅度。②蔬菜价格上涨比下跌具有更大的波动幅度，如果置信水平是 95%，西红柿、甘蓝、茄子价格均有两倍以上的上涨或下跌，白菜、芹菜会有 4 倍以上的上涨或下跌，农民的收入会因为蔬菜价格上涨而提升。③一种蔬菜上涨的机会越大，下跌的可能性也会越大。例如，芹菜、甘蓝以及大白菜就是其中的典型代表，它们在上涨时比其他蔬菜有更高的上涨幅度，下跌时也会比其他蔬菜造成更多的损失。因为一旦蔬菜的价格上涨，生产者为了提高收益而将原本的生产规模扩大，在供给大于需求的情况下会降低蔬菜的价

格，所以要采取措施防止蔬菜价格下跌造成的损失。除此之外，甘蓝、芹菜、大白菜比其他蔬菜有更大的市场价格风险。山东聊城 LG 蔬菜公司在生产甘蓝、芹菜以及大白菜时需要承担的风险更大。

通常来说，如果置信水平在 90% 以下，山东聊城 LG 蔬菜公司的蔬菜市场价格风险 VaR 值在相对安全范围之内，如果 VaR 值超出其范围之外就有可能发生风险。尤其当蔬菜的价格波动处于 95% 置信水平，蔬菜价格存在的风险就较高。对比不同置信水平的上下行 VaR 值，对比每个季度蔬菜价格波动值可对每个季度蔬菜价格风险进行判断，并计算每种蔬菜出现价格风险的频数（表 3-2）。

表 3-2　2005—2015 年 LG 公司的蔬菜市场价格风险发生频数

风险类型	芹菜	大白菜	甘蓝	黄瓜	茄子	西红柿
上涨	3 次	4 次	4 次	3 次	3 次	3 次
下跌	5 次	7 次	3 次	2 次	2 次	5 次
高上涨	3 次	2 次	4 次	2 次	2 次	2 次
高下跌	4 次	3 次	2 次	2 次	1 次	2 次

由上表可知：①蔬菜市场价格具有非常高的风险发生频率。2005—2015 年间，整个公司的蔬菜市场价格仍存在下跌风险，在所有季度中有 44 个季度处于下跌风险区，其中有 42.86% 的概率会发生高风险，下跌风险的平均频率为 13.64%。②西红柿、芹菜和大白菜在这 6 种蔬菜中价格风险发生的概率占据前三位。从高风险方面看，西红柿、芹菜和大白菜价格出现高风险的频率很大，在 6 种蔬菜中，这 3 种的价格更易出现高下跌。而芹菜占据了高下跌风险的首位。而价格和生产者之间有着直接的关系，所以生产者需要密切注意西红柿、芹菜和大白菜的价格，防止价格的下跌给自己带来经济损失。③黄瓜、甘蓝、茄子这 3 种蔬菜发生价格风险的频率由高到低依次是甘蓝、黄瓜、茄子。从下跌风险看，这 3 种蔬菜中风险最大的是甘蓝；从趋势来看，茄子价格的上涨趋势显然要比下跌趋势好，黄瓜次之；单从高下跌风险看，茄子的下跌风险最小，因此从发生价格风险来看，甘蓝最高，黄瓜次之，茄子最小。

第三节　农业市场风险管理

一、市场风险管理策略

（一）价格风险期货转移策略

市场风险管理就是运用适当的手段，有效地降低农产品价格波动和市场交易过程中的不确定性，从而降低市场风险对生产经营者造成的不利影响。市场风险最重要的特征是系统性，因而对市场风险管理策略是利用对冲机制将农产品价格风险转移到期货期权市场中愿意承担风险的投资者或投机者身上，即在期货、现货两个市场利用交易方向相反、商品种类相同或相近、交易数量相等或相当、交割时间相同或相近的两笔交易同时操作，进行风险对冲，当然这些投资或投机者在承担价格风险的同时也获得了相应的风险收益。

期货对冲风险转移原理：①利用"同种商品的期货价格走势与现货价格走势一致，且现货市场与期货市场价格随期货合约到期日的临近，两者趋向一致"的条件；②遵循"交易方向相反、商品种类相同、商品数量相等、月份相同或相近"的原则；③开展双向交易进行风险对冲。即同时在现货和期货两个市场上进行交易，用一个市场上产生的盈利来弥补另一个市场上发生的亏损，就可以达到锁定价格的目的。

期货风险对冲类型：①买入风险对冲。农产品需求商在期货市场买入收获时到期的期货合约，如果到了收获季节现货价格上涨了，那么期货市场上原来买入的合约产生的盈利就可以弥补现货市场上的损失；反之，如果到了收获季节现货价格下跌了，那么现货市场上的盈利就可以弥补期货市场上原来买入的合约产生的损失。②卖出风险对冲。生产者在期货市场卖出收获时到期的期货合约，如果到了收获季节现货价格下跌了，那么期货市场上原来卖出的合约产生的盈利就可以弥补现货市场上的损失；反之，如果到了收获季节现货价格上涨了，那么现货市场上的盈利就可以弥补期货市场上原来卖出的合约产生的损失。

（二）其他价格风险管理策略

如前所述，价格风险是市场风险中最主要的部分，而价格风险的最佳管理方式，就是利用期货、期权的方式进行风险对冲。除此之外，管理市场风险还可以采取以下途径和方式：一是健全农业支持保护体系，以政策手段稳定农产品市场价格，避免农产品价格的异常波动。规范农产品市场交易行为，降低违约风险；二是通过签订远期合约（订单农业）提前锁定价格和稳定销售渠道；三是加强市场形势研判。例如，信息不对称是导致农产品市场价格波动的重要原因之一，因而建立完备的信息发布、共享机制，也将有利于农业生产经营者研判市场形势，优化生产计划，降低市场风险。

二、市场风险管理工具

农业市场风险管理的工具，是指在农业市场风险管理中所采取的具体措施和手段。从工具提供主体角度看，现有的农业市场风险管理工具涵盖了政府提供的政策类工具、市场化工具、政府参与下的市场化工具，以及农业生产经营者等生产经营主体自发采取的一些自组织工具。具体而言，政策性工具主要包括粮食最低收购价政策、农产品临时收储政策、目标价格补贴；市场化工具涵盖农产品期货、订单农业、订单农业＋

农产品期货、农产品价格保险；自组织工具主要是指多样化经营。

（一）政策性工具

政策性农业风险管理工具，是指由政府制定、执行和提供，旨在帮助农业生产经营者提高农业风险管理能力和效果的政策或公共服务。政府一方面可以通过参与市场创造、影响市场激励来促进市场化农业风险管理工具的发展，另一方面也可以直接参与农业风险管理，降低农业生产经营者面临的风险和应对农业风险事故。政府直接参与农业风险管理所采取的具体措施，称为政策性农业风险管理工具。

1. 最低收购价与临时存储收购政策

最低收购价政策和临时收储政策，都是当农产品市场价格低于国家规定的价格时，国家财政通过特定形式予以一定补贴，提高国内市场价格，使农业生产经营者能以较高价格出售农产品。这两项政策都是中国针对关系到国家粮食安全的大宗农产品的价格波动出台的重要风险管理举措。

在中国，最低收购价政策的基本做法是在某期小麦或水稻收获前，中央政府给出收购预案，规定对收储地区、产品质量的要求，并给出预案中的最低收购价格和执行时间。待粮食收获后，在规定的最低收购价执行期间内，如果市场价格低于最低收购价，则启动预案，否则不启动。临时收储政策与最低收购价政策基本类似，都是中央政府在农产品收获前发布预案，预案中规定了收储的主产区、收储的质量要求和临时收储的价格和执行期间，当农产品收获时实际市场价格低于规定价格，则启动预案。但与最低收购价政策稍有不同的是，临时收储政策不是在规定执行期间当市场价格一旦低于收购价格就立即启动，往往是要求连续数个工作日都低于规定价格时才启动。

最低收购价与临时存储收购政策的主要目的是为了稳定粮食和重要农产品的价格，稳定农民收入，保护农民种粮的积极性，从而保障国家粮食安全。从历史经验看，这两项政策也基本达到了预期的政策效果。据统计，中国粮食种植面积从 2003 年的 14.91 亿亩（约 0.99 亿公顷）增加到 2013 年的 16.79 亿亩（约 1.12 亿公顷），增幅达 12.6%；粮食总产量从 2003 年的 43069.53 万吨增加到 2014 年的 60702.61 万吨，增幅达 40.94%。王士海和李先德（2012）的实证研究也表明，粮食最低价格政策对提高粮食主产区的粮食价格，保护种粮农民的积极性有着较为明显的作用。

以这两种政策在中国的实施情况来看，近年来随着国内外粮食供需环境出现重大变化，最低收购价和临时收储政策也逐步显现出一系列新问题，最主要的是影响了市场机制在农产品价格形成中的作用。一方面，在最低收购价和临时存储收购政策的支持下，目前国内稻谷、小麦、玉米、大豆、棉花等主要农产品的价格均已接近或高于国际市场价格，国内市场面临巨大的进口压力，既增加了财政负担，也影响了政策实施的效果；另一方面，价格支持政策使国内粮食市场价格"托底"信号显著，粮价"只涨不跌"预期增强，粮食价格形成机制及市场价格信号被扭曲，在一定程度上使粮食市场呈"政策化"趋向，导致市场的作用不能得到有效发挥。

2. 农产品目标价格补贴和生产者价差补贴制度

目标价格补贴，是指政府事先确定农产品的目标价格，当该农产品实际市场价格低于目标价格时，政府按照两者之间的差价补贴农产品生产者，保证其基本收益；若该农产品实际市场价格高于目标价格，则不需要启动目标价格补贴政策。从政策操作看，目标价格与最低收购价、临时收储等机制不同，该政策并不直接对市场价格产生影响，当农产品市场价格低于目标价格时，农民仍按市场价格随行就市自由销售，二者之间的差价由政府依据其种植面积和平均单产进行补贴。其政策目标使农产品价格形成与政府补贴脱钩，既有效调动了农民的生产积极性，保障生产者的基本收益，又能发挥市场配置资源的决定性作用，减少市场扭曲，并减轻政府收储压力。因此，农产品目标价格补贴、生产者价格补贴等政策，已经成为许多国家调控和管理农产品市场风险的重要工具。

进入 21 世纪以来，中国针对粮食支持政策进行了一系列重大调整。2014 年，中共中央、国务院印发了《关于全面深化农村改革加快推进农业现代化的若干意见》，强调完善粮食等重要农产品价格形成机制。继续坚持市场定价原则，探索推进农产品价格形成机制与政府补贴脱钩的改革，逐步建立农产品目标价格制度，在市场价格过高时补贴低收入消费者，在市场价格低于目标价格时按差价补贴生产者，切实保证农民收益。按照"试点先行，稳步推进"的改革策略，2014 年，目标价格补贴制度首先在东三省（黑龙江、吉林、辽宁）、内蒙古和新疆启动试点。此后，中国农产品价格形成机制改革不断深化，稻谷、玉米等主粮产品也被纳入市场化改革范畴。2016 年，取消了在东三省和内蒙古自治区实施多年的玉米临储制度，改为实行生产者补贴；2017 年，将大豆目标价格补贴取消，改为生产者补贴；2018 年，降低了稻谷最低收购价，并配套建立稻谷生产者的补贴机制，完善支持保护政策。

（二）市场化工具

市场化农业风险管理工具，是指农业生产经营者同其他市场经营主体，在自愿互利的基础上，通过具有法律约束效力的协议而采取的风险管理措施或手段。市场化农业风险管理工具的参与主体将不限于农业风险生产经营者的家庭和社区团体，而是将其他社会力量，如保险公司、农产品加工企业、农产品期货投机者、银行等，也纳入农业风险管理中来。在传统社会，农业风险只能通过农村社区来分散，而市场经济的发展，使得农业风险可以在全社会甚至全球范围内进行风险分散。市场化风险工具，主要是通过风险分散与转移的策略，使许多社会成员自愿加入对农业风险的分担，从而可以有效地降低单个农业生产经营者所面临的风险。市场化的工具主要包括价格保险、订单农业和农产品期货、期权等。本节将重点介绍订单农业和期货期权的运作原理，农产品价格保险将于下一节重点阐述。

1. 订单农业

订单农业，又称为合同农业或契约农业，是指农民与企业或中介组织在农业生产之前，签订具有法律效力的产销合同，明确双方相应的权利与义务关系，农民根据合同组织生产，企业或中介组织按合同收购农民生产的产品的农业经营形式（国家工商行政管理总局 2006 年第 66 号文件）。管理市场风险是订单农业的重要作用之一。借助于企业与农户之间的契约关系，一方面，农户可以获得更为稳定的销售价格和销售途径，企业也将得到更为稳定的收购价格和更有保障的农产品，一部分市场风险通过这种契约关系得到缓释。另一方面，通过结成较为稳固的利益共同体，原先仅由小农户独立承担的市场风险得以通过契约关系转移到抗风险能力较强的企业，企业再通过其他方式进行分散和转移。

订单农业具有多重功能，包括帮助合约双方增强农产品市场风险管理能力。从农产品的交易方式来看，订单合约可以看作一种商品远期合约。远期合约可以在交易双方之间锁定未来交易的价格，并规定交易产品的数量与质量。订单农业可以将未来的价格风险在交易双方之间锁定，其原理与风险共担的机制类似。通过签订订单合约，交易双方承担的价格风险同时降低了。从企业角度看，订单农业可以更好地控制生产过程和作物性能，从而能满足食品检测标准和信用评级条件，增加农产品供应的数量和质量的可靠性（减少了筛查与选择成本）；在伸缩产量上更有弹性，因为企业可以减少固定资产投入，尤其对于相对完全垂直一体化的自我经营而言，可以更灵活地调整生产规模以应对市场变化。从农户角度来看，订单农业可以使农户进入更稳定的市场，从而降低销售风险；可以为农民提供更为稳定有保障的价格，从而降低价格风险。此外，企业往往会对与之签约的农业生产者（尤其是小农户）提供一定的资金、技术、生产资料等方面的援助，以控制其采购的农产品质量并降低采购风险，这些援助从一定意义上说，可以帮助农业生产者实现风险的缓释。

案例 3：新疆棉花发展订单农业

自棉花价格放开后，其波动异常剧烈。新疆棉花生产主要是以"小农户"承包为主，其抗击价格波动风险的能力比较弱，往往成为棉花价格剧烈波动的最直接受害者。棉农对棉花价格信息获取的滞后，使其生产跟不上市场的节奏，棉花价格波动陷入"蛛网"困境。

新疆棉花小农户生产的方式不利于市场经济下棉花的商业化生产，在商品化生产过程中，棉农要面临各种各样的风险：生产风险、市场交易风险、价格风险。巨大的风险导致棉农的收入没有保障，涉棉企业的货源也得不到保证，这不利于整个新疆棉花产业的发展。农户往往依据上一期的价格信息决定是否生产棉花。当上一期的棉花价格比较高时，农户就会增加当期的生产。相反，当上一期的价格行情不好时，就会减少当期的生产，导致棉花价格陷入"蛛网模型"的循环。订单的多少是涉棉企业根据市场需求信息来判断的，这就决定了农户生产不再是以上期价格为生产依据，而是根据涉棉企业的需求，减少了价格的波动性，降低了价格风险。市场交易风险是由于棉花的生产量不符合市场的需求量，导致棉花卖不出去的风险，这种风险的根源在于信息的不对称性，棉农不可能花费高昂的费用去搜集市场的信息。涉棉企业对市场信息的敏感性要高于棉农，企业会时刻关注市场信息的变化，以很快调整其生产。涉棉企业通过与棉农签订订单，将企业的信息优势转移给棉农，从而减少信息的不对称性，降低交易费用。此外，订单农业还可以规避生产风险，因为生产风险主要是由不可控制的因素造成的，如气候变化、病虫灾害等。这种风险虽然是不可知的，但订单农业通过涉棉企业与农户签订订单合约，形成利益共享、风险共担的利益共同体。涉棉企业可以为植棉农户提供生产技术，减少其生产的盲目性，还可以给予棉农资金、基础设施等援助。此外，涉棉企业与棉农建立共同风险基金，可以大大增强其对生产风险的抵抗能力。

资料来源：徐春华. 新疆棉花"订单农业＋期货"模型的构建与实证研究[D]. 石河子：石河子大学，2010.

案例4：大数据赋能全链升级，助推新型互联网订单农业落户吉林

2018年4月，农村淘宝与吉林政府企业签订协议，首批新型互联网订单农业落户当地，通过大数据赋能和全链路升级，实现消费者和原产地的信息互通，带动特色农业与电商平台的产业链对接，助推"亩产一千美金"计划落地。该项目首期推出2000亩（约133.33公顷）进行订单农业尝试，打造私人订制模式。新的模式将通过提前约定地块、品种、种植方式甚至价格和包装等内容，提前锁定服务和收益。消费者可以通过两种不同的方式享受到私人订制的稻米。水稻播种前下单，将有专属农户负责选种、育苗、耕种，水稻成熟后进入专属粮仓低温储藏，并在每月中旬把现磨鲜米送上门；消费者也可以在水稻收获前，通过实地考察或网上浏览，选定自己中意的地块和品种，实现可视化定制的同时还能被邀请"回乡视察"。农村淘宝在吉林当地建设的产地仓，使当地电商的流通成本降低了65%，实现新米上市的同时也打响了当地大米的品牌。

资料来源：中国农科新闻网.https://baijiahao.baidu.com/s?id=1603768498076000681.

2. 价格风险与期货、期权

期货和期权是管理价格风险，尤其是短期价格风险（期货、期权合约一般为3～8个月的期限）最为有效、也是最常用的市场化工具（OECD，2009）。在国外许多发达国家，期货、期权成为农业生产经营者管理农产品价格风险的主要工具。期货，又称为期货合约（Futures Contract），是由期货交易所统一制定的、在将来某一特定时间和地点交割一定数量标的物的标准化买卖合约。合约的内容是统一的、标准化的，唯有合约的价格会因各种市场因素的变化而发生大小不同的波动。农产品期货即合约的标的物是农产品的期货，如大豆期货、玉米期货等。期货交易具有合约标准化、场所固定化、双向交易和对冲机制、结算统一化、交割定点化、交易集中化、保证金制度化、商品特殊化等特征。期权（选择权）是指在预先约定的日期，以事先确定的价格买卖某种特定商品或商品期货的权利。期权交易不是交易商品或商品期货，而是买卖商品或商品期货的权利，到时可以行权，也可以弃权。弃权构成要素包括权利金（价格）、标的物、期权到期日、期权执行价格、买方及卖方，期权买卖双方权利及义务不对等，买方具有到期日是否行权的权利，没有必须行权的义务；如果买方选择行权，卖方必须无条件接受，没有选择权利。

期权也可以用来对冲风险，如农业生产者或经销商（农产品的卖方）如果担心未来农产品价格下降，可以购买该农产品的看跌期权。农产品加工商（农产品的买方）如果担心未来农产品价格上涨，可以购买该农产品的看涨期权。但和期货对冲相比，利用期权对冲风险存在着显著差异。期货合约是通过在期货和现货市场进行反向操作来锁定未来成交价格，但如果未来的价格朝有利于投资者的方向变化，也会丧失盈利机会。期权合约实际上是为投资者提供了价格保险，期权费相当于一笔保险费，投资者通过交纳期权费，至少可以获得期权执行价格所保障的交易价格。同时，当未来现货市场价格朝有利于投资者的方向变化时，投资者也可以放弃执行期权，从而充分获取投资收益。同时，期货期权市场的价格发现功能也能规避农产品价格风险。大量的农产品供求信息在期货期权市场上聚集，最终供求信息以价格信号的形式向全国各地辐射、扩散。农业生产经营者利用期货期权市场上的价格信息，调节自身的生产经营活动使潜在的农产品供求平衡，从而避免了供求失衡而引起的价格大幅波动，降低了农业生产经营者收入的不确定性。

不过，利用期货和期权市场管理农业风险仍存在一些问题（图 3-1），例如，期货市场较高的进入门槛决定了小农户难以直接利用期货市场。期货市场交易设有一定的数量规模、资金规模门槛，交易机制、交易规则需要具备一定的专业知识才可接受和理解，这些因素都限制了分散经营的小规模农户对期货期权市场的直接利用。

图 3-1　期货工具管理价格风险的局限性

三、价格风险与价格保险

农产品价格保险是指以约定的农产品销售价格为保险标的的一种农业保险。农产品价格保险是以农产品价格为标的、以价格或价格指数作为赔付依据的一种农业保险产品，对农业生产经营者因市场价格大幅波动，农产品价格低于既定价格或价格指数造成的损失给予经济赔偿。在发达国家，价格保险是确保市场供给、维护农民收入的重要手段。

农产品价格保险是一种较为新颖的农业保险产品，是对农业生产经营者因市场价格大幅波动、农产品价格低于目标价格或价格指数造成的损失给予经济赔偿的一种制度安排。与天气指数保险类似，农产品价格指数保险也是一种指数保险产品，所不同的是，前者承保的是生产风险，以"气象指数"为赔付依据；后者承保的是市场风险，以价格或"价格指数"为赔付依据。由于指数保险是以某种公开、透明、客观的"指数"为保险赔付依据，所以能够降低农业保险实际工作中的交易成本、最大限度避免逆选择和道德风险问题，但同时，"指数"选择的合适与否也直接影响指数保险产品的"基差风险"和实施效果。因此，理解农产品价格或价格指数保险实际做法的关键在于了解其价格指数是如何设计和选择的。

农产品价格保险的运行机制和看跌期权十分相似，事实上，国内外也有许多学者将价格保险看作一种类似于"看跌期权"的市场价格风险管理工具，保费相当于期权的期权费。根据农产品的供给理论，在其他条件一定的情况下，某种农产品的供给量与价格呈同方向变动，即在一般情况下，农产品的供给量随价格的上升而增加，随价格的下降而减少。由于大多农作物的种植周期较长，农产品的前期价格往往会影响农产品后期的供给，前期的价格决定了即期农产品的产量。在我国，分散经营的农户的信息获取渠道单一，无法及时掌握和准确预测市场供求趋势，只能依靠农产品上一期的行情来调整自己的市场行为，盲目地"追涨杀跌"，再加上商业投机者的加入使得农产品价格波动更加剧烈。此时，如果有农产品价格保险做保障，农户的生产经营就多了一重保护，农户也会更安心地投入到生产过程中，从而保证农产品的有效供给，维持农产品市场价格稳定。对于农户来说，通过购买农产品价格保险保障了农民的最低种植收入，减少了因农产品价格下跌给农户带来的收入损失风险，且在有政府保费补贴的情况下，农户购买保险所支出保费的效用将会低于农户所获得的保障效用，从而增加农民的效用水平，带来福利总水平的提高。对于保险公司来说，保险公司可以利用保费收益来对冲价格下跌品种的理赔支出，而农产品价格保险的出现也有助于保险公司产品创新发展。

相比期权，农产品价格保险具有 3 方面的优势：①期货期权的每手交易量太大，普通农业生产者不能达到期货交易量的需求。对于发展中国家而言，农民直接利用期货期权市场的可能性更低，而农业生产者可以很容易地购买农产品价格保险。②期货期权专业性较强，农业生产者普遍不具备相关的知识，也害怕从事期货交易，即使美国农民也是如此，但农业保险公司与农户的关系往往比较紧密，且会建立除价格保险以外的其他合作关系，因而更利于达成合作。③价格保险的原理虽然与看跌期权很相似，但成本并不比期权高，收益保险的成本反而更低一些。此外，有学者进行了模拟分析，认为价格保险的效果像期权一样好，甚至比期权更有效。

案例5："保险＋期货"能否解决农民"靠天收"

随着我国农业现代化水平的不断提高，农产品持续丰收。但是一直以来农民"靠天收"的局面仍然没有得到改观。丰收了，可能出现"谷贱伤农"；受灾了，可能出现"颗粒无收"。

如何改变这一现状？伴随着我国金融市场的快速成长，金融业正联手打造"保险＋期货"的创新金融服务，目前已经在多个农产品领域试行，并在保障农民收入方面取得了一些进展。

一、价格不断下行，丰产之年"谷贱伤农"

国内外粮食价格长期倒挂，进口粮食持续冲击国内市场，从长期看，依靠国家进行价格补贴的方式，不仅使得市场规律无法正常运行，也造成我国农业综合竞争力无法有效提升。

以玉米为例，在2008年我国开始执行玉米临时收储之后，玉米收储价格持续上涨，玉米产量连年丰收，到2015年底，我国玉米临储量已经达到我国玉米整年的总产量。2016年，国家取消了玉米临储政策，玉米重回市场定价之后，价格从2015年、2016年度临储价2000元快速下跌，甚至一度跌至1400元左右，而进口玉米到岸价格也仅为1500元左右。

如何破解市场化定价之后的生产与价格之间的博弈关系，不仅关系到农民的收入稳定，更是关系到维护我国农业可持续再生产及粮食安全的关键问题。

"随着全球气候变化和我国市场化改革的深入推进，我国农业风险呈加大趋势，亟须进一步健全和完善市场风险管理机制"，农业农村部副部长屈冬玉表示。

二、"保险＋期货"：帮助农民规避价格风险

过去几年，我国期货市场快速发展，其在价格风险管理方面的功能得到广大工业企业的认可，并被广泛使用。但如何将这种管理模式运用到农业领域，在农产品定价市场化的大背景下，帮助农民规避价格风险，成为业界关注的话题。

"从持仓合约规模来看，目前我国农产品期货品种单边持仓规模仅为美国的9%。"中国证监会副主席方星海指出，目前，进入农产品期货市场的产业企业总体数量仍不多。

而对农民来说，期货专业性太强，基本不懂。吉林省榆树市大川机械种植专业合作社孙大川直言，对于农业保险更容易接受。

大连商品交易所相关负责人指出，"保险＋期货"融合保险和期货两个行业的特长，

符合中国农业生产的特点。"农民专注于生产，金融创新服务专注于应对风险，两者结合共同应对农业风险。"

2014 年，大连商品交易所联合相关期货公司，借用保险理念，创新性地开展了 3 个场外期权服务"三农"试点项目。2015 年 8 月，推出国内首单基于大商所期货价格的玉米、鸡蛋价格保险；同年 9 月，推出鸡蛋价格保险，成功探索出"保险＋期货"模式。

三、稳步扩大试点，共筑农业安全新屏障

2016 年以来，证监会联合农业部、保监会在前期探索基础上，稳步扩大"保险＋期货"试点。大连商品交易所以玉米和大豆为试点品种，支持开展 12 个试点项目，要求每个玉米试点项目现货量不少于 1.5 万吨，每个大豆试点项目现货量不少于 1 万吨，均为 2015 年的 5 倍。同时，郑州商品交易所也启动了"保险＋期货"试点，并选择棉花和白糖作为试点品种，确定了 10 个试点项目，涵盖了 8 个省份。

屈冬玉表示，农业部相关部门会同试点地方的农业部门，主动对接证监会、保监会有关部门和单位，共同研究完善试点操作办法，提出完善政策的建议。此外，有关部门和单位要认真研究大连商品交易所探索的"订单农业＋场外期权＋期货市场"模式，如果可操作、风险可控，可在下一步"保险＋期货"试点中推广。

业内分析人士指出，保险、期货、农业等领域"跨界"创新合作，正在积极探索形成行业互补、产业联动的金融服务"三农"新机制，在推动农业市场化、提高农业综合竞争力的过程中，共筑我国农业生产安全新屏障。

资料来源：《中国信息报》，2016 年 11 月 29 日。

参考文献

1. Hull J. Options, Futures and Other Derivatives, 8th Edition: Pearson Education, 2011.
2. 蔡胜勋. 期货市场的嵌入与订单农业组织形式的演进[J]. 河南大学学报（社会科学版），2011（3）：47-52
3. 蔡文. 我国订单农业中的价格机制问题研究[J]. 价格理论与实践，2014（1）：72-74.
4. 陈波. 农产品价格风险及其规避研究[D]. 长沙：湖南农业大学，2008.
5. 程国强. 为什么要改革农产品价格政策[J]. 农经，2014（11）：10.
6. 代明慧. 昌乐县大棚蔬菜市场风险防范对策研究[D]. 石河子：石河子大学，2013.
7. 董学科. 农业产业化龙头企业市场风险管理研究[D]. 西安：陕西师范大学，2016.
8. 甘正在. 农产品期货市场经济功能分析[D]. 北京：中国社会科学院，2003.
9. 郭红东. 我国农户参与订单农业行为的影响因素分析[J]. 中国农村经济，2005（3）：24-32.
10. 胡宜挺，罗必良. 我国农业市场风险演化：判断与评估[J]. 农村经济，2010（4）：

10-13.

11. 黄晓千. 我国农产品期货市场功能和效率的实证研究[D]. 吉林：吉林大学，2010.

12. 吉瑞. 农产品价格保险对农产品价格风险调控的影响及启示——以上海市蔬菜价格保险为例[J]. 中国财政，2013（12）：48-50.

13. 李干琼，许世卫，李哲敏，等. 鲜活农产品市场价格波动规律研究——基于 H-P滤波法的周期性分析[J]. 农业展望，2013，9（1）：30-34.

14. 廖楚晖，温燕. 农产品价格保险对农产品市场的影响及财政政策研究——以上海市蔬菜价格保险为例[J]. 财政研究，2012（11）：16-19.

15. 刘晶. 我国农产品价格风险及其管理研究[D]. 济南：山东农业大学，2005.

16. 马春光. 利用期货市场转移订单农业违约风险[J]. 沈阳工程学院学报（社会科学版），2011（2）：215-217.

17. 毛玲玲，傅国华. 浅议我国农产品市场风险的管理[J]. 安徽农学通报，2008，14（17）：18-18.

18. 毛树春. 关于新疆棉花目标价格补贴的问题、意见和建议[J]. 中国棉麻流通经济，2014（3）：32-34.

19. 孙兆刚. 农产品市场风险传导分析[J]. 商业研究，2013，55（9）：186-190.

20. 王川，赵俊晔，钟永玲. 我国粮食市场风险的度量与评估——基于风险价值法的实证分析[J]. 中国农业资源与区划，2012，33（2）：15-22.

21. 王吉恒，王新利. 农产品市场风险与市场预测研究[J]. 农业技术经济，2003（3）：1-5.

22. 王克，张峭，肖宇谷，等. 农产品价格指数保险的可行性[J]. 保险研究，2014（1）：40-45.

23. 王克. 中国农作物保险效果评估及相关政策改善研究[D]. 北京：中国农业科学院，2014.

24. 王士海，李先德. 粮食最低收购价政策托市效应研究[J]. 农业技术经济，2012（4）：105-111.

25. 王亚飞，黄勇，唐爽. 龙头企业与农户订单履约效率及其动因探寻——来自 91 家农业企业的调查资料[J]. 农业经济问题，2014（11）：16-25.

26. 肖小虹. 农业产业链市场风险的形成及防范研究[J]. 学术论坛，2012，35（8）：145-148.

27. 许世卫，李哲敏，董晓霞，等. 农产品价格传导机制的理论思考[J]. 价格理论与实践，2011（12）：37-39.

28. 张峭，王川，王克. 我国畜产品市场价格风险度量与分析[J]. 经济问题，2010（3）：90-94.

29. 张峭，王克. 中国农业风险综合管理[M]. 北京：中国农业科学技术出版社，2015.

30. 张屹山，方毅，黄琨. 中国期货市场功能及国际影响的实证研究[J]. 管理世界，

2006（4）：28-34.

31. 张志芳，彭柳林，刘晓斌，等. 目标价格改革背景下江西棉花产业存在的问题及对策[J]. 农业展望，2015（5）：43-46，51.

32. 赵俊晔，张峭. 蔬菜价格保险推进特点、存在问题与建议[J]. 农业展望，2014（1）：28-32.

33. 赵露. 我国农产品价格指数保险发展问题与对策研究[D]. 开封：河南大学，2016.

34. 周立群，曹利群. 农村经济组织形态的演变与创新——山东省莱阳市农业产业化调查报告[J]. 经济研究，2001（1）：69-75，83-94.

第四章　农业信贷风险评估与管理

【学习目标】本章从农业信贷的本质出发，介绍了农业信贷风险的内涵、类型和特征，以及农业信贷风险分析、评估、管理的机制、流程和方法。本章学习的主要目标是掌握农业信贷的主要特征，了解农业信贷风险的识别方法、农业主体信用评价方法、农业信贷风险评估方法，了解农业信贷风险管理机制，以及农业信贷风险管理的一般流程和常用管理工具，特别是了解农业保险支持农业信贷风险管理的机制和路径方法。

第一节　农业信贷风险

一、农业信贷与农业信贷风险

农业信贷是银行业金融机构在农村吸收存款、发放贷款等信用活动的总称，是动员和分配农村暂时闲置的货币资金，以供应农业再生产过程中资金周转需要的一种活动形式。农业信贷资金是一种金融资本，是现代农业发展所必需的生产要素。随着农业的现代化发展，农业生产呈现出社会化、专业化和市场化等特征，而农业信贷作为现代农业发展不可或缺的一部分，发挥着越来越重要的作用。具体而言，一方面，农业信贷可以聚集和投放资金，支持农业生产合理的资金需要，同时能够调节农业经济活动；另一方面，农业信贷可以综合反映农业经济发展状况，监督农业生产单位和个人的经济活动。

农业信贷是银行业金融机构信贷业务的重要组成部分，除了具备信贷的基本特征，也与农业生产的特点密切相关，具备区别于其他信贷的一些特征。

1. 在信贷性质方面，农业信贷政策性较强

农业作为国民经济的基础产业，具有提供农副产品、促进社会发展、保持政治稳定、传承历史文化、调节自然生态、实现国民经济协调发展等多种功能。对于农业产业来说，农业的多功能性对其本身发展具有巨大潜在价值，但更主要的是发挥对农业外部，对整个社会、经济、文化和生态的基础支撑作用，因此有充分的理由得到政策支持保护的倾斜。农业信贷作为促进农业发展的重要手段，往往具有较强的政策性。例如，成立农业政策性银行，承担农业政策性金融业务，并给予一定的税收优惠；对

一些涉农贷款项目，给予低息或贴息优惠；以国家信用为基础，成立政府主导的政策性农业融资担保公司，降低农业融资难度，提高农业融资比例。

2. 在信贷对象方面，农业信贷分散广阔、类型多样

自20世纪70年代末实行家庭联产承包责任制后，我国农业发展取得了长足进步，但仍存在耕地分散、经营规模小等问题，导致农业信贷资金的筹集与发放呈现显著的分散性。近年来，随着适度规模经营的快速发展，新型农业经营体系不断完善，农业生产呈现出不同形式经营主体共同发展的新格局。就农村经济结构而言，农、林、牧、副、渔各业竞相发展，涉农制造、流通、服务等综合经营并存。农村经济组织形式和经营方式的多样化，使农村不同地区、不同产业结构、不同经济组织、不同经营行业，甚至同一生产经营项目的不同环节和阶段，对信贷资金的需求千差万别，要求农业信贷服务必须具备灵活多样性。

3. 在信贷周期方面，农业信贷金额小、期限短、季节性明显

农业生产包含有生命物质的再生产过程，即生物依靠其新陈代谢功能，借助自然力和外界环境条件，通过生长、发育、繁殖等一系列生命活动，使其自身不断地更新繁衍。虽然受自然再生产特性的制约，农业生产周期一般比较长，但农业生产经营者的贷款需求往往集中在农业生产过程中的某个阶段或某个环节，如作物收获时往往需要大量资金进行收割和存储，资金需求可能只有1个月或半个月。此外，由于现阶段农业生产产值较低，附加值不高，单次农业信贷所需的资金往往有限，金额较小。农业自然再生产过程的季节性，决定了农业信贷资金的筹集和运用具有明显的季节性。

4. 在信贷风险方面，农业信贷缺乏抵押品、风险较大

农业是一个具有多重风险的产业。农业生产特点及其内在规律性，使农业要承担自然风险和市场风险等。所谓的自然风险是指因自然灾害造成的农业生产减产甚至绝收；所谓的市场风险是指因市场价格波动和供求比例变化等造成的降价损失和销售困难。农业信贷资金参与农业资金的循环周转，因而不可避免地受到农业多种风险的波及，与工商信贷等比较，农业信贷的风险较大，安全性较差。此外，农业生产经营单位自身缺乏抵押品，信用体系不健全，这进一步提高了农业信贷的风险水平。

二、农业信贷风险的类型

农业信贷风险是指银行业金融机构在农村开展经营贷款业务过程中面临的各种损失发生的可能性。农业信贷作为一种金融资本，是推动农业现代化发展的重要助推剂，有效解决了农业现代化发展中的资金需求问题。农业信贷在起到农业现代化发展助推剂作用的同时，也面临普遍的信贷风险。农业信贷风险主要包括政策风险、环境风险、信用风险、市场风险和操作风险5类。

（一）政策风险

政策风险是指政府的经济金融政策不完善、不稳定以及政府行政干预对金融机构造成的风险。在农业信贷领域，政策风险是其面临的主要风险之一。一方面，由于政府的农业发展政策缺乏连续性，造成金融机构在农业信贷领域持续、健康经营的难度增大。另一方面，政府对金融机构农业信贷业务存在直接干预的情况。这些不合理、不科学甚至非常随意的强力干预，以及某些地方官员不道德的权力干预和以权谋私行为，造成了金融信贷资产最优安排的扭曲。事实上，农业信贷的政策风险是地方行政部门出于地方保护主义，以行政手段干预金融机构经营自主权、强制其发放违背信贷资金运动规律和经营原则的贷款而形成的，而金融机构治理结构不规范、对行政权力的过度依附是政策风险的强化因素。

（二）环境风险

环境风险是指受特定区域的自然、社会、经济、文化和银行管理水平等因素影响，而使信贷资产遭受损失的可能性。其中既包括自然条件、产业结构、文化教育等外部因素引发的区域风险，也包括区域信贷资产质量、营利性、流动性等内部因素导致的区域风险。对农业信贷业务而言，环境风险主要是指由于自然灾害和意外事故给借款人造成直接的财产损失，致使其无法按期还本付息，从而间接地给金融机构带来信贷资产损失的风险。农业发展迅猛，但仍然面临发展不平衡、不充分的问题，对自然资源的依赖性强，受农业生产周期和季节的制约以及各种自然灾害的侵蚀。农业信贷分散广阔、类型多样，农业资金周转缓慢，决定了信贷资金更容易出现不能按时足值收回的可能性。同时，农业企业自身破产倒闭和不守信用的现象，导致金融生态环境异常恶劣。因此，环境风险成为农业信贷普遍面临的主要风险。

（三）信用风险

信用风险是指因交易一方到期不能履行或不能全部履行交易责任而造成债权人发生经济损失的风险，即借款人因各种原因未能及时、足额偿还债务或银行贷款而违约的可能性。信用风险被巴塞尔新资本协议列为第一大风险，主要基于两方面因素：一是经济运行的周期性，如经济通缩期，因盈利能力总体恶化，借款人违约可能性增加，信用风险增大；二是公司或个人受特殊事件影响，如产品质量诉讼，从而影响了借款人的还款能力，造成信用风险增大。信用风险的客观性、传染性、可控性、周期性等特征，主要表现为还款能力风险和还款意愿风险两个方面。由于农业信贷具有常规信贷的一般性和农业信贷的特殊性，金融机构在农村开展经营贷款业务过程中面临较大的信用风险。

（四）市场风险

市场风险是指在金融市场上，由于利率、汇率、信贷资产价格等市场要素的不利波动而导致信贷资产损失的可能性。市场风险被巴塞尔新资本协议列为第二大风险，是金融机构面临的三大主要风险之一。其中，随着我国利率市场化的进一步推进，利率风险将逐步成为我国金融业最主要的市场风险。在农业信贷领域，利率风险是涉农金融机构面临的最主要的市场风险。其次，是汇率风险。随着农业国际贸易日趋发达，农业信贷被用于国际贸易的比例在日益提升，而人民币汇率的市场化改革增加了汇率的波动，农业信贷面临的汇率风险随之增加。此外，受通货膨胀影响，信贷资产按合约变现后的购买力会有所降低，信贷资产的实际价值会低于其账面价值，从而给银行带来损失。一般而言，通货膨胀有利于债务人而不利于债权人。

（五）操作风险

操作风险是指由于不完备或失效的内部程序、人员及系统或外部事件造成损失的风险，它涵盖了金融机构众多的内部风险。操作风险是银行业金融机构需要面对的一项重要风险，是当前银行业风险管理的重中之重。在农业信贷领域，操作风险更加普遍和严重，这既与从事农业信贷业务的人员综合素质偏低、机构综合实力不强有关，也与农业信贷客户更高的道德风险和逆向选择有关。因此，关注操作风险，厘清操作风险产生的根源，明确银行职员操作权归属，整合 IT 平台，清晰界定操作权等是银行业金融机构从事农业信贷业务的当务之急。

三、农业信贷风险来源

农业信贷风险的来源较为广泛，风险生成机制比较复杂。部分学者将农业信贷风险的形成因素归结为两类：一是银行业金融机构内部因素，如"内部人控制"问题、委托代理机制效率低、治理结构不合理、信贷风险防范制度建设滞后等问题；二是贷款人及外部环境问题，如现代农业信贷风险性大、政府不适当的行政干预、社会信用缺失、金融监管不力、法制不够健全等问题（谌立平，2010）。近年来，随着银行业金融机构规范化程度的提升，银行业金融机构的治理结构、信贷风险防控机制等均已相当完善，来自银行内部的信贷风险影响因素已逐渐减弱甚至消失。可以说，现阶段农业信贷风险的主要来源，在于银行金融机构以外的因素。本书将信贷违约归纳为自愿性信贷违约和非自愿性信贷违约，并据此阐述相应的影响因素。

（一）自愿性信贷违约

自愿性信贷违约就是贷款人为了追求自身利益最大化，在有能力履行信贷合约的情况下选择自愿违约而拒不偿还贷款的违约行为。多数农业经营主体的规模偏小、效益偏低、竞争力不强，而农业生产本身又面临很高的自然灾害风险以及市场价格剧烈波动的风险，经营利润水平通常较低。因此，为了能够在激烈的市场竞争中生存，部分农业经营主体很容易选择自身利益最大化的"短期行为"。利用非合作博弈理论能够比较清晰地对自愿性违约行为进行分析，当信贷违约收益较大、潜在违约成本（包括违约赔偿、进入征信"黑名单"等）较小时，通常容易引发自愿性违约风险；而当信贷违约收益较小、潜在违约成本较大时，自愿性违约风险会受到显著制约。因此，社会信用体系建设、司法信贷催收、信贷违约"黑名单"机制等能够影响信贷客户的自愿性违约风险。

（二）非自愿性信贷违约

非自愿性违约即在主观非可控因素的影响之下，农业信贷主体的生产经营能力受到破坏从而丧失履行合约的能力，如遭受自然灾害、投资失败等造成的贷款违约。具体的影响因素如下。

1. 生产经营风险

农业信贷主体从事农业领域相关的生产经营活动，普遍面临生产经营风险。农业生产环节面临原材料供应不足，生产设备、工艺落后，经验积累、技术引进不足，专业人才储备不足，生产组织落后，以及产品服务存在缺陷等问题；农业经营环节面临管理不规范、主要负责人资质不足等困境，从而引发盈利减少甚至亏损的情况。例如，调查显示，2015年仅有57%的新型农业经营主体实行了标准化生产，且实行的生产标准等级较低，主要以行业标准和地方标准为主。低等级的生产标准意味着生产水平的相对不足，这可能导致缺乏具有市场竞争力的产品的流出，从而造成农业经营主体的亏损，最终的结果表现为农业信贷主体的违约风险。

2. 投资异常风险

农业信贷主体获取银行贷款后，通常会开展一些投资项目，以获取必要的回报。但多数农业经营主体面临运行机制不健全、治理模式不规范、管理人员能力不足等问题，特别是主要负责人年龄偏大、学历水平偏低。以家庭农场为例，2015年全国家庭农场典型监测显示，全国2903个有效样本家庭农场中，农场主的平均年龄为45.77岁，初中及以下学历占样本总数的51.70%，高中、中专、职高学历占比37.07%，大专及以上学历占比仅为11.23%，呈现年龄偏大、学历水平较低等问题（见图4-1）。这些现实问题充分说明，投资异常风险是农业信贷主体面临的现实困境，对于引发信贷违约风险有着显著的影响。

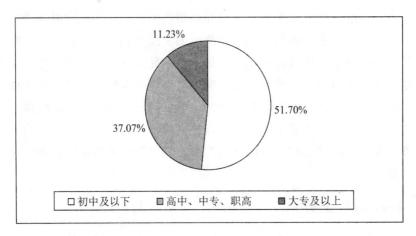

图 4-1 家庭农场农场主学历情况

资料来源：全国家庭农场典型监测数据。

3. 市场波动风险

市场波动风险是农业自身特性的具体体现，农业市场既具有一般市场的典型特征，又因为农业生产经营的特殊性而具有相对独立的特征，如农产品价格更加剧烈的波动性、农产品市场的完全竞争性等。这些因素加剧了农业经营主体面临的市场风险，使得农业经营主体的生产经营面临更大的不确定性，从而可能出现更大的亏损风险，并衍生成为信贷违约风险。如图 4-2 所示，2017 年 1 月至 2018 年 9 月，我国农产品批发价格 200 指数的振幅为 22.64％，"菜篮子"产品批发价格 200 指数的振幅为 26.62％，两者振幅巨大且价格波动极其不稳定。农业信贷主体主要以农产品的加工销售为主，农产品价格频繁的波动以及暴涨暴跌，使得他们不得不面临巨大的市场风险，并极其容易引发经营亏损，从而积蓄信贷违约风险。

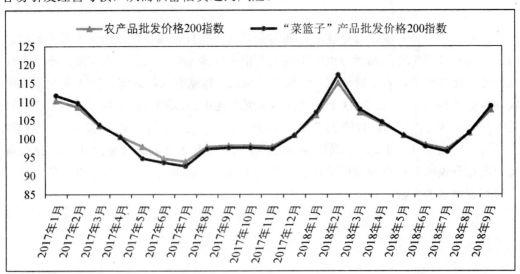

图 4-2 2017 年 1 月至 2018 年 9 月，我国农产品、"菜篮子"产品批发价格 200 指数

资料来源：全国农产品批发市场价格信息系统。

4. 自然灾害风险

农业生产离不开一定的自然条件，但自然环境的恶化始终制约着农业生产更好更快的发展。这一方面源于农业生产自身的属性，即无论种植业还是养殖业均离不开自然条件，均受制于大自然的环境变化；另一方面，也与当前不充分、不全面的农业生产发展息息相关，相对落后的农业生产水平严重制约了我国农业克服自然环境困难的能力。因此，自然灾害风险是我国农业生产经营面临的普遍风险，也是制约农业信贷风险的主要影响因素。事实上，我国地广人多，自然灾害频发，受灾程度严重（见表4-1）。

表4-1 2011—2016年我国农业受灾和成灾面积

单位：千公顷

年份\指标	2011	2012	2013	2014	2015	2016
受灾面积	32471	24962	31350	24891	21770	26221
其中：水灾受灾面积	6863	7730	8760	4718	5620	8531
旱灾受灾面积	16304	9340	14100	12272	10610	9873
风雹灾受灾面积	3309	2781	3387	3225	2918	—
冷冻灾受灾面积	4447	1618	2320	2133	900	—
成灾面积	12441	11475	14303	12678	12380	13670
其中：水灾成灾面积	2840	4145	4860	2704	3330	4338
旱灾成灾面积	6599	3509	5852	5677	5860	6131
风雹灾受灾面积	1348	1368	1682	2193	1825	—
冷冻灾受灾面积	1291	795	885	933	474	—

资料来源：国家统计局相关网站。

四、农业信贷风险的特征

农业信贷风险是农业生产经营领域的信贷业务面临的损失不确定性，不仅具有一般信贷风险的特征，同时也由于农业信贷业务的特殊性而具有相对独立的特征。

（一）客观性

农业信贷风险是农业信贷活动中客观存在的，人们只能转移、减少、规避信贷风险，而不能消灭信贷风险。换句话说，不管金融机构的风险控制体系多完善，经营管理水平多高，借款对象的信用等级多高，只要金融机构开展农业贷款业务，就总是存在着不能按期收回本金和利息的可能性，无风险的农业信贷活动在现实的业务中根本不存在。

（二）多因性

农业信贷活动涉及的人员、物质、社会关系复杂多样，整个过程中的不确定性较大，影响农业信贷风险的因素和形成原因在不同的农业信贷交易主体、不同时期、不同农村社会环境下存在较大差异。事实上，农业信贷资金运转过程涉及农业生产经营的方方面面，不同的因素和环节均可能成为农业信贷风险的诱发因素。因此，农业信贷风险具有多因性。

（三）隐蔽性

农业信贷风险具有显著的隐蔽性，这是由农业生产经营的一般特征决定的，要求金融机构在从事农业信贷业务时，必须清楚地意识到损失是客观存在的，并时刻提高警惕，做好信贷调查工作，提前有效识别贷款风险，最大限度地降低其造成的损失。农业信贷资金的使用过程周期长、环节复杂，很多时候即使贷款风险发生了，其损失可能并不会立刻表现出来，而是一直为其表象所掩盖，呈现出极强的隐蔽性。

（四）传染性

现代社会中，农业信贷业务涉及农业生产经营的各个环节，对农业产业链影响显著，这就决定了农业贷款风险具有扩散性的特征。农业贷款风险一旦爆发，不仅会造成金融机构自身资金的损失，影响到金融机构的生存和发展，还会引发一系列相互关联的链式反应，严重的还会威胁到整个农业融资体系的稳定。这要求金融机构要充分了解农业信贷风险的特征，更加科学有效地分散和化解信贷风险，从而提高金融机构抵御风险的能力，有效减少金融机构在发放农业贷款过程中形成的损失。

（五）可控性

农业贷款风险具有可控性，金融机构可以对农业信贷风险进行识别、计量、监测和控制，选择有效的手段和工具，对农业信贷风险进行管理，做到防范和控制农业信贷风险。具体而言，金融机构可以制定系统的制度，依照一定的方法对贷款风险进行事前预测、事中防范和事后化解。一方面，通过加强对农业贷款风险的管理，不断完善自身的风险控制体系，提出防范和化解风险的处理方法，确保在关键时刻能立即启动应急机制，将风险控制在最小范围内。另一方面，农业信贷业务人员要充分发挥自身的主观能动性，运用可行的技术手段，及时对发生贷款风险的各种征兆进行预测和监控，有效地识别风险预警信号，减少贷款发放过程中的相关风险。

（六）周期性

如前文所述，农业信贷具有显著的季节性。农业生产是自然再生产和经济再生产密切结合、交织，构成的统一过程，此过程中，农业信贷资金的收支，因农业生产的季节性而相对集中。因此，农业信贷风险因农业信贷季节性的表现而具有显著的周期性特点。

第二节　农业信贷风险分析与评估

一、农业信贷风险的分级

一般而言，信贷风险的形成是一个从萌芽、积累直至发生的渐进的过程。遵循这一原理，可以对信贷进行分级，对其风险进行监测。农业信贷风险可以分为五个等级，即正常、关注、次级、可疑、损失，后三个等级统称为不良资产。

贷款分级是银行业金融机构从业人员、监管人员根据所获信息，运用科学方法，对贷款风险程度和贷款质量做出的评价。1998 年 5 月，中国人民银行参照国际惯例，结合中国国情，制定了《贷款分类指导原则》，要求商业银行依据借款人的实际还款能力进行贷款质量的五级分类，即按风险程度将贷款划分为五类：正常、关注、次级、可疑、损失，后三类为不良贷款。2001 年 12 月，中国人民银行发布了《中国人民银行关于全面推行贷款质量五级分类管理的通知》，决定从 2002 年起，在我国各级各类银行中全面推行贷款五级分类管理，同时，颁布了《贷款分类指导原则》，从贷款分类的原则、标准、基本要求、组织与实施、监督与管理等方面都做出了具体规定。

（一）正常贷款

借款人能够履行合同，一直能正常还本付息，不存在任何影响贷款本息及时全额偿还的消极因素，银行对借款人按时足额偿还贷款本息有充分把握，贷款损失的概率为 0。

（二）关注贷款

尽管借款人目前有能力偿还贷款本息，但存在一些可能对偿还产生不利影响的因素，如这些因素继续下去，借款人的偿还能力可能受到影响，贷款损失的概率不会超过 5%。

（三）次级贷款

借款人的还款能力出现明显问题，完全依靠其正常营业收入无法足额偿还贷款本息，需要通过处分资产或对外融资乃至执行抵押担保来还款付息，贷款损失的概率为 30%～50%。

（四）可疑贷款

借款人无法足额偿还贷款本息，即使执行抵押或担保，也肯定要造成一部分损失，只是因为存在借款人重组、兼并、合并、抵押物处理和未决诉讼等待定因素，损失金额的多少还不能确定，贷款损失的概率为 50%～75%。

（五）损失贷款

借款人已无偿还本息的可能，无论采取何种措施或履行何种程序，贷款都注定要遭受损失，或者虽然能收回极少部分，但其价值也是微乎其微。从银行的角度看，也没有意义和必要再将其作为银行资产在账目上保留下来，对于这类贷款在履行了必要的法律程序之后应立即予以注销，贷款损失的概率为 75%～100%。

二、农业信贷风险识别

农业信贷风险识别是指对农业信贷业务过程中面临的以及潜在的风险因素加以判断，并对不同风险的性质进行归类整理，明确不利事件的致损环境和过程。风险识别是农业信贷风险管理的开始，也是农业信贷风险管理中一项十分重要的工作。有效识别农业信贷业务中所面临的潜在风险，是对农业信贷风险进行有效管理的前提。

信贷风险识别的目的，是在事态恶化前发现信贷风险，允许采取早期纠正措施，避免因不恰当的贷款结构和文件而导致的可控性损失，最小化因营运环境不利变化所引起的不可控损失。

常见的风险识别方法分为现场调查和非现场调查两类。现场调查，包括客户访谈、亲友访谈、现场走访、资料核验等；非现场调查，主要涉及查阅贷款合同信息（借据信息）、借款人信息、借款人经营状况、借款人财务状况、贷款清收状况、保证人状况、重要抵押物或质押物情况及其有效性等相关文件资料等。

风险识别一方面可以通过感性认识和历史经验来判断，另一方面也可通过对各种客观的资料和风险事故的记录进行分析、归纳和整理，以及必要的专家访问，发现各种明显和潜在的风险及其损失规律。因为农业信贷风险具有可变性，因而风险识别是一项持续性和系统性工作，要求金融机构管理人员密切注意原有风险的变化，并随时发现新的风险。

三、农业主体信用评价

农业主体信用评价是指金融机构在信贷业务发生前，根据规范的指标体系和科学的评估方法，以客观公正的立场，对各类农业主体客户履行各类经济承诺的能力及可信任程度进行综合评价，并以一定的符号表示其信用等级的活动，它是建立在定量基础上的定性判断。

信用评价是金融机构保障农业信贷风险的必要一环，对于揭示农业主体违约风险的大小至关重要，是防范农业贷款信用风险、维护正常的农业信贷活动的重要手段。此外，作为市场经济条件下信用关系发展的产物，信用评价既可以为金融机构提供客观、公正的资信信息以降低农业信贷风险，又能够为农业经济管理部门加强市场管理提供依据，还可以为企业及其投资者、商业伙伴提供商业决策的参考信息。

（一）评价方法

目前，常见的农业主体信用评价方法包括专家评估法、综合评价法、统计回归法、机器学习算法等。

专家评估法：5C 要素分析法、5W 要素分析法、5P 要素分析法、4F 要素分析法、CAMPARI 法、LAPP 法、骆驼评估体系等。

综合评价法：主成分分析法、数据包络分析法（DEA 法）、模糊综合评价法等。

统计回归法：线性概率模型、判别分析模型、Logit 模型、Probit 模型、Credit Metrics 模型、KMV 模型等。

机器学习算法：神经网络、决策树、支持向量机、Adaboost 算法、Bagging 算法、遗传算法、Apriori 算法、C4.5 算法、ID3 算法、K-Means 算法、邻近算法、PageRank 算法等。

（二）一般评价流程

信用评价流程是信用评价机构针对评价对象开展信用评价的工作流程，主要包括信用信息采集与审核、信用信息整理与分析、信用等级初评与终评。信用评价流程图如图 4-3 所示。

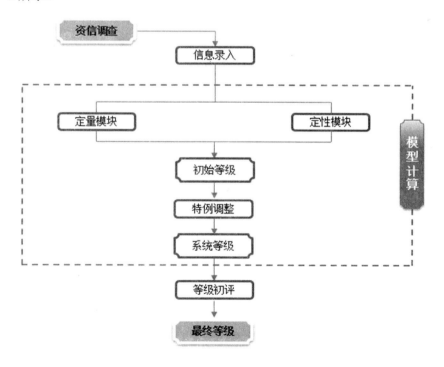

图 4-3　农业主体信用评价流程图

1. 信用信息采集与审核

信用信息的采集是指按照信用评价规范，对评价体系要求的必要信息进行收集和整理的过程。信息采集要求信用信息完整、准确和系统，需要评价业务人员通过客户访谈、实际摸底调查等方式，对信用信息进行系统全面采集。信用信息采集完成后，评价业务人员需要从评价对象的安全性、合法性、盈利性等方面进行信息资料审核，以确保信用信息的真实性和合法合规性。

2. 信用信息整理与分析

信用信息整理是在确保相关信息真实性的基础上，对评价对象的信用信息进行处理，包括剔除不合理信息、补充缺值等。整理后的信息可作为信息分析的原始数据。信息分析就是利用信用信息原始数据，通过评价机构的信用评价系统，对评价对象进行信用评分和信用评级，系统评价结果可作为信用等级评定的参考。

3. 信用等级初评与终评

评价机构业务人员依据相关信用评价规范，参考评价机构信用评价系统的评定结果，对评价对象的信用等级评定做出初步评定。初评结果经由风控部门、技术部门、高层管理人员协同决策，最终给定的结论即为信用评定终评。

四、农业信贷风险评估

农业信贷风险评估是在农业信贷风险识别和农业主体信用评价的基础上，通过分析收集资料，对农业风险发生概率和损失程度（与预期收益比较）进行估计和衡量，对农业收益的波动性进行计量，明确农业风险的时空分布特征，为采取有效措施管理农业信贷风险提供科学依据。风险评估是农业信贷风险管理工作的核心，通过对主要致损风险因子发生频率和损失程度的定量分析，能够明确农业生产风险的大小及时空分布特征，进而为农业风险管理提供依据。

实践中，农业信贷风险评估一般由银行金融机构的信贷风险预警系统实现，评估流程如图4-4所示。通常要根据信贷客户实际情况，合理划分信贷风险预警区间，判断风险水平处于正常状态、警戒状态还是危险状态。一般情况下，信贷风险预警子系统包括划定预警区间和设计预警信号两个功能区域。划定预警区间就是划分警区和确定警限，明确信贷风险分级的区间；设计预警信号就是通过一定的信号形式将风险所处的不同区间明确表示，以完成信贷风险的警情预警。

当前，随着数据挖掘、人工智能等技术在信贷风险监测预警系统中的推广应用，信贷风险识别的准确性和效率已大大提升，信贷风险管理得到了显著改善。农业信贷业务类型多样、客户分布广泛，农业信贷本身面临更加严重的信息不对称。因此，大力推广信贷风险监测预警系统，运用数据挖掘、人工智能等更为先进的风险识别技术辅助甚至取代传统的信贷业务人员的主观判断，是优化农业信贷风险管理，提升银行业金融机构综合效益的重要突破口。

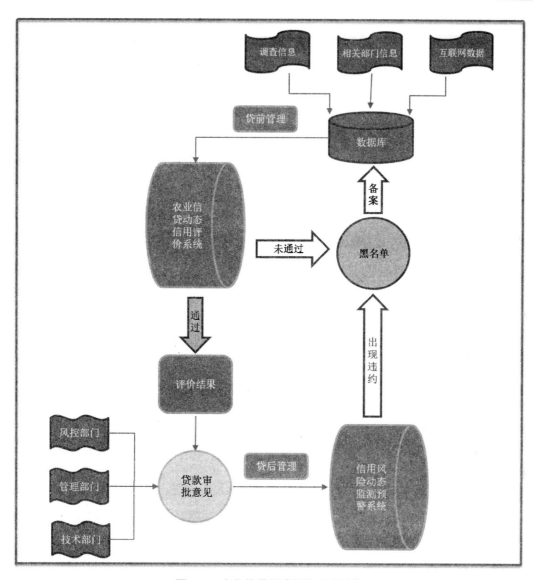

图 4-4　农业信贷风险评估业务流程

第三节　农业信贷风险管理

一、农业信贷风险管理机制

　　信贷风险管理是指通过风险识别、计量、监测和控制等程序，对风险进行评级、分类、报告和管理，从而保持风险和效益的平衡发展，提高贷款的经济效益。信贷风险管理是一项综合性、系统化的工作，贯穿于信贷业务全过程，包括贷前信用分析、贷时审查控制、贷后监控管理以及贷款安全收回。信贷风险管理的目标是促进信贷业务管理模式的转变，从片面追求利润的管理模式向实现"风险调整后收益"最大化的管理模式转变；从以定性分析为主的风险管理方式向以定性和定量分析相结合的管理方式转变；在注重单笔信贷业务风险、分散管理的模式的基础上，加强信贷业务组合管理。通过信贷风险管理，商业银行可以准确识别和计量信贷业务的风险成本和风险水平，从而实现风险与收益的匹配，提高银行的竞争能力和盈利能力。信贷活动是商业银行的资金运用行为，在这一过程中，商业银行可以根据不同情况，采取相应的措施来管理风险，回避、转嫁、分散和自留是商业银行信贷风险管理的基本策略。

（一）农业信贷风险的回避

回避是指对于风险较大的信贷客户不予贷款，即在源头上对农业信贷风险予以规避，是一种银行业金融机构管理农业信贷风险的主动策略。从本质而言，信贷活动是银行业金融机构的一种主动行为，为了保证农业信贷资产的安全，银行业金融机构首先要主动地回避那些不应承担的风险。为此，贷款人必须对借款申请人进行信用评价，根据评价结果决定是否主动回避。其中，坚持审慎性原则和客观性原则是科学信用评价、有效回避风险的前提条件。

1. 坚持审慎性原则

银行业金融机构与一般企业不同，它所追求的是可承受风险下的合理收益，而不是高风险下的高收益，这是商业银行风险选择的一个基本要求。信贷活动的收益仅相当于社会平均收益的贷款利息，这一收益比率不允许它承担过高的风险。因此，银行业金融机构在从事信贷活动中，要特别注意其低风险偏好的特征，坚持审慎性原则，杜绝潜在的信贷风险。对于农业信贷而言，由于其具有周期长、风险高等特征，银行业金融机构尤其要防范风险，从源头上坚持对农业信贷风险的把控，确保农业信贷活动的安全性。

2. 坚持客观性原则

要及时有效回避农业信贷风险，就要坚持客观性原则，在对农业信贷客户授信前，要进行科学的评估和审查。要通过各种渠道深入调查借款客户实际情况，客观评估其信用状况，严格审查贷款项目，全面细致地分析潜在的农业信贷风险，排除不符合风险要求的农业信贷客户和项目。事实上，由于农业信贷业务分布广、业务类型众多，农业信贷客户情况复杂，信息不对称情况更加严重，客观性原则更应该受到银行业金融机构重视。

（二）农业信贷风险的转移

农业信贷风险的转移是指银行业金融机构以某种特定的方式将农业信贷风险转移给第三者承担的一种风险控制策略。风险转移策略在信贷风险管理中运用得相当广泛，包括保险转移和非保险转移两种方式。

1. 保险转移

保险转移是指通过办理保险将被保险人保险标的所遭受的财务损失后果转移给保险人承担的一种财务补偿手段。作为处置风险的一种有效方式，保险被越来越多地应用到农业信贷风险管理中，并成为银行业金融机构最重要的转移风险的手段之一。实践中，农业信贷风险的保险转移途径主要有以下两种：一是贷款人通过直接或间接投保的方式，将农业信贷风险直接转移给承保人承担，如应用广泛的信贷保证保险；二是贷款人要求借款人投保或以投保作为先决条件，就借款人在生产经营过程中面临的各种可保风险都向保险公司投保，从而使贷款人面临的部分贷款风险间接地转移给保险公司。

2. 非保险转移

农业信贷风险的非保险转移是指贷款人将风险转移给除保险人之外的第三人，从而降低甚至规避本应由自己承担的借款人信用风险，通常是指贷款人以保证贷款或抵押贷款的方式发放贷款。保证贷款，即担保贷款，是指按《中华人民共和国担保法》规定的保证方式由第三人承诺在借款人不能偿还贷款时，按约定承担一般保证责任或连带责任而发放的贷款。保证人通常是信用较好的单位或个人，保证贷款的回收多了保证人这一道安全保障，其安全性就高于信用贷款。抵押转嫁是另外一种有效的非保险转嫁手段，分为以第三人财产抵押和以借款人自身财产抵押两种。在以第三人财产抵押的情况下，银行所面临的信用风险转嫁给了抵押人；在以借款人自身财产抵押的情况下，虽然银行所面临的信用风险没有转嫁给第三人，但是通过抵押能有效控制信贷资产损失，达到降低信贷风险的目的。

（三）农业信贷风险的分散

农业信贷风险的分散是指银行业金融机构在进行农业信贷活动时要注意地区分散、行业分散和客户分散，避免农业信贷资金的投向过度集中，以减少自身可能遭受的农业信贷违约风险，从总体上保证信贷资产的效益。对于农业信贷业务，既要集中资金支持效益良好、发展潜力突出的重点地区、重点行业、重点客户，又要注意避免信贷投向过度集中，要注意做到地区分散、行业分散和客户分散。

1. 地区分散

地区分散是指银行业金融机构在进行农业信贷业务时，将资金投向不同地区的农业信贷资金需求主体，以避免由于某一个地区的经济状况剧烈变动而蒙受巨额损失。地区分散对于银行业金融机构的经营规模要求较高，因此，规模扩张、跨地区经营等成为银行业金融机构扎根农业，消除农业信贷风险的重要途径。近年来，一些村镇银行在完善总部经营的同时，不断扩展规模，跨地区开设分行，一定程度上也是出于地区风险分散的考虑。

2. 行业分散

行业分散是指银行业金融机构在进行农业信贷业务时，将资金投向不同行业，避免农业信贷资金过度集中在某一个或少数几个行业的企业。农业涵盖领域广泛，农、林、牧、渔等产业既面临着共同的较大的系统性风险，各自又有所差异。信贷资金投向过度集中于某一行业，容易面临严重的系统性风险，从而遭受重大损失。例如，信贷资金过度集中于畜牧业，易面临禽流感引发的巨大损失风险。因此，银行业金融机构应注重行业分散，通过分散行业授信，降低面临某一行业系统性风险的可能性。

　　3. 客户分散

　　客户分散是指银行业金融机构要注意避免对同一借款人授信过度集中，通常各国金融监管部门都对银行业金融机构的同一客户贷款上限有所限制。我国《商业银行法》规定，银行对同一客户的放款不能超过其资本余额的 10%。客户分散原则要求银行业金融机构在开展农业信贷业务时，选择多家合作客户，分散农业贷款分布。客户分散虽然会增加银行的业务成本，但可以有效避免因授信过度集中而出现的由借款人违约导致重大损失的风险。

（四）农业信贷风险的自留

　　风险具有客观性，风险管理策略虽然在一定程度上可以缓解甚至避免风险，但都要付出一定的成本和代价。银行业金融机构在开展农业信贷业务过程中，必然也要承担一定的风险。因此，银行业金融机构需要根据各项农业信贷业务发生风险的概率，适度地安排各类业务规模，使风险得以分散，并确保各项业务收益足以补偿一般经济环境下的平均风险，使自身清偿力足以弥补一般经济环境下的最大风险，即农业信贷风险的自留。

　　呆坏账准备金制度是信贷风险自留的一种有效方式，即通过按一定比例对信贷余额进行差额计提，确保银行业金融机构贷款准备金的适度规模，从而有效应对难以规避的农业信贷损失。我国银行自 1988 年开始实施呆账准备金制度，目前呆账准备金的计提办法是在每年年初的应提贷款基数上按 1% 差额提取，也就是说，我国银行自留风险的规模基本上是控制在贷款余额的 1% 这样一个范围内的。

二、农业信贷风险管理流程

　　农业信贷风险管理流程是银行业金融机构从事农业信贷风险控制的综合业务程序，涉及农业贷款前的信息采集与分析、贷款中及贷款后的信息管理等业务，是一项系统性工程，具体流程如图 4-5 所示。其中，贷款前信息采集与分析主要包括目标客户确定、客户申请、客户访谈、客户摸底调查、信息资料搜集、信息资料审核和信息管理与分析等流程，贷款中及贷款后信息管理主要包括贷款审批意见和贷后管理等业务流程。

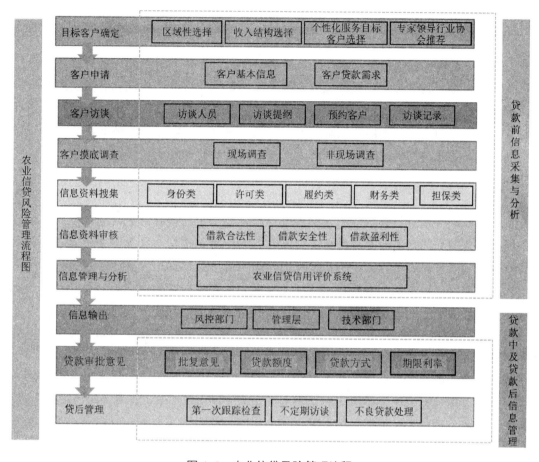

图 4-5 农业信贷风险管理流程

三、农业信贷风险管理工具

目前，比较常见的农业信贷风险管理工具包括信贷风险监测预警系统、信贷保证保险、农业融资担保、呆坏账准备金制度等。

（一）信贷风险监测预警系统

银行业金融机构信贷活动是集合风险识别、信用评价、贷后管理等环节的综合性业务，在每个环节都存在着不确定性。信贷风险监测预警系统就是通过建立风险评估体系，进行信贷风险预控，化解信贷风险的发生，并将信贷风险造成的损失降至最低限度的有效手段，是保证银行业金融机构正常经营并创造最大效益的重要措施。

信贷风险监测预警系统根据信贷客户的特征，通过收集客户资料信息，监控信贷风险因素的变动趋势，以及评价各种风险状态偏离预警线的强弱程度，向贷款人决策层发出预警信号并提前采取预控对策的系统。因此，要构建信贷风险监测预警系统必须首先构建评价指标体系，并对指标类别加以分析处理；其次，依据预警模型，对评价指标体系进行综合评判；最后，依据评判结果设置预警区间，并采取相应对策。

信贷风险监测预警系统主要包括以下三个子系统：①信贷风险识别子系统。对农业信贷业务过程中面临的以及潜在的风险因素加以判断，并对不同风险的性质进行归类整理，明确不利事件的致损环境和过程。②信贷风险评价子系统。对识别出的风险因素进行量化和重要性评价，进而通过信贷风险预警子系统来判断是否应当发出警报以及发出警报的级别。③信贷风险预警子系统。根据信贷客户实际情况，合理划分信贷风险预警区间，判断风险水平处于正常状态、警戒状态还是危险状态。

（二）信用保证保险

信贷活动涉及贷款人与借款人的深度合作，要求贷款人对借款人进行全面的调查了解，需要较高的交易成本。然而，交易双方的信息不对称不仅会增加交易成本和交易难度，同时会使得贷款人须承担较高的信用风险。信贷保证保险，作为贷款人转移信用风险的工具，有助于保障信贷资产的安全。所谓信用保证保险，是指以借款人信用风险为保险标的的保险，它实际上是由保险人（保证人）作为信用关系中的义务人（被保证人）提供信用担保的一类保险业务。通过银行、企业、保险公司三方合作，化解商业银行信贷资产风险，提升商业银行信贷资产的质量和增加信贷资产的收益能力，保障信贷资产的安全。

在信贷保证保险中，债权人对债务人能否履约缺乏足够信息，但对保险公司的履约能力有充分的信心。提供信贷保证保险的保险公司以其对债务人履约能力的深入调查和了解为基础来向符合条件的企业提供信贷保证保险，从而通过提升申请贷款企业的资信来改善贷款交易双方之间的信息不对称。保险公司可通过专业的资信调查来获得被保险企业的信息，使保险公司与被保险企业间的信息基本对称，同时通过大数定律来分散个别企业的违约风险。保险公司与被保险企业之间、银行与贷款企业之间的信息对称，使得市场交易效率得以显著提升，从而实现市场三方的共赢——银行实现了规模扩张和收益增加，企业降低了融资成本及资金筹集难度，保险公司也从信用保证保险中获得了收益。

（三）农业融资担保

融资担保是指担保人为被担保人向受益人融资提供的本息偿还担保。作为担保业务中最主要的品种之一，融资担保是为满足商业信用、金融信用的发展需要和担保对象的融资需求而产生的一种信用中介行为。信用担保机构通过介入包括银行在内的金融机构、企业或个人等资金出借方与以企业和个人为主的资金需求方之间，作为第三方保证人为债务方向债权方提供信用担保——担保债务方履行合同或其他类资金约定的责任和义务。

农业融资担保是农业信贷领域的担保业务，是指农业融资担保公司为农业融资提供本息偿还担保。农业融资担保是农业信贷风险管理的重要工具之一，对于推动农业信贷业务发展意义重大，一方面能够为银行业金融机构有效地转移农业信贷风险，提升农业信贷意愿；另一方面将有效解决农业融资难、融资贵问题，引导推动金融资本投入农业。因此，要积极拓展农业融资担保参与农业融资的深度和广度，发挥农业融资担保的重要作用。

近年来，我国高度重视农业信贷担保的建设，经国务院批准，财政部、农业部、银监会于 2015 年启动了全国农业信贷担保体系建设工作（表 4-2），2016 年成立了全国农业信贷担保工作指导委员会。目前，国家农业信贷担保联盟有限责任公司已经成立，各省、自治区、直辖市、计划单列市也在扎实推动省级农业信贷担保公司的组建，稳步推进农业信贷担保业务运营。农业融资担保公司的快速发展，为家庭农场、农民合作社和涉农企业等与银行之间架起了金融支持的绿色通道，不仅解决了家庭农场、农民合作社和涉农企业等贷款难的问题，同时也降低了金融部门贷款的风险，为"三农"增强自身"造血"功能，加快统筹城乡发展，推进农业产业化进程和农业增效、农民增收起到积极推动作用。

表 4-2　农业融资担保政策汇总

时间	部门	文件	内容
2015 年 5 月 22 日	财政部、农业部、银监会	《关于调整完善农业三项补贴政策的指导意见》	在全国范围内调整 20%的农资综合补贴资金用于支持粮食适度规模经营，重点要支持建立完善农业信贷担保体系
2015 年 7 月 22 日	财政部、农业部、银监会	《关于财政支持建立农业信贷担保体系的指导意见》	建立健全全国农业信贷担保体系；建立健全覆盖全国的政策性农业信贷担保体系框架，加快建立省级农业信贷担保机构，适时筹建全国农业信贷担保联盟，稳妥建立市县农业信贷担保机构
2015 年 8 月 7 日	国务院	《关于促进融资担保行业加快发展的意见》	发挥政府支持作用，提高融资担保机构服务能力；发挥政府主导作用，推进再担保体系建设；政银担三方共同参与，构建可持续银担商业合作模式；有效履行监管职责，守住风险底线；加强协作，共同支持融资担保行业发展
2017 年 5 月 2 日	财政部、农业部、银监会	《关于做好全国农业信贷担保工作的通知》	明确政策性农业信贷担保业务的财政支持政策；扎实做好省级农业信贷担保体系建设；充分发挥国家农担公司的作用；切实加强省级农担公司能力建设；加强农业信贷担保工作监督考核

资料来源：政府相关部门网站。

（四）呆坏账准备金

呆坏账准备金又称为贷款拨备，是指银行业金融机构为应对贷款呆坏账而预留的款项。呆坏账准备金既是监管部门的监管要求，也是银行业金融机构应对信贷风险的重要手段。在实际工作中，银行业金融机构的贷款损失是在所难免的，而农业信贷作为风险更高的业务类型，可能面临损失的概率更高。因此，银行业金融机构对农业信贷业务计提呆坏账准备金，既是对农业贷款内在损失的评价，又为补偿贷款损失提供了资金准备。此外，呆坏账准备金使银行业金融机构能够逐步消化坏账损失，保证了其利润的稳定性，增强了其抵御风险的能力，避免了银行业金融机构虚列资产，能够真实反映其财务状况，符合谨慎性原则和配比原则的要求。

银行业金融机构提取的呆坏账准备金主要包括以下三种：①一般准备金。即银行业金融机构按照贷款余额的一定比例提取的贷款损失准备金。一般准备金是弥补贷款组合未来损失的总准备，其提取额与贷款组合的总量有关，与不良贷款内在的损失程度无关，因此其具有资本的性质。我国于1988年建立了一般准备金制度，目前我国金融企业会计制度规定，商业银行的一般准备金按年末贷款余额的1%从净利润中提取。②专项准备金。即根据贷款分类的结果，对于各类别的贷款，根据其内在损失程度按照不同比例计提的准备金，其反映了各类贷款内在的损失程度，提取的比例或金额越大，说明该类贷款的质量越低，因此其不具有资本的性质，应当作为资产的减项从贷款总额中扣除。我国现行的《贷款损失准备金计提指引》规定，专项准备金要按照贷款五级分类的结果，根据每笔贷款损失的程度，逐笔提取相应的专项准备金。③特种准备金。即根据贷款的国别、行业、特别风险等提取的贷款损失准备金，具体比例由银行业金融机构根据贷款资产的风险程度和回收的可能性合理确定。一般而言，贷款损失准备金的种类及计提比例由商业银行自行确定，提取的贷款损失准备金计入当期损益，发生贷款损失冲减已计提的贷款损失准备金。

第四节　农业信贷风险与保险

一、保险在农业信贷风险管理中的作用

风险转移是风险管理的重要策略之一，通过将风险以特定的方式转移给第三者承担，能够有效地降低当事人承担风险的水平。农业信贷风险是银行业金融机构经营过程中面临的最主要的风险，是银行业金融机构遭受损失的主要来源。通过合理的转移，将农业信贷风险转移至愿意承担的第三方，从而避免蒙受因借款人违约导致的损失，是银行业金融机构重要的避险策略，在信贷风险管理中运用得相当广泛。

风险转移需要具体的载体，以便实现风险以特定的方式向第三者转移，从而达到避险的目的。保险作为风险转移最重要的载体之一，在风险管理中扮演着举足轻重的角色。保险转移就是通过办理保险将被保险人保险标的所遭受的财务损失后果转移给保险人承担的一种财务补偿手段。保险的本质是在参与平均分担损失补偿的单位或个人之间形成一种分配关系，其目标在于建立起能够维护社会再生产连续进行的损失补

偿机制。作为处置风险的一种有效方式，保险被越来越多地应用到农业信贷风险管理中，并成为银行业金融机构最重要的转移风险的手段之一。

二、保险转移农业信贷风险的机制

补偿和风险转移的功能，决定了保险对风险管理的意义，进而决定了保险在农业信贷风险管理中的特殊地位。实践中，农业信贷风险的保险转移主要途径如下：一是贷款人通过直接或间接投保的方式，将农业信贷风险直接转移给承保人承担，如应用广泛的信用保证保险；二是贷款人要求借款人投保或以投保为先决条件，就借款人在生产经营过程中面临的各种可保风险都向保险公司投保，从而使贷款人面临的贷款风险间接地转移给保险公司。

（一）农业信贷风险的直接转移

信用保证保险是一种直接转移方式。在农业信贷领域，借款人在申请信贷时向保险公司投保，银行以保单作为担保方式向投保人放贷，当后者未按合同约定履行还贷义务并在等待期结束后，由保险公司承担银行贷款损失的赔偿责任。换言之，信用保证保险为有资金需求却难以达到银行资信标准的涉农中小微企业拓宽了一条新的融资渠道，使得贷款人不需提供抵押或担保，只需按照贷款金额的一定比例交纳保费，就能获得较低利率的贷款，从而助力借贷双方分散投融资风险，增加贷款额度。

（二）农业信贷风险的间接转移

农业保险是一种间接转移方式。完善农业保险体系和农业保险模式，有助于完善农业信贷风险管理，缓解农村信贷市场困境。一是农业保险不仅通过风险转移和补偿对农业发展产生正向作用，而且发挥着筹集与投放农村资金、优化配置农村资本资源的金融中介作用。二是农业保险作为一种信誉证明和资产责任保证相结合的金融活动，对农业信贷业务发挥着类似抵押及担保品的作用。众所周知，农业信贷风险的制约因素主要包括借贷抵押物短缺、信贷市场信息不对称、农业的脆弱性和高风险性等。三是农业保险通过降低农村信贷机构的经营风险、提高农业生产经营者的融资能力，对农村信贷发挥正向作用。

三、保险支持农业信贷的路径

保险是银行业金融机构最重要的风险转移手段之一，其支持农业信贷的路径主要是通过直接转移工具和间接转移工具。其中，直接转移工具主要包括信用保险和保证保险，间接转移工具即各类农业保险产品。

（一）直接转移工具——信用保证保险

所谓信用保证保险，是指以借款人信用风险为保险标的的保险，它实际上是由保险人（保证人）作为信用关系中的义务人（被保证人）提供信用担保的一类保险业务。在业务习惯上，因投保人在信用关系中的身份不同，分为信用保险和保证保险两类。近年来，我国积极推进农业信贷信用保证保险的发展，国务院及多部委相继提出积极发展扶贫性质的小额贷款保证保险。农业贷款信用保证保险属于融资类的贷款信用保证保险业务，在我国始于 2006 年。2008—2010 年，各类大中型保险主体相继推出贷款保证保险产品。推出专项农业贷款信用保证保险产品的保险机构包括人保集团、华安财险、紫金财险、中华联合、安信农业等，开发的产品主要包括农户小额信用贷款保证保险、农户联保贷款保证保险、农户担保贷款保证保险等。此外也有通过个人信用贷款保证保险、企业贷款履约保证保险等通用性产品开展涉农业务的其他保险机构。

随着普惠金融的发展普及，越来越多的保险机构布局农村金融，推出了一系列农业信贷信用保证保险专项产品。各类产品运作模式不尽相同（表 4-3），但农业信贷信用保证保险正朝着更加市场化、专业化的方向发展。实践中部分模式成绩显著，以人保集团"宁波经验"为例[①]，2009 年起，人保财险作为首席承保人，与宁波市政府以及宁波银行等商业银行合作，在宁波首创了保险、银行、政府相结合的小额贷款保证保险模式，由市政府建立超赔补偿机制。截至 2014 年 3 月底，累计支持信贷业务贷款额 50.88 亿元，保费收入 12226.55 万元，综合成本率达 98.3%。总体而言，作为农业信贷风险转移的直接工具，农业信贷信用保证保险在农业信贷风险管理中扮演着日益重要的角色。

表 4-3　农业信贷信用保证保险业务典型案例比较

案例名称	年份	分类	模式
华安小额农贷信用保险	2008	信用保险，小额信贷	政府＋担保＋保险
人保广东三水区"政农保"	2010	保证保险，小额信贷	政府＋银行＋保险
宁波城乡小额贷试点	2009	保证保险，小额信贷	政府＋银行＋保险
华安助农贷款保证保险	2014	保证保险，农险贷	银行＋保险
中华联合"京农贷"	2016	保证保险，供应链贷款	政府＋金服＋保险
众安保险小型农机信用分期	2016	保证保险，农机分期	政府＋金服＋保险

资料来源：刘立民，李烨，等."三农"小额贷款保证保险常见问题探析[J]. 保险理论与实践，2018（6）。

（二）间接转移工具——农业保险产品

农业保险一般可分为种植业保险和养殖业保险两大类。此外，还有农产品价格保

---

① 中国报告网. 2018 年我国信用保证保险行业发展现状、趋势及建议分析[EB/OL]. http://market.chinabaogao.com/gonggongfuwu/05S350D2018.html，2018-05-08.

险、收入保险等管理市场风险等新兴险种陆续上市。

1. 种植业保险

（1）生长期农作物保险。生长期农作物保险是以水稻、小麦等粮食作物和棉花、烟叶等经济作物为对象，以各种农作物在生长期间因自然灾害或意外事故导致收获量价值或生产费用遭受损失为承保责任的保险。在农作物生长期间，其收获量有相当部分取决于土壤环境和自然条件、农作物对自然灾害的抗御能力、生产者的培育管理。因此，在以收获量价值作为保险标的时，应留给被保险人自保一定成数，促使其精耕细作和加强作物管理。如果以生产成本为保险标的，则按照农作物在不同时期、处于不同生长阶段投入的生产费用，采取定额承保。

（2）收获期农作物保险。收获期农作物保险以粮食作物或经济作物收割后的初级农产品价值为承保对象，是农作物处于晾晒、脱粒、烘烤、贮藏等初级加工阶段时的一种短期保险。

（3）森林保险。森林保险是以天然林场和人工林场为承保对象，以林木生长期间因自然灾害和意外事故、病虫害造成的林木价值或营林生产费用损失为承保责任的保险。

（4）经济林、园林苗圃保险。这种险种承保的对象是生长中的各种经济林种。包括这些林种生产的具有经济价值的果实、根叶、汁水、果皮等产品，以及可供观赏、美化环境的商品性名贵树木、树苗。保险公司对这些树苗、林种及其产品由于自然灾害或病虫害所造成的损失进行补偿。此类保险包括柑橘、苹果、山楂、板栗、橡胶树、茶树、核桃、枣树等保险。

2. 养殖业保险

（1）大家畜养殖保险。以役用、乳用、肉用、种用的大牲畜，如耕牛、奶牛、菜牛、马、种马、骡、驴、骆驼等为承保对象，承保在饲养使役期，因牲畜疾病或自然灾害和意外事故造成的死亡、伤残以及因流行病而强制屠宰、掩埋所造成的经济损失。牲畜保险是一种死亡损失保险。

（2）小家畜养殖保险。以商品性生产的猪、羊等小家畜为保险标的，承保在饲养期间的死亡损失。

（3）家禽养殖保险。以商品性生产鸡、鸭等家禽为保险标的，承保在饲养期间的死亡损失。

（4）水产养殖保险。以商品性的人工养鱼、养虾、育珠等水产养殖产品为承保对象，承保在养殖过程中因疫病、中毒、盗窃和自然灾害造成的水产品收获损失或养殖成本损失。

（5）其他养殖保险。以商品性的鹿、貂、狐等经济动物和养蜂、养蚕等为保险对象，承保在养殖过程中因疾病、自然灾害和意外事故造成的死亡或产品的价值损失。

案例：京东金融在农业贷款中引入大数据，"贷款养只鸡，利息六分钱"

"不仅申请更方便，而且可以随借随还，这样的贷款服务真不赖。"山东牧族生态农业有限公司负责人王海青近日用上了京东金融提供的"京农贷"信贷服务，感受到实实在在的便利和实惠。

农村金融是我国金融体系的薄弱环节，是普惠金融应该深耕的重点领域。以往受限于贷款征信困难大、贷款使用不透明、回收贷款有风险等因素，农村和农业的贷款需求难以得到有效满足。在京东金融看来，农村金融存在"空当"的核心原因在于缺少行之有效的风险定价机制。为此，京东金融把数据引进养殖类贷款服务，不仅让养殖户"贷得上款"，而且实现资金"定时、定量、定向"投放，降低了养殖户的融资成本。

一、"养殖贷"解了融资饥渴

王海青是个摸爬滚打多年的"老养殖"，在进鸡苗、买饲料等经营关键环节，需要融资的情况并不少见。以前，他只能求助于传统金融机构，但经常被资产抵押、三年财报等"门槛"挡在门外。

2017 年 3 月下旬，王海青又要进一批新鸡苗，只用了半个多月的时间，就顺利拿到"京农贷"第一笔贷款，解了购买当期饲料的燃眉之急。在京东金融的农村客户中，类似王海青的案例并不少见。农村金融市场征信数据的缺失，导致金融信贷风险难把控，很多金融服务难以延伸至"三农"领域，不少农村市场主体长期处于对金融服务的饥渴状态。《关于金融服务"三农"发展的若干意见》明确提出，要进一步提升农村金融服务的能力和水平，实现农村金融与"三农"的共赢发展。为更好地服务农村，京东金融创新推出"京农贷"信贷产品，为农村客户提供产业链金融服务，具备无抵押、低利息、放贷快等特点，缓解了不少农户在农资采购、农业生产以及农产品加工销售环节中遇到的融资难题。

二、"精准化"降低资金成本

京东金融致力于农村金融市场"补短板"的创新尝试，借助数据驱动又开始了 2.0 版本的探索，助力农村金融市场"降成本"。在王海青的养鸡场，一个有 13.5 万只蛋鸡的养鸡棚，哪天进的鸡苗、每天吃多少饲料、每天下多少蛋、什么时候该进饲料，都不再需要人操心，而是实现了数据管控。在京东金融的帮助下，王海青建立了一套基于云端的养殖管理系统、监控系统、物流管理系统。先进的养殖管理系统，为"京农贷"提供了可靠的数据基础。通过数学模型分析，"京农贷"可以在王海青需要资金的特定时间精准投放贷款，不仅提高了养殖的管理效率，同时优化了资金使用效率，降低了贷款成本。

以养殖业常见的肉鸡为例，一只肉鸡养殖周期在两个月左右，大约需要 12 元饲料款。传统贷款方式是进鸡苗当天贷款给养殖户 12 元，两个月后还本付息，需要为 12 元支付两个月的利息。但事实上，鸡苗在相当长一段时间根本用不到那么多饲料，12

元钱资金出现闲置。现在，数据化的"京农贷"，把饲料的用量精确到每天、每克，并据此匹配贷款资金。养殖户只为养殖中实际使用的资金支付利息，成本大大降低。目前，数据化的"京农贷"已经在养殖领域全面落地，进入了生猪养殖、蛋鸡养殖、奶牛养殖和肉禽养殖。据测算，使用数据化的"京农贷"养鸡，融资成本比原来降了一半。上面的例子中，使用数据化"京农贷"养鸡，覆盖养鸡过程中需要的12元饲料款，总共只需支付利息6分钱。这对于出售一只鸡仅有大约2元利润的农民来说，是完全承担得起的。

三、"数据化"合理控制风险

传统农业金融业务的一大困局，就是风险控制。历来重视防范风险的京东金融，在农村金融产品中也花了一番功夫。"我们帮农民搞好了养殖管理，养殖就能成功；养殖成功了，农民就能赚钱；农民赚了钱，就有能力把贷款还上。"京东农村金融数据农贷负责人王瑞表示，"这就是我们数据化'京农贷'的核心理念和基本逻辑。"

资料来源：搜狐新闻，http://www.sohu.com/a/155831107_157267，2017-7-26。

参考文献

1. Allen N, Berger, Leora F et al. Bank Competition and Financial Stability [J]. Financ Serv Res, 2009 (35): 99.

2. Angelo Zago, Paola Dongili. Credit Quality and Technical Efficiency in Banking[J]. Empir Econ, 2009 (12): 10.

3. Bell T. Neural Nets or the Logit Model: a Comparison of Each Model's Ability to Predict Commercial Bank Failures[J]. Intelligent Systems in Accounting, Finance and Management, 1997 (63): 249-264.

4. Coats P K, Fant L F. Recognizing Financial Distress Patterns Using a Neural Network Tool[J]. Financial Management, 1993(22): 142-155.

5. Fotios Pasiouras, Chrysovalantis Gaganis. The Impact of Bank Regulations, Supervision, Market Structure, and Bank Characteristics on Individual Bank [J]. Rev Quant Finan Acc, 2006 (27): 404.

6. James Copestake. Mainstreaming Microfinance: Social Performance Management or Mission Drift? [J].World Development, 2007 (10): 1721-1738.

7. Robert A Eisenbeis, W Scott Frame, Larry D Wall. Fannie Mae and Freddie Mac and An Evaluation of the Policy Options for Reducing Those Risks [J]. Financ Serv Res, 2007 (31): 82.

8. Rubanan Mahjabeen. Microfinancing in Bangladesh: Impact on Households, Consumption and welfare [J]. Journal of Policy Modeling, 2008（7）: 1-10.

9. S Jha, K S Bawa. The Economic and Environmental Outcomes of Microfinance

Projects: An Indian Case Study [J]. Environment, Development and Sustainbility, 2007 （9）：229-239.

10. The Editors. Credit Risk and Credit Derivatives[J]. Review of Derivatives Research, 1998 (2): 95.

11. Valentina Hartarask, Denis Nadolnyak. Does Rating Help Microfinance Institutions Raise Funds? Cross-country Evidence[J]. International Review of Economics and Finance, 2007 (5): 1-14.

12. 湛立平，贾金荣. 当前我国农业龙头企业信用评级体系的构建[J]. 东南大学学报（哲学社会科学版），2012（4）.

13. 湛立平. 现代农业信贷风险评估与控制研究[M]. 成都：西南交通大学出版社，2014.

14. 杜彦坤，张峭. 农业可持续发展融资机制研究[M]. 北京：经济科学出版社，2009.

15. 公慧，杨海军. 构建新型农业经营主体信用体系——以黑龙江省绥化市为例[J]. 金融时报，2014（10）.

16. 黄达. 银行信贷原则和货币流通[J]. 经济研究，1962（9）.

17. 江春. 论金融的实质及制度前提[J]. 经济研究，1999（7）.

18. 李立之. 农民专业合作社信用评价体系探索与路径选择[J]. 征信，2012（2）.

19. 刘畅，方靓，晏江，等. 概率神经网络在农户信用评估中的应用[J]. 武汉金融，2009（11）.

20. 刘国玲. EDF 模型在银行信用风险管理中的应用[J]. 现代金融，2007（9）.

21. 刘立民，李烨，陈伟光，等. "三农"小额贷款保证保险常见问题探析[J]. 保险理论与实践，2018（6）.

22. 刘敏祥. 我国农户信用分析的规范化设计[J]. 金融理论与实践，2004（1）.

23. 刘太安，刘欣颖，张琳. 基于 LSVM 的个人信用评估[J]. 山东科技大学学报，2005（4）.

24. 刘伟林. 农民专业合作社信用体系建设研究[J]. 征信，2011（6）.

25. 刘云煮，等. 基于支持向量机的商业银行信用风险评估模型研究机[J]. 预测，2005（1）.

26. 楼栋，孔祥智. 成员异质性背景下的农民合作社的收益分配机制研究[J]. 农林经济管理学报，2014（6）.

27. 楼霁月. 科技型中小企业信用评价影响因素分析[J]. 统计与决策，2013（16）.

28. 罗颖玲. 农民专业合作社综合绩效评价体系设计[J]. 农村经济，2014（2）.

29. 马九杰，郭宇辉，朱勇. 县域中小企业贷款违约行为与信用风险实证分析[J]. 管理世界，2004（5）.

30. 马文勤，等. 农户小额信贷信用风险评估模型构建[J]. 财会月刊，2009（36）.

31. 倪旭，杨丽萍. 基于模糊综合评价法的县域金融风险监测预警评价研究[J]. 武汉金融，2014（4）.

32. 倪旭. 县域金融风险监测预警指标体系研究[J]. 湖北经济学院学报（人文社会科学版），2013（4）.

33. 乔埃塔·科尔基特. 信用风险管理[M]. 北京：清华大学出版社，2014.

34. 谭智心，孔祥智. 农民专业合作社"委托-代理"理论模型的构建及其应用[J]. 中国人民大学学报，2011（5）.

35. 王素义，朱传华，纪冬. 农业企业信用评价方法的选择[J]. 生产力研究，2012（8）.

36. 吴静.论信用的本质、类型以及信用制度的历史嬗变[J]. 重庆文理学院学报（自然科学版），2007（5）.

37. 肖文兵，等. 基于支持向量机的信用评估模型及风险评价[J]. 华中科技大学学报（自然科学版），2007（5）.

38. 谢敏，李冬. 对中国农业信贷风险问题的探究[J]. 农业经济问题，2001（8）.

39. 谢平，许国平，李德. 运用信用评级原理加强金融监管[J]. 管理世界，2001（10）.

40. 欣士敏. 信用的概念、特征和历史渊源[J]. 福建金融，2001（3）.

41. 颜志杰，张林秀，张兵. 中国农户信贷特征及其影响因素分析[J]. 农业技术经济，2005（4）.

42. 晏艳阳，莫如冰. 基于多级模糊综合评判法的个人信用评分模型研究[J]. 财经理论与实践，2009（2）.

43. 杨志群. 基于灰色聚类法的个人信用等级综合评价[J]. 金融经济，2009（16）.

44. 叶蜀君. 信用风险度量与管理[M]. 北京：首都经济贸易大学出版社，2008.

45. 张峭，王克. 中国农业风险综合管理[M]. 北京：中国农业科学技术出版社，2015.

46. 张元红，马忠富. 当代农村金融发展的理论与实践[M]. 南昌：江西人民出版社，2002.

第五章 农业巨灾风险评估与管理

【学习目标】近年来，全球自然灾害发生的频率和强度不断增加，随着人口密度和经济活动的迅速增长，自然灾害导致的巨灾风险损失和灾难后果不断加重。虽然从本质上说，农业巨灾风险属于生产风险，但由于其危害和损失巨大，巨灾风险的管理具有较强的公共性和特殊性，因而在农业风险管理体系中往往单独对巨灾风险管理进行研究。本章的主要学习目标是，了解农业巨灾风险的含义，对农业巨灾风险的分析、评估与管理，特别是了解农业巨灾风险管理与一般性农业风险管理的异同，理解政府在农业巨灾风险中的责任和作用。

第一节 农业巨灾风险

一、巨灾的界定

巨灾（Catastrophe，CAT）不同于一般灾害，通常意味着重大的财产损失和人员伤亡。不同的国家、国际组织和研究者对巨灾界定有着不同的见解，关于巨灾的定义尚未达成共识。在国内外已有的研究中，一般从定性和定量两个角度来界定巨灾。

（一）关于巨灾的定性界定

2003 年，经济合作与发展组织（Organization for Economic Co-operation and Development, OECD）将巨灾定义为某次灾害发生后，发生地已无力控制灾害所造成的破坏，必须借助外部力量才能进行处置的灾害。慕尼黑再保险公司（Munich Re）从受灾地区恢复能力与灾害损失的对比情况切入，认为受灾地区的人们无法依靠自身力量进行灾后恢复，而必须依靠地区间或者国际性等域外力量的援助来化解危机，则这场灾害可以被认为是巨灾。我国学者石兴对巨灾风险做了广义和狭义的界定，广义巨灾风险是指"因自然灾害、外来原因和意外事故所导致的极其严重的，也可能出现受灾单位或地区自身无法解决、需要跨地区乃至国际援助的未来不利情景"。狭义的巨灾风险概念则限定在"因自然规律作用和变异引起的，造成大范围、大面积、大量风险单位，在同一时间或时段内重大经济损失或大量人员伤亡，受灾地区一般自身无法解决，需要跨地区乃至国际援助的未来不利情景"。

知识链接：

风险单位是一次风险事故所造成的损失范围。风险单位是讨论风险和保险的重要概念，保险精算中应用大数定律的"数"就是风险单位数。一个风险单位就是一个随机事件。

（二）关于巨灾的定量界定

1. 从整个国家或地区的总体承受能力分析

联合国国际减灾委在 1994 年的一份报告中提出，财产损失是否超过该国国民收入的 1%，受灾人数是否超过该国总人口数的 1%，死亡人数是否超过 100 人应当作为判定是否构成巨灾的衡量依据。1994 年，中华人民共和国国家科学技术委员会认为巨灾是自然变异向正反两个方面的变化超过一定限度的产物，当自然变异造成人员伤亡和经济损失时才构成灾害。对于财产损失的衡量，如果单纯运用绝对数额的经济损失进行测量未免存在以偏概全的可能，考虑用巨灾损失占灾区的上年度 GDP 的相对比例来界定巨灾，这样才能体现出巨灾的负面影响性。美国保险服务局（Insurance Service Office，ISO）的财产理赔服务部（Property Claim Service，PCS）按照 1998 年价格将巨灾定义为导致直接财产损失超过 2500 万美元并影响到多位参保人和保险公司的单个或序列相关的人为灾害或自然灾害，这些灾害通常是突发性的、无法预料的、无法避免的、严重的事件。

拓展阅读：

1970 年，瑞士再保险公司（Swiss Re）在其主办的出版物《Sigma 研究报告》中给出巨灾的界定标准，而后根据美国当年的通货膨胀率不断更新标准。表 5-1 显示了瑞士再保险公司 2016 年、2011 年、2007 年和 1999 年对巨灾的界定标准。

表 5-1 2016 年、2011 年、2007 年和 1999 年瑞士再保险公司对巨灾的界定标准（下限）

		2016 年	2011 年	2007 年	1999 年
以保险损失计（万美元）	船运	1990	1800	1660	1310
	航空	3980	3590	3310	2630
	其他损失	4950	4460	4110	3300
或以总体损失计（万美元）		9900	8920	8220	6600
或以伤亡人数计（人）	死亡或失踪	20	20	20	20
	受伤	50	50	50	50
	无家可归	2000	2000	2000	2000

资料来源：瑞士再保险巨灾灾害组和瑞士再保险研究院。

2. 从保险公司赔付能力分析

许多保险经营者立足自身的业务特点就某一事件是否构成巨灾事件设立了内部衡量标准。保险公司的赔付能力通常表现为自有资本、公积金和各种准备金，其中公积金和各种准备金为其一般偿付能力，导致保险公司保险赔款过多且超过其一般偿付能力的风险称为巨灾风险。保险公司判定巨灾的标准包括：保险损失标准和保险赔付率标准。保险损失标准是指一次灾害事件中受灾地区保险承保标的发生损失的总和，如果保险损失超过一个预设的期望值，则判定为巨灾。通常，我们将这种巨灾风险称为农业保险巨灾风险。保险赔付率标准是以一个时间段（通常是一个财政年度）内所发生保险赔付总和与该时间段内承保保费总量之比来判定巨灾。一般而言，保险公司的损失或赔付分布如图 5-1 所示。其中，横轴 X 表示累计赔款总额，纵轴 P 表示相应赔款的概率，F 为保险公司赔款总量分布函数。图中反映了保险公司赔付的概率开始随赔款量的增加而递增，当保险公司的赔款量达到某一点后，其赔付的概率又趋向于减少。假设图中 A 点代表保险公司的一般赔付能力，即保险公积金与各种准备金，保险公司赔偿 A 点左侧的损失不会有困难，尽管 A 点右侧的损失发生的概率较低，但常使保险公司的财务稳定性受到冲击。因此，巨灾通常是指那些导致保险公司出现 A 点右侧损失或赔款的灾难。例如，2014 年上海市出台的《农业保险大灾（巨灾）风险管理机制暂行办法》中将导致农业保险赔付率超过 90％的灾害定义为农业大灾，将导致农业保险赔付率超过 150％的定义为农业巨灾。

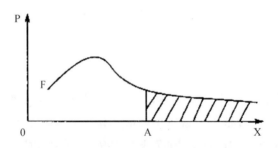

图 5-1　保险公司的损失或赔偿分布

资料来源：冯玉梅. 巨灾风险与我国保险公司的选择[J]. 上海保险，2001（1）.

综上所述，巨灾定性化定义主要从巨灾发生原因、结果等角度出发，通过抽象的概括性描述来比较客观地反映巨灾的特点，但其无法准确界定出巨灾风险的大小，在实际操作层面会给巨灾风险的判定带来困难。巨灾定量化定义通过衡量巨灾事件的损失程度来描述巨灾，即用巨灾损失程度（如人员伤亡、财产损失等后果）或巨灾损失大小与 GDP 等其他指标来衡量。但由于灾害种类、经济背景及概念用途的差别，从不同角度给出的定量巨灾定义具有较大的差异性、主观性和随意性。巨灾不仅具有国别或者地区的相对独立性，而且其外延和内涵也随着经济社会的发展而不断演进，因此仅凭单一定性描述或者单纯定量分析不能整体把握巨灾的属性，需要采用定性与定量相结合的方法对巨灾进行科学界定。

本书从理论层面的定性描述和实践层面的定量分析两个维度对巨灾进行界定：巨灾事件可定义为由于自然灾害或人为祸因引起的小概率发生且一次灾害损失高于预期水平，损失程度具有不确定性，累计损失超过相关承灾主体（主要包括投保人、保险人和政府）承受能力的风险事件。值得注意的是，虽然巨灾具有造成巨大损失的可能性，但巨灾事件并不总会造成严重损失。在荒无人烟的荒岛发生的大地震和在人口密集、经济繁华的市中心发生的大地震，都是巨灾事件，但从社会学角度来分析，只有那些可能造成实际风险损失的巨灾才会引起学者的关注。

二、农业巨灾风险内涵

农业风险的高度相关性使得农业始终面临着严重的巨灾风险。诸如极端气象事件等自然灾害和疫病虫害大范围流行等极端事件的发生，会导致农业经济金额损失巨大，甚至出现大量生命伤亡的风险称为农业巨灾风险。其中，农业种植业生产中的巨灾风险往往由极端气候事件导致，而且极端气候事件往往导致种植业大面积绝产，如降水极少导致干旱灾害，降水极多导致洪涝灾害。

（一）农业巨灾风险的特点

1. 农业巨灾以自然灾害居多，发生频率低，突发性强

近年来，由于全球气候变化所引发的极端气象事件发生的频率和强度明显增强，形成农业巨灾的可能性大大增加。农业巨灾是小概率事件，其发生的频率低于一般的农业灾害。农业巨灾的突发性是各种自然灾害的共同特点，其区别只在于持续时间长短的不同，如洪灾和旱灾持续时间较长，具有一定的延续性，人们有时间采取一定的救灾措施，而像地震等灾害从爆发到成灾的过程极为短暂，全程仅持续几秒甚至几十秒，一旦发生，损失几乎同时形成。

2. 农业巨灾系统性较强，能够导致巨大的损失

农业巨灾风险具有高度的相关性，无论是种植业的农作物，还是养殖业的家禽、鱼等动物，都是连片、成群种养，巨灾一旦发生则群体普遍受影响，一种风险事故的发生还会引发另一种或多种次生灾害连环发生，一系列的风险叠加会给农业造成更大的经济损失。因此，一次巨灾事件的发生往往造成为数众多的农业风险单位同时受到相同或相似的经济损失，损失呈现高度的相关性、系统性。例如，2008 年席卷我国南方近 20 个省（市、区）的低温雨雪冰冻灾害致使农作物受灾面积达 1.8 亿亩（1200 万公顷），造成直接经济损失超过 540 亿元。

3. 农业巨灾风险不确定性强，预测难度大

相比一般农业风险，农业巨灾风险的预测更为困难。农业巨灾发生的频率低，不确定性尤为明显，很难收集到足够的时间样本数据，即使有完备的资料，也会因为时间跨度过长，而使资料参考价值降低，概率分布难以估计。以地震为例，孕育过程较

长，时间间隔可能跨越几十年或者若干世纪，且发生原因复杂；世界各国的科学家虽然进行了大量而广泛的研究和探索，但至今为止还没有找到准确有效预报地震的方法。

（二）农业巨灾风险的种类

农业巨灾风险种类繁多，可根据不同标准进行多种分类，目前最主要的分类有两种。

1. 依据风险来源可分为自然农业巨灾风险和人为农业巨灾风险

自然农业巨灾风险是指农业灾害性事件的发生是由于自然界的力量作用所导致的，而非人为力量作用所造成的，此种损失通常会波及较大面积区域内的大量人群及种植业和养殖业的动植物。自然农业巨灾可以进一步细分为地球物理巨灾、气象巨灾及其他自然巨灾。地球物理巨灾包括地震和火山爆发等，气象巨灾包括热带风暴、温带气旋（暴雪）、雷暴与龙卷风等，其他自然巨灾包括块体运动及洪水等。人为农业巨灾风险是指农业巨灾的发生与人类活动密切相关，主要指因人地之间相互作用、人口分布和人为利用弱点造成的重大农业损失，包括战争、暴乱、核爆炸等影响农业生产的事件。巨灾风险多是由自然灾害引起的，只有一小部分是人为灾祸。

2. 依据爆发频率分为常态农业巨灾风险和异态农业巨灾风险

所谓常态农业巨灾风险，是指农业巨灾的发生在一个保险年度内是可以预期的（通常会发生至少一次），只是发生的准确次数和具体规模无法确定，如台风、暴雨、冰雹、冻害等气候性灾害。此类风险造成的损失超过保险公司当年的损失期望值，致使保险公司财务稳定性受到影响。所谓异态农业巨灾风险，即农业巨灾事件在一个保险年度内发生的概率很小，甚至在一个较长的保险周期内都不会发生，但一旦发生就会造成巨大的经济损失，对保险公司的财务稳定产生严重冲击，甚至直接将其推向破产和倒闭的边缘。正因如此，一般中小型保险公司、区域性保险公司往往难以承担这种风险。当然，常态农业巨灾风险与异态农业巨灾风险的划分并不是绝对的。常态巨灾风险，如暴雨、雹灾等，在某些年份发生的情况极为严重，损失规模空前，这种常态巨灾风险也可被视为异态巨灾风险。同样，通常被视为异态巨灾风险的地震、飓风等，如果发生的强度较小，也可被视为常态巨灾风险。

三、农业巨灾风险管理属性

巨灾风险管理作为一个独立的理论体系起源于20世纪70年代的灾害管理学研究，发展壮大于全球自然灾害和人为灾祸频繁发生的风险社会环境，在整合其他学科先进研究范式的基础上，逐渐形成独具特色的研究内容和研究方法。作为分散巨灾风险、弥补经济损失、稳定农户收入与促进农业发展的"减震器"和"稳定器"，农业巨灾风险管理对于有效应对农业巨灾风险挑战具有不可或缺的重要意义。根据风险管理理论，农业巨灾风险管理是指利益主体——农户、保险公司、政府对农业生产经营活动中遭遇的巨灾风险进行识别、分析和评估的基础上，通过多种形式的风险管理工具实施有效的分散转移，最大限度地减少经济损失，进而获取最大限度保障的过程。农业巨灾风险管理包含管理制度和管理措施两个方面：管理制度是对涉及农业巨灾风险管理相关主体的权利、义务与责任的制度规定，主要包括财政补贴、监管以及巨灾保险等方面的法律制度；管理措施是指应对农业巨灾风险的具体方法或工具，主要包括灾前风险预防措施、灾中减灾措施和灾后经济补偿措施。农业巨灾往往难以预测、破坏力强、损失大，灾前和救灾措施效用极低，所以农业巨灾风险管理大多指的是灾后的经济补偿措施。

在公共物品理论中，纯公共物品是同时具有非排他性和非竞争性两种特性的物品，只具有其中一种特性的则称为准公共物品。从福利经济学角度看，农业巨灾风险既不能完全被视为私人风险，也不能完全被视为公共风险，而应界定为一种处于私人风险和公共风险之间，类似于"准公共风险"的风险。基于农业巨灾风险的属性来研究农业巨灾风险管理的属性，一方面，农业巨灾风险管理工具的获得都以支付一定的费用为前提，如农户要获得农业保险保障就需支付相应的保费，农业保险经营机构欲获得再保险服务也需要支付相关再保险费用等，因而农业巨灾风险管理措施具有竞争性，属于准公共物品；另一方面，农业巨灾风险管理制度主要作用在于解决主体之间的利益冲突，具有非竞争性和非排他性。有效的农业巨灾风险管理效用为全体受灾农户所共同享有，同等消费同等受益，具有受益的非排他性。除此之外，农业风险管理还存在外部性，不仅可使农户和农业保险经营机构借助农业巨灾风险管理措施分散和转移风险实现直接获益，而且能使全体社会成员享受农业巨灾风险管理带来的国民经济稳定和物价平稳的益处，因而不具有排他性。农业巨灾风险管理是具有双重正外部性、非排他性的准公共物品。

第二节　农业巨灾风险分析与评估

巨灾给人类社会造成了巨大的经济损失和严重的人员伤亡，对农业生产的破坏尤为突出，因此，亟须探索有效的农业巨灾风险分散管理手段。基于对农业巨灾风险的基本认识，巨灾风险识别、评估和分析可为巨灾风险管理提供科学的依据。

一、农业巨灾风险识别

从农业巨灾形成的原因来看，巨灾是外部力量相互作用的结果，是在特定孕灾环境下由某些致灾因子对承灾体产生重大破坏力或影响的灾难性事件。农业巨灾风险的识别要明确巨灾风险的来源，对农业系统（承灾体）的易损度进行分析。

（一）识别风险来源

农业巨灾风险发生的首要条件是要有灾害风险源，即反映农业巨灾本身的危险性程度，主要包括：农业灾害种类、农业灾害活动规模、强度、频率等。一般而言，极端性气象危险因子强度越大，频次越高，极端性气象灾害对农业生产所造成的破坏程度越严重，农业巨灾风险也越大。在自然灾害研究中，风险源的这种性质，通常被统一定义为危险性或危险度。农业巨灾风险危险度的大小通常可以表述为：

$$H = f(m, p)$$

式中 H 表示农业巨灾风险的危险度，m（magnitude）表示农业巨灾风险源的强度，p（possibility）表示农业巨灾风险源发生的概率。因此，如何准确地评估主要致灾因子的危险性问题，为农业生产的趋利避害提供依据就显得尤为重要。

与常规农业自然灾害相类似，农业巨灾（诸如极其严重的干旱、洪灾、低温冷害等）的致灾因子在本质上可归结为光照、温度、降水等各种气象因子，即农业巨灾风险危险度是光照、温度、降水等各种气象因子的函数。农业巨灾风险危险度模型可用下式予以表述：

$$H = f(s, t, r, \cdots\cdots)$$

式中 H 表示农业巨灾风险的危险度，s 表示光照，t 表示温度，r 表示降水。农业巨灾风险危险度模型旨在反映研究区域一定时段内特定的极端性气象灾害事件的发生概率或重现期，即获取致灾因子（光照、温度、降水等）发生的超越概率，并建立致灾因子强度与频率之间的关系。以旱灾为例，导致旱灾发生最为主要的致灾因子为降水，假定以农作物生育期内连续无有效降雨天数为评价指标，农业气象干旱巨灾发生的标准通常为超过 60 天无有效降雨，农业巨灾风险危险度模型将基于历史气象观测数值，拟合出农作物生育期连续无有效降雨天数的概率密度函数，计算出现超过 60 天无有效降雨的概率或重现期，从而实现对农业巨灾风险危险度的分析评估。

（二）识别环境易损度

从致灾机制上讲，仅仅存在农业巨灾风险因子并不意味着农业巨灾就一定会发生，农业巨灾是相对于行为主体或者农业生产系统（承灾体）而言的，只有当某种农业巨灾风险源有可能危害农业生产系统（承灾体）后，对于特定的农业生产系统（承灾体）来说，才承担了来自该风险源的农业巨灾风险。农业巨灾风险易损度是指农业生产系统受到极端性自然灾害风险冲击时的易损程度。在自然灾害研究中农业巨灾风险易损度的大小通常可以表述为：

$$V = f(e, v, a)$$

式中 e 表示农业巨灾风险暴露性，v 表示农业巨灾风险易损度，a 表示农业抗灾减灾能力。农业巨灾风险暴露性是指可能受到极端性气象灾害风险因子威胁的农业生产系统的覆盖范围，覆盖范围越广，农业生产可能遭受的潜在损失就越大，农业巨灾风险也越大。农业巨灾风险易损度一般是指受到极端性气象灾害风险因子威胁范围内的农业生产系统，由于潜在的极端性气象灾害风险因子而造成的伤害或损失程度，其综合反映了极端性气象灾害的损失程度。一般而言，农业承灾体（农作物）的脆弱性越低，极端性气象灾害对农业生产可能造成的损失越小，农业巨灾风险也越小，反之亦然。农业巨灾风险承灾体脆弱性的大小，既与农作物种植结构、农作物生理特点有关，也与抗灾减灾能力有关。农业抗灾减灾能力是指受农业巨灾冲击区域从极端性气象灾害中恢复的能力，主要涉及应急管理能力、农业抗灾减灾投入等。农业抗灾减灾能力越高，农业生产系统可能遭受极端性气象灾害冲击的影响就越小，农业巨灾风险也就越低。

二、农业巨灾风险评估

农业巨灾风险的评估主要是从风险因子、风险损失和风险机制三个方面展开，其中，基于风险因子和风险损失评估的理论和方法与农业生产风险的评估类似，在此不再赘述。由于农业巨灾风险的特殊性，目前对农业巨灾风险评估采用的方法一般是基于风险机制的风险评估方法。基于机制的风险评估法是从风险形成的机制出发（具体说，就是灾害机制与作物脆弱性机制耦合作用）展开风险评估，该方法的一般范式如图5-2所示。从巨灾致灾因子入手，通过对致灾因子的致灾机制研究获得致灾因子危险性概率分布曲线，曲线体现出致灾因子出现及强度的概率特征；对承灾体（即作物）的脆弱性机制进行研究，获得作物在致灾因子作用下的减产率或灾损率，建立作物脆弱性曲线。如若考虑区域防灾水平（如灌溉水平）的不同，可构建不同防灾水平下的脆弱性曲线；对不同致灾因子下的作物的暴露量（如产量或面积）进行测量，获得作物暴露量曲线（为了简化，暴露量曲线通常用单个暴露量值替代）；通过致灾因子危险性概率分布曲线、作物脆弱性曲线和作物暴露量曲线三者相耦合算出风险曲线，即作物减产量（率）或灾损面积（率）的概率分布曲线。在基于风险机制的评估法中，致灾机制和作物脆弱性机制的研究是核心。

1. 致灾机制研究

致灾机制研究是对致灾因子发生机制及灾害致灾过程的研究。致灾因子作为灾害发生的源头，通常从"时""空""强"三个参数进行描述。"时"是致灾因子的发生时间和持续时间；"空"是致灾因子出现的位置和作用范围；"强"是致灾因子出现的强度。灾害的致灾过程是指致灾因子出现后与地理环境要素相互作用而推动灾害过程演进，最终达到具有破坏力的致灾程度，如水灾、大风等。目前，致灾机制的研究方法主要有样本统计法、过程模拟法和遥感反演法。

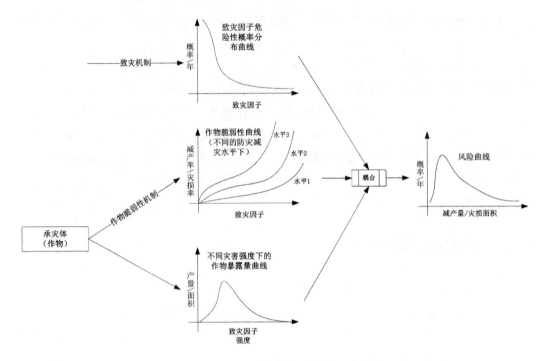

图 5-2　基于风险机制评估法的一般范式

2. 作物脆弱性机制研究

在灾害学中，脆弱性用于衡量自然灾害发生时承灾体的损失程度。因此，脆弱性机制研究的核心思想就是刻画致灾因子强度和承灾体脆弱性之间的定量关系，通常用曲线（曲面）来表示，又称为脆弱性曲线（曲面）。在农业中，农作物作为自然灾害的承灾体，其脆弱性就是指作物在遭受不同的灾害强度时所呈现的破坏程度，通常用灾损率或减产率来表示。目前，作物脆弱性机制的研究方法主要有样本统计法、田间实验法和作物模型法。

3. 巨灾风险评估模型

使用传统的统计方法来拟合和评估农业巨灾风险将会产生很大的偏差和误差。现代极值统计方法专注于小概率尾端事件，能够有效克服传统统计方法在拟合巨灾风险方面的不足，从而为农业巨灾风险评估提供稳健的方法：①农业灾害损失模型。农业巨灾损失概率分布模型的构建需要大量农业巨灾损失数据的支持，在统计部门无法提供直接的农业巨灾损失数据情况下，通过将受灾面积、成灾面积和绝收面积间接指标统一折算为农作物因灾损失率，为农业巨灾风险研究提供稳健数据来源，在此基础上运用蒙特卡罗模拟技术扩大样本空间，则可以有效避免由于数据较少而可能引发的农业巨灾风险评估误差增大的问题。②农业巨灾损失概率分布模型。通过超越阈值的方法（POT）可以实现对农业灾害损失尾部分布的有效拟合，即可获得农业巨灾损失的广义 Pareto 分布（GPD）。③农业巨灾风险度量模型。农业巨灾风险值（VaR）既考虑了不同程度风险的发生概率，同时又将全部风险概括为一个数值，便于分析、比较和管理。

三、农业巨灾风险分析

农业的巨灾风险不仅仅是农业行业的风险，农业巨灾损失也不仅仅是农业自身的损失，它必将波及和影响到整个国民经济的协调发展。因此，正视农业巨灾风险造成的损失程度，在对巨灾风险进行准确评估的基础上，选择恰当的农业巨灾风险管理工具，在全社会范围内实现巨灾风险的分担具有很重要的意义。以下将以东三省为实证研究对象，开展基于脆弱性农作物洪涝巨灾风险评估分析。

案例1：东三省农作物洪涝巨灾风险评估

黑龙江省、吉林省和辽宁省俗称东三省，是我国重要的粮食生产基地。同时，东三省又是我国受全球气候变化影响最显著的地区之一，气候变化加剧了特大暴雨洪涝灾害的发生，使东三省成为洪涝巨灾的多发区，严重影响了该地区农业的持续稳定增长，保障东三省的粮食生产安全对于保障我国的整体粮食安全有着极其重要的战略意义。

基于上述背景，选择东三省为研究区，以洪涝灾害作为影响农作物生产的代表性灾种，在气象数据、地形数据、农作物灾情数据和种植面积数据的支持下，通过降雨极值与脆弱性相耦合的方法，开展县级农作物洪涝巨灾风险评估。首先计算农作物的洪涝受灾率、县级行政区平均高程、县级强降雨数据这三个指标。除了强降雨，洪涝灾害的发生和灾情的形成还与该地区的地理环境有密切的联系，其中地形对洪涝形成的影响颇深，即地势低较地势高的地区更易形成洪涝。为此，本研究将建立降雨、地形高程与农作物受灾率之间的关系函数。经分析发现，过程降雨量与受灾率之间的相关关系较其他强降雨数据指标要强，因此，过程降雨量可作为回归分析参数。经二元回归拟合，得出东三省农作物洪涝受灾率回归方程。采用组内极值法（BMM）构建洪涝巨灾损失的尾部分布，可以处理具有明显季节性特征的极值问题，利用广义极值分布（GEV）对东三省各县的年洪涝受灾率极值序列进行拟合，并采用极大似然估计法（MLE）进行参数估计，最终获得各县的受灾率极值概率密度函数。基于农作物洪涝受灾率极值概率分布模型，可采用均值法和极值法对农作物洪涝巨灾风险进行有效量度，分别计算出东三省182个县级行政区农作物洪涝巨灾风险期望受灾率，20年一遇、50年一遇和100年一遇的受灾率极值。

最终，对东三省的高风险区进行识别，识别出四级高风险区。辽宁省境内存在两个高风险区，即风险Ⅰ区和风险Ⅱ区。风险Ⅰ区位于辽宁省的东部，该地区受黄海和长白山脉迎风坡的双重影响，巨灾风险列为一级，风险最大的行政区是凤城市。风险Ⅱ区位于辽宁省的中部辽河平原上，该地区受到渤海影响，巨灾风险列为二级，风险最大的行政区是营口市。黑龙江省境内存在一个高风险区，即风险Ⅲ区。风险Ⅲ区位于黑龙江省中西部，巨灾风险列为三级，风险最大的行政区是绥棱县。吉林省境内存在一个高风险区，即风险Ⅳ区，风险Ⅳ区位于吉林省的中部，巨灾风险列为四级，风险最大的行政区是西丰县。上述高风险区需引起地方政府高度重视，积极采取措施，规避风险，降低损失。

第三节　农业巨灾风险管理

农业巨灾一旦形成，会给千千万万的农户带来严重的经济损失，农户无法自行承担巨灾风险，需要在政府的领导下，通过一系列的风险管理措施降低巨灾的影响。

一、农业巨灾风险分散转移机制

如本书第一章所述，对于一般性农业风险，通常可以采用风险预防、风险自留和风险转移等方法应对风险。但农业巨灾风险的发生往往伴随着多种自然灾害的叠加和集中，增加了风险预测的难度和应对的难度，特别是巨灾的损失往往并非个人所能承担，需要建立完备的体系，发挥各方主体的作用协作配合（图 5-3）。

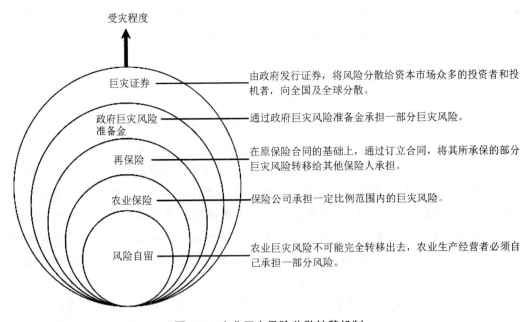

图 5-3　农业巨灾风险分散转移机制

（一）风险自留

农业巨灾风险不可能完全转移出去，与一般性的农业风险类似，巨灾风险管理的基础层，也需要生产经营者自行承担部分风险，采用分散经营、增强储蓄和信贷能力等方式应对。

（二）直接保险

在自留风险之外，农业生产经营者向保险公司购买保险产品，缴纳保费，也将相应的风险责任转移给保险公司。

（三）共保、商业再保险

为了防范巨灾风险对保险公司财务平衡造成的冲击，保险公司在通过自有资本、准备金等方法承担风险外，也会通过共保或购买一定份额的再保险，将承担的巨灾风险转移给其他保险人。

（四）政府巨灾风险准备金与巨灾风险债券

如前所述，农业巨灾风险是一种"准公共风险"，因而政府在巨灾风险管理体系中也应承担重要责任。特别是随着损失的增加，政府将作为最终保险人（再保险人），通过巨灾风险准备金承担更高层次的巨灾风险损失，甚至可以通过发行巨灾风险债券，利用资本市场将风险转移给市场上的众多投资者、投机者，从而在全国乃至全球范围内实现风险的分散。

二、农业巨灾风险管理工具

农业巨灾风险管理运用各种风险转移工具对巨灾风险进行有效风险控制和管理，以期达到最大限度地减少巨灾损失影响的目的。农业巨灾风险管理工具包括灾害救济、巨灾风险准备金等非市场化工具和巨灾保险、巨灾债券、巨灾期权期货、巨灾风险互换等市场化工具。

（一）农业巨灾保险和巨灾风险准备金

农业巨灾保险是属于农业保险范畴的特殊保险，其承保理赔原理与普通农业保险类似，但承保的责任是针对更高的灾害损失。投保主体（农户或政府）通过事先缴纳一定保费，购买农业巨灾保险产品，当巨大的自然灾害发生并给农户造成严重的经济损失时，农户便可以从保险公司获得一定的经济补偿，从而缓解农户压力。

此外，由于农业巨灾风险管理具有较强的公共物品属性（后文将详细介绍），除了农户之外，政府也可以作为投保主体购买农业巨灾保险。例如，2016 年，黑龙江省政府与瑞士再保险公司、阳光农业相互保险公司合作，为辖区内 28 个贫困县投保了财政"农业巨灾指数保险"，以应对干旱、低温、洪涝等灾害造成的巨灾损失。

农业巨灾保险具有投保费率高、赔付率高、利润低等特点。与普通风险相比，巨灾风险更符合业务种类组合盈亏的风险平衡理论，即在时间跨度上实现纵向分散，即用非巨灾业务年度的保费收入和盈余弥补巨灾业务年度的赔付和亏损。

此外，为了弥补保险公司和政府可能出现的资金不足的有效方式。针对巨大自然灾害影响大、损失大的特点，巨灾风险准备基金专门用于农业巨灾风险的补救和高额保险赔付，是对再保险市场的补充，能够充分调动和协调政府和市场的作用。农业巨灾风险准备基金的资金来源主要包括：中央及地方政府的财政预算拨款、保险公司从保费收入和年度保费赔付盈余中按照一定比例提取、部分税收返还、国家财政支农惠农资金和应急救灾款项按照一定比例提取，此外还有来自资本市场的投资、社会捐赠等。以国家的财政投入为主要形式，其他方式起辅助作用，使基金发挥最大化的组合作用。当巨灾发生时，巨灾损失由农业巨灾风险准备基金赔付给各保险公司，保险公司迅速向农户理赔，以确保农户基本的生产和生活。当巨灾基金不足以支付赔款或者支出达到一定临界点时，由政府提供财政支持。如果某年度巨灾损失赔付额在临界点以下，则差额部分留存在农业巨灾风险准备基金中。巨灾基金投资盈利留足积累比例后的剩余部分，可用于支持建立巨灾风险预警系统、投入巨灾保险产品技术的科学研究、修缮水利基础设施预防灾害发生、补贴巨灾保费和经营费用等。农业巨灾风险准备基金的缺点是资金来源相对单一，资金积累速度过慢，限制了短期内有效性的发挥。

案例2：黑龙江启动农业财政巨灾指数保险试点

农业财政巨灾指数保险是指由政府出资向保险公司购买巨灾指数保险产品，当合同约定的巨灾风险发生后，保险公司按照合同约定给予贫困地区财政救灾资金赔偿。

2016年7月1日，阳光农业相互保险公司分别与黑龙江省财政厅、瑞士再保险公司签订农业财政巨灾指数保险保单及再保险合同，由阳光农业相互保险公司承保，以80%的比例分保给瑞士再保险公司。投保主体为黑龙江省财政厅，保险区域为黑龙江省28个贫困县，总保费1亿元，保障程度为23.24亿元。保险险种包括干旱指数保险、低温指数保险、降水过多指数保险、洪水淹没范围指数保险。其中，干旱指数保险、低温指数保险、降水过多指数保险费率为4%，洪水淹没范围指数保险费率为6.16%。在保险期间内，当保险区域超过设定的干旱、低温、降水过多、流域洪水阈值后，保险人按保险合同约定，计算保险赔付金额，赔付到投保人指定账户。

以洪水淹没范围指数保险为例，保险合同约定在齐齐哈尔、佳木斯地区松嫩流域13个投保贫困县的耕地每1.65公里×1.65公里的范围指定标记1个点，将触发洪水灾害事件中所有被洪水淹没的点的总数作为洪水淹没范围指数。当发生洪水事件时，卫星监测到承保区域内有698个点被淹没，即洪水淹没范围指数为698，则视为发生触发洪水事件，进而启动保险赔付。保险公司最低赔付金额达9750万元，之后每多1个点被淹没，保险赔付金额增加14.67万元，直到总保险赔付金额达到赔付限额3.25亿元。

资料来源：笔者根据《黑龙江启动农业财政巨灾指数保险试点》（中国保险报2016年8月1日）编辑整理。

（二）农业巨灾再保险与共同保险

面对农业巨灾风险，无论是保险公司还是政府，都无法凭借自身的力量对巨灾造成的损失做出补偿。为了避免自己承保的农业巨灾风险业务遭受巨额损失，甚至影响正常经营，农业保险公司又开发出了共同保险与再保险工具。共同保险是指两个或两个以上保险人共同承保同一笔保险业务，它是农业保险公司对于大额业务与其他保险公司的联合承保。但这种做法费时费事，且处理上非常不便，除个别业务和特殊市场有这种做法外，一般很少采用。利用再保险分散农业巨灾风险是各国转移分散农业系统性风险的普遍做法，通过对预期赔付额度设置成数、溢额、超额赔付等方式分散风险，使巨额风险得到保障，从而降低巨灾风险导致的极端损失和保险业财务的波动性。但是巨灾风险管理的特殊属性、信息不对称性导致的道德风险以及巨灾的不可保性导致的再保险的承保能力不足会影响再保险工具的有效性。特别是近年来，随着巨灾发生的频率加快，损失数额增大，保险业务与再保险业自身承保能力的局限性已经日益显露出来，严重影响了再保险基本功能的发挥。

（三）农业巨灾债券

利用农业保险（农业巨灾保险、共同保险以及农业巨灾再保险等）管理农业巨灾风险的运作前提是拥有强大的保险基础设施、保险资源，而且是建立在完善的保险市场假设的基础之上的。随着巨灾风险损失的不断扩大以及国际金融资本市场的不断发展，20世纪90年代起，欧美国家开始利用巨灾金融衍生工具将巨灾保险市场上的风险转移到规模和容量更大的资本市场，以解决再保险市场承保和偿付能力不足的问题，从而产生了像巨灾债券等创新型农业巨灾风险管理工具，推动了农业巨灾风险分散机制的创新与发展。

农业巨灾债券以巨灾发生为证券兑付标准，对受损失单位采用债券赔偿的形式进行赔偿。通过发行巨灾债券，与金融资本市场结合来提高巨灾资金融资、扩资的能力。当实际的巨灾损失额超过约定额度时，发行人可以免除或延期支付部分债券本利，甚至免除全部本利。此时发行债券的保险人或再保险人可以将本应支付债券持有人的基金用于赔款支出。农业巨灾风险债券可以充分利用国际国内保险市场和资本市场的力量，实现农业巨灾风险的跨地区跨时期分散。但农业巨灾债券使用的前提条件是保险公司有足够的声誉和实力，并且需要完善的法律制度和充足的财政补贴来保证整个制度的计划内实行。一般情况下，农业自然灾害带来的损失是十分巨大的，如果只依靠保险公司赔偿风险损失，对大部分企业来说也是大伤元气的。因此，在农业巨灾债券的发行上，政府提供充足的补贴是对受损失企业灾后重建的有力保证，同时在农业巨灾风险债券的税收、管理费用的使用和缴纳上，也需要政府给予一定的补助措施。

（四）农业巨灾期权和期货

农业巨灾期权是采用期权的形式，将巨灾风险的损失限额或者期望价值作为行权价格的标准化合同，通常设置一定的巨灾损失指数作为参考性指数，是一种将交易价格与巨灾损失率相联系的套期保值工具。巨灾期权包括看涨期权和看跌期权。期权合同授予其持有者在到期日以执行价格买入或卖出某一资产的权利。当合同列明的承保损失超过期权行使价时，期权价值便随着特定承保损失金额的升高而增加。此时如果保险公司选择行使该期权，则获得的收益与超过预期损失限额的损失正好可以相互抵消，从而保障保险公司的偿付能力不受重大影响。而巨灾期权的卖方事先收取买方缴纳的期权费用，作为承担巨灾风险的补偿。1995 年由芝加哥期货交易所推出的 PCS 期权是最典型的巨灾期权，这种期权并不是基于某种有形的基础资产，而是基于财产赔偿服务公司（Property Claims Service，PCS）编制的 PCS 巨灾损失指数。

巨灾期货是一种以巨灾损失相关指数为标的物的期货合约。自 1970 年慕尼黑再保险公司研究出具有独立运行体系的 NatCat Service 巨灾指数以后，美国保险服务局（ISO）、美国保险财产理赔服务署（PCS）以及 IndexC 再保险公司也分别于 1992 年、1995 年和 1997 年先后推出 ISO、PCS 和 GCCI 巨灾指数。进入 21 世纪以后，为更加科学合理地量化巨灾风险，CHI 飓风损失指数（由芝加哥商品交易所于 2007 年推出）、Paradex 巨灾指数（由美国巨灾模拟公司于 2008 年推出），以及 PERILS 巨灾指数（由泛欧保险服务公司于 2009 年推出）相继诞生并得到快速发展。它的基本原理和商品期货基本相同：如果保险公司预测在未来某一段时间内，巨灾损失会发生，就会购买巨灾保险期货合约来进行套期保值。如果如预期一样，则巨灾保险损失可以用期货市场上的盈利来弥补，从而实现保值的需要；而如果该损失未发生，或低于某一界限，那么保险公司会在期货市场上受到损失，但由于保险损失较小，保险人可利用从保险方面获得的收益弥补其期货方面的损失。巨灾保险期货作为一种全新的风险转移方式，是巨灾风险证券化领域迈出的重要一步，其作用是不可替代的。但由于巨灾指数的准确性不高，信息不对称问题突出，而且作为一个商品交易市场，商品需求者即期货的买方是财产保险公司，但商品生产者即期货的卖方却"缺位"，使得巨灾期货流动性很差。这些缺陷极大地限制了巨灾期货的成功。

（五）农业巨灾风险互换

农业巨灾风险互换是指交易双方事先约定彼此的巨灾风险责任，到期进行现金流互换的金融工具。由于不同地域的风险状况不同，发生风险的时间和程度有很大差异，因此，根据相对风险指数所签订的互换双边协议，使承保不同地区的保险公司实现了承保风险的多样化、分散化。1996 年，百慕大巨灾风险交易所开办了巨灾风险互换交易业务，同时为了防止信息不对称所造成的逆向选择和道德风险，该交易所还制订了一系列的规范措施。巨灾互换与金融互换类似，都是基于互惠对等的原则在合约有效期内交换一系列付款，因此在这种条件下，农业巨灾风险证券化的互换条件机制能发挥最大化的效果。但巨灾互换与金融互换的最大区别在于，其现金支付并不像金融互换那样是必然的，而是取决于触发条件的满足与否；其次，巨灾互换市场的参与人范围相比巨灾债券市场要窄得多，一般的巨灾互换只包括原保险人、再保险人等巨灾风险的承担者，而且互换的主要目的是实现巨灾风险在地域上的分散，而不是像巨灾债券一样，实现风险的单向转嫁。互换参与人一般通过特定的金融中介来实现互换，当前主要的巨灾互换市场是巨灾电子交易市场（CATER），主要实行电子化交易。

三、农业巨灾风险管理体系

农业是特别易于发生巨灾风险和巨灾损失的行业，严重的农业巨灾损失对于整个国民经济和社会稳定都会产生重要影响。基于农业巨灾风险管理对农业产业的保障作用日渐突出，加快探索农业巨灾风险管理发展的步伐，探索组织多形式、所有制多结构、业务多层次、融资多渠道的农业巨灾保险体系是当务之急。

在运作模式上，农业巨灾保险体系可以实行农业再保险与农业巨灾基金并行独立运作、农业灾害救济为补充的模式。农业再保险、农业巨灾基金和农业灾害救济之间并非简单的替代关系，而是相互联系、相互促进的运行整体。巨灾再保险由中央财政支持的再保险公司直接管理及组织运行，为经营政策性农业保险的原保险公司提供超额赔付再保险的业务安排，同时协助农业保险的原保险人安排与国际再保险机构进行农业巨灾保险的再保险。巨灾再保险是巨灾风险的减震器，在一定程度上分担并减轻了巨灾风险的直接损害，是农业巨灾风险的又一承担者。国家农业巨灾基金是为农业保险的投保人、原保险人和再保险人提供分散风险的资金支持，是巨灾风险的蓄水池，巨灾保险的险种越多，越能实现不同险种之间的风险分散。农业巨灾基金实行由国家财政和地方财政分级建立、国家财政集中监管的模式。国家明确中央财政和地方财政每年向分设在中央和地方的国家农业巨灾基金划拨财政资金的比例，制订保险费补贴标准、经营费用补贴标准、税收减免的建议、提取巨灾风险准备金的比例等。地方财政可以根据地方农业特点增加适应地方农业风险管理需要的政策制度。农业灾害救济可在发生重大农业自然灾害之后，动员国内外和社会各方面的力量，救助灾民，帮助灾民解决生活和生产面临的困难。

在结构层次上，农业巨灾保险需要政府、农户、保险公司等多方主体共同参与，参与主体的多元化也实现了巨灾风险的多层次分散途径。巨灾保险是以商业保险为基础的保险制度体系，巨灾保险的实现需要借助于一系列可保性扩展途径方能实现，包括再保险、巨灾风险基金、巨灾证券化等工具和形式，以实现巨灾风险在更多市场、更大范围内的风险分摊，金融衍生工具的创新及市场的多元化也使农业巨灾风险管理实现风险分散。这些可保性扩展机制丰富了巨灾商业保险的财务管理手段及风险管理手段，使巨灾保险制度成为一个以基本的巨灾商业保险为基础的、结合保险市场创新及资本市场运作的保险制度体系。在巨灾风险保障基金运作方面，中央与地方政府协调配合。由于农业是一个具有全社会公共福利的基础产业，扶持和推动农业保险发展的财政支出，应该在中央和地方财政之间建立合理的分工关系，才有利于财政支持农业保险的到位。中央财政具有全社会利益分配的调节功能，在农业保险的发展中应当承担主要财政支持责任。在加大中央财政支持力度的同时，充分调动地方政府及地方财政的积极性。从巨灾风险保障基金的具体操作层面看，中央财政主要承担全国政策农业再保险的经营补贴和全国关系国计民生的大宗农产品的农业保险经营补贴，地方财政则主要承担养殖业、地方经济作物和特色农产品的经营补贴。因此，大多数国家或者由联邦政府与州政府分别设置保障范围和服务功能不同的两级巨灾风险保障基金，或者由联邦政府和州政府按照不同的比例共同出资组建全国性的农业保险巨灾基金，为农业巨灾风险损失提供保障。

第四节　农业巨灾风险管理的政府责任

自然灾害风险，特别是农业巨灾风险的准公共物品性以及农村社会的特殊性，决定了政府必须在巨灾风险管理中担负起应有的责任。无论是从促进效率的角度还是从保障公平的角度，政府在农村巨灾风险管理中都担负着不可推卸的责任。

一、政府在农业巨灾风险管理中的作用

受制于相对低下的收入水平和不完善的社会保障制度，农村居民灾害自救和灾后恢复能力较弱，因灾致贫、因灾返贫现象时有发生。因此，从社会公平的角度看，政府也应在农村巨灾风险管理中承担起构筑社会安全网、保障底线公平的责任，肩负起对在自然灾害中生命遭受威胁、生活濒临困境的公民实施救助的责任。一次大规模的自然灾害需要调动巨大的资源，这些都需要系统、专业的组织来进行，而不是任何一个企业或者组织能够承担或者有效组织的。到目前为止，只有政府有能力调动各部门的力量进行救灾活动。农业巨灾分散机制是以政府为主导，商业保险和社会救助为辅助的多层次、多主体、全方位的损失保障体系。

（一）促进农业巨灾风险分担主体的多元化

政府可以通过保费补贴、税收减免、强制政策等行政手段把农户、商业保险公司、再保险公司、基金管理公司以及社会组织等纳入农业巨灾风险分散体系中，使得过去以农户和政府拨款承担为主，社会救助为辅的损失补偿形式转变为多主体共同承担。政府应调动各部门参与农业巨灾风险管理工作，实现对农业巨灾风险管理参与主体的

人员分配、信息共享和救灾物资管理的有效整合。依法成立的农业巨灾风险管理协调机构能够实现人员和物资的合理分配，在各部门之间建立良好的协作关系。

（二）促进农业巨灾风险保障方式的多维化

建立农业巨灾风险分散制度的目的是为了把传统的灾后救济转变为灾前预防和灾前筹备，只有防患于未然才可以在真正意义上减轻政府的财政压力。其中，巨灾风险基金是农业巨灾损失的重要补偿来源之一，筹集渠道的多途径形成了多维度的巨灾风险基金融资方式。基金主要来源于政府财政注资、商业保险公司和再保险公司的专项准备金提取、社会组织的无偿救助资金以及通过基金管理运用产生的投资收益。

（三）促进农业巨灾风险管理法律体系的健全化

政府的立法责任是指政府应制定、出台相关法律法规，明确政府、保险公司等主体在农业巨灾风险管理中的权利与义务，确保农业巨灾风险管理措施顺利实施，为政府进行财政支持、监督管理、救助教育等提供法律依据。相比商业保险公司，政府对法律部门的督促和建议显得更有效率，提出的法律完善意见更有公正力。只有以政府为主导，在实践中突破农业巨灾风险分散所遇到的困难和瓶颈，才能够更好地督促法律部门健全农业法律法规，为农业巨灾风险管理行为提供法律支持。在农业巨灾风险管理中，政府的监管责任主要体现在农业保险经营机构的合法经营上，对费率设定的科学性、投保理赔过程的透明性、偿付能力等内容进行监管。

二、政府角色与农业巨灾风险管理模式

政府承担着制度制定、组织建立、部署协调、风险分担等多种角色。如果单纯依靠政府进行农业巨灾风险管理，必然导致运作高成本、低效率的问题；而完全依靠市场进行商业化运作，虽然风险可以通过商业保险公司等市场主体分散转移，但必然会导致巨灾保险市场总体的萎靡，也会出现市场失灵的情况。因此，如何在二者之间寻找平衡点，充分发挥政府与市场的双重力量，是建立农业巨灾风险管理制度过程中应该探索的问题。为实现政策性农业保险巨灾风险的有效分散，需要建立一套行之有效的巨灾风险分散模式，根据农业巨灾风险管理的主体的不同，目前农业巨灾风险管理主要有三种模式。

（一）市场主导模式

市场主导模式下，商业性的市场主体充当灾害补偿主体，巨灾保障完全由商业性保险公司来提供，通过市场的商业保险、再保险和巨灾证券化等途径来分散风险，农业巨灾风险由商业保险机构自行承担，只有在灾后保险市场出现不完整时，政府才间接介入充当再保险人，提供临时性的剩余补偿，如美国国家洪水保险计划、佛罗里达

州巨灾飓风基金以及日本的地震保险制度等。在该模式中，巨灾风险主要依赖现有商业保险和金融市场来承担，巨灾保险的标准费率或免赔额由保险公司依据精算结果进行制订，政府不为巨灾保险的原保险公司提供再保险保障，保险公司运用商业运作方式在市场上借助再保险市场或其他渠道分散风险。政府不参与任何的风险分散业务，也不提供任何政策扶持，最多只进行必要的监督。这样可以提高保险公司的风险意识，保障资金运作效率，但是巨灾的高损失性也会大大稀释并消耗保险业甚至金融行业的原始资本，导致承保能力不足。

（二）政府主导模式

政府主导模式是政府基于公共利益的保护以及实现社会公平的需要，由财政资助直接介入，进而主动承担巨灾保险责任的巨灾风险管理过程。在这类运作模式中，政府充当主导者，巨灾保险由政府直接提供，往往采取强制保险或与其他利益相挂钩的半强制的形式，同一区域内采用统一费率，政府提供再保险支持。法国的自然巨灾保险制度、土耳其的巨灾保险联合体、新西兰的地震保险基金等均是该种模式的典型代表。该模式体系简单，政府承担全部或大部分风险责任，不仅可节省大量的交易费用，而且政府的无限信用度也为灾后偿付能力提供保障，资源调动能力强，能够对弱势群体特殊倾斜，公平保障性较强。但是该模式下，政府主要在代际间分散巨灾风险，缺乏经济持续性，风险融资渠道单薄，容易导致效率低下，政府财政负担大，潜藏着巨大的财政风险。

（三）政府与市场相结合模式

农业及农业巨灾风险的特殊性使得农业巨灾风险管理难以满足市场机制运行的基础和条件，无论是私营保险市场还是政府，都不是构建风险管理分散机制的唯一主体，只有政府和市场的有机结合，才能有效推动农业巨灾风险管理的供给和需求均衡发展，发挥政府和市场两个主体的双重作用，构建兼顾公平和效率的农业巨灾保障体系。任何长期的巨灾计划必须采取政府的财政支持与私营保险公司的广泛参与相结合的合作模式。私人保险公司不能够自发地在巨灾风险管理过程中发挥其应有的作用，政府有必要介入，但是政府出于自身的局限性也不可能完全取代私人保险公司，因此在政府和私人保险市场建立合作伙伴关系，共同推动巨灾保险市场的发展与完善为最佳选择，如墨西哥地震保险、加勒比巨灾保险基金等。

该模式下，政府不直接介入巨灾风险管理过程，通过制定并实施防灾减损措施、推进巨灾证券化市场与衍生品市场建立等方式，间接推动巨灾风险管理创新模式的发展，创造巨灾市场有效运作的良好经营环境。由政府牵头组建行业协会、建立国家巨灾保险联合体和政府农业巨灾风险基金，对商业保险公司给予一定的财税政策优惠，对公司的保险精算和巨灾资料积累等给予政策协助，对准备金的提取使用进行额度限制和监督。政府通过法律确定巨灾保险的地位、提高居民风险意识、提供政策优惠、财政补贴支持等手段引导保险公司、再保险公司、资本市场、农户等主体共同参与，有效地促进巨灾风险转移机制的运行，缓解巨灾财政负担的压力。政府和市场相结合的模式集合了单一承担主体的优点，可以有效控制政府和市场的风险责任，在保证市场效率和社会公平的同时实现二者的有机平衡，正是这些优点使得该模式逐步成为巨灾风险管理制度的主导模式。农业巨灾风险管理需要政府发挥作用，但政府应尽量减少对商业保险市场的干涉，避免政府的盲目投入和过度干预，减少政府财政支出对保险公司经营的挤出效应和低效率。

三、政府财政风险与农业巨灾风险

在上述政府主导、政府与市场结合模式中，政府在农业巨灾风险管理中发挥着主要作用。目前保险市场特别是巨灾保险市场发育不完善，农村巨灾保险机制尚未完全建立，保险赔付的损失补偿作用实际极为有限。国内外社会捐助和国际组织援助是完全自愿的，无任何责任约束，补偿程度也是极具弹性的，也并不能作为巨灾风险管理的稳定机制。因此，财政救济补偿是弥补农业巨灾损失的主要来源，一般通过财政直接投入、间接投入、隐性介入这三种方式实现。财政救济补偿模式是以政府为直接责任主体，以国家财政为直接经济后盾，由政府有关职能部门承担具体实施任务的灾害损失补偿方式。财政救济充分发挥了其资源调动能力强的效率优势和对弱势群体特殊倾斜的公平保障作用，对于维持社会稳定、帮助灾后生产生活恢复和重建具有重要意义。然而，这种以政府财政救济为主的灾害损失补偿模式实际上存在着严重的局限性，特别是在农业自然灾害影响程度逐渐加大的风险社会中，以财政投入为主体的巨灾损失补偿模式潜藏着巨大的财政风险。

（一）农业巨灾风险影响政府财政风险的机制

首先，巨灾风险的不确定性导致潜在的或有性债务风险，严重影响政府财政的稳定性。巨灾风险往往带来较大的经济损失，但风险是否发生、影响程度多大又具有极大的不确定性，而一国的财政收入规模及其增长速度却往往是较为稳定的，财政支出也具有较强的刚性。其次，仅靠财政资金直接投入对农村灾害损失的补偿能力有限。虽然各级财政在巨灾发生时均投入大量的救灾救济资金，但所能解决的仅仅是临时性、紧急性的特殊救助，主要损失仍要由受灾的农村居民、组织自行承担。这就在很大程度上降低了农民生产生活的恢复能力，影响农村经济发展和社会稳定。最后，财政资金管理体制的缺陷进一步扩大了财政救济模式的财政风险。一般来说，政府目前的应急财政资金管理机制还不够完善，可用于应对自然灾害、突发事件的财政资金来源渠道较为固定，每年政府预算稳定调节基金的规模也无定数。由此极大地削弱了应急财政资金在稳定财政支出方面功能的发挥，进一步扩大了财政救济为主体的灾害损失补偿模式的财政风险。

案例3：中国农业巨灾风险管理模式中的财政风险

如表5-2所示，2000—2016年间，我国财政收入保持稳定增长态势，但自然灾害经济损失大小却并无规律可循，轻灾年份自然灾害经济损失仅占财政收入的2%~3%，而重灾年份自然灾害经济损失却能占到财政收入的15%~20%。由于巨灾风险及其损失的不确定性，依靠财政资金直接对风险损失进行补偿就存在大灾年份政府财政收支失衡的风险，而这种风险隐蔽性强、预见性差、可控性小，对财政稳定性构成潜在、巨大威胁。

表5-2　中国2000—2016年自然灾害损失与财政收入对比（单位：亿元，%）

	自然灾害直接经济损失	财政收入	灾害损失占财政收入比例
2000	2045.0	13395.2	15.27
2001	1942.0	16386	11.85
2002	1637.0	18903.6	8.66
2003	1884.0	21715.3	8.68
2004	1602.0	26355.9	6.08
2005	2042.0	31649.3	6.45
2006	2528.0	39373.2	6.42
2007	2363.0	51304	4.61
2008	11752.0	61330.35	19.16
2009	2524.0	68518	3.68
2010	5339.9	83101.51	6.43
2011	3096.4	103740	2.98
2012	4185.5	117209.8	3.57
2013	5808.4	129143	4.50
2014	3373.8	140350	2.40
2015	2704.1	152269.2	1.78
2016	5032.9	159605	3.15

资料来源：笔者根据《民政部社会服务发展统计公报》《中国财政年鉴》整理。

（二）应对农业巨灾政府财政风险的政策建议

为应对农业巨灾风险管理中政府财政救济所带来的财政风险，需要将政府财政救济机制与市场保险补偿机制有效结合起来，发挥政府与市场在巨灾风险管理及巨灾损失补偿中的作用。

1. 建立稳定增长的政府投入机制

从农业的属性及其在国民经济中的特殊地位来看，农业巨灾风险管理具有准公共物品的属性，政府的必要财政投入是灾害管理的重要物质基础。政府在经济发展规划和财政预算中，应预留和拨付稳定增长的财政资金投入到农业灾害管理中去。从发达国家的经验可以看出,对于农业巨灾风险,政府应改变以往单一财政救济的救助方式,积极转变角色,在以保险市场为农业巨灾损失补偿重要手段的微观层面发挥应有的引导和支持作用:首先,提供制度政策支持。政府可以为巨灾保险体系的运行提供可行的制度、监管和框架设计,同时建立农业巨灾基金的优惠税收政策、建立巨灾保险制度、强制保险立法等,以发挥灾害管理制度检查、激励的作用。其次,提供财政资金支持。政府可以为农民特别是弱势群体提供财政补贴,以保证他们能够参与到农业巨灾保险项目中来,同时在灾后提供恢复重建的资金或紧急贷款给受灾的企业和个人。再次,提供财政超赔保障。当发生严重农业巨灾损失时,政府可以充当最终再保险人的角色,为巨灾保障体系提供偿付能力担保,承担最后的超赔责任。最后,加强公众教育。政府可以加强社会民众的风险意识,以及加强灾害保险方面的教育。

　　2. 构建多层次的农业巨灾保障体系

　　一个有效的政府在经济社会中的角色,应是以合作者的身份促进市场发育并发挥作用,在不能依靠或不能完全依靠市场功能的领域,政府应当充分发挥其宏观调控作用,重视如何利用市场机制来发挥政府作用,通过各种政策工具的合理运用,完善市场机制、规范市场经济发展。政府应积极构建农业巨灾保障体系,增强巨灾损失的市场分摊能力。①建立和完善农业再保险体系,通过农业保险立法的形式对农业保险再保险进行政策性补贴,同时成立专门农业再保险公司负责具体实施运作。②设立农业巨灾风险基金。一旦出现较大的灾害损失,由国家巨灾风险基金赔付,不足部分由国家财政兜底。因此,建立以政府为主体的农业巨灾损失基金,对遭遇巨灾损失的个体提供一定程度的补偿,将是维系农业巨灾保险体系可持续发展的重要制度保障。农业巨灾风险基金的筹集可以考虑国家财政补贴、税收优惠、农业保险公司保费提取、市场筹集等多种渠道,对农业巨灾风险业务要从政策上予以支持,以有效分担农业保险公司的巨灾风险损失。③加快农业巨灾风险管理工具的创新。现代农业风险监测技术的创新、灾害管理信息化网络的建设以及资本市场的蓬勃发展,为农业巨灾风险管理工具创新提供了可能。近年来,国际社会出现了两种创新性的风险管理工具:指数保险和巨灾风险证券化,这两种新型的管理工具在有效消除和规避逆选择和道德风险问题,同时降低交易成本等方面表现出传统农业风险管理工具不具备的优势,大大完善和补充了农业巨灾风险管理工具体系。

参考文献

1. 陈利,杨珂. 国际农业巨灾保险运行机制的比较与借鉴[J]. 农村经济,2013(4).
2. 陈利. 农业巨灾保险运行机制研究[D]. 重庆:西南大学,2014.
3. 邓国取,位秋亚,闫文收. 农业巨灾风险分散的国际经验及启示[J]. 西北农林科技大学学报(社会科学版),2017,17(4).
4. 段胜. 中国巨灾指数的理论建构与实证应用[D]. 成都:西南财经大学,2012.

5. 范丽萍，张朋. 农业巨灾风险的概念、特征及属性分析[J]. 世界农业，2014（11）.

6. 冯玉梅. 巨灾风险与我国保险公司的选择[J]. 上海保险，2001（1）.

7. 冯玉梅. 巨灾风险与我国保险公司的选择[J]. 上海保险，2001（1）.

8. 郝演苏. 关于建立我国农业巨灾保险体系的思考[J]. 农村金融研究，2010（6）.

9. 洪宇. 云南省农业保险巨灾风险分散制度改革创新研究[D]. 昆明：云南财经大学，2015.

10. 梁昊然. 论我国巨灾保险制度的法律构建[D]. 长春：吉林大学，2013.

11. 刘磊. 农业巨灾风险管理工具创新的研究[D]. 重庆：西南大学，2007.

12. 石兴. 巨灾风险可保性与巨灾保险研究[M]. 北京：中国金融出版社，2010（1）.

13. 庹国柱，王德宝. 我国农业巨灾风险损失补偿机制研究[J]. 农村金融研究，2010（6）.

14. 庹国柱，王克，张峭，等. 中国农业保险大灾风险分散制度及大灾风险基金规模研究[J]. 保险研究，2013（6）.

15. 庹国柱，赵乐，朱俊生. 政策性农业保险巨灾风险管理研究——以北京市为例[M]. 北京：中国财政经济出版社，2010.

16. 庹国柱，朱俊生. 农业保险巨灾风险分散制度的比较与选择[J]. 保险研究，2010（9）.

17. 庹国柱. 建立农业保险巨灾风险分散机制[N]. 中国保险报，2007-03-19（007）.

18. 徐磊. 农业巨灾风险评估：理论、方法与实践[M]. 北京：中国农业出版社，2014.

19. 徐磊. 农业巨灾风险评估模型研究[D]. 北京：中国农业科学院，2012.

20. 张慧云，沈思玮. 农业巨灾风险证券化研究[J]. 安徽农业科学，2008（8）.

21. 赵思健，张峭，王克. 农业生产风险评估方法评述与比较[J]. 灾害学，2015，30（3）.

22. 赵思健，张峭. 基于脆弱性的农作物洪涝巨灾风险评估——以东北三省为例[A]. 中国灾害防御协会风险分析专业委员会. 风险分析和危机反应中的信息技术——中国灾害防御协会风险分析专业委员会第六届年会论文集[C]. 中国灾害防御协会风险分析专业委员会，2014：7.

第六章　国外农业风险管理经验借鉴

【学习目标】前文对中国农业风险管理体系及其运行机制进行了介绍，但在农业风险管理方面，中国的起步还比较晚，其他国家特别是发达国家根据自己的自然资源条件和社会经济环境，较早地建立了适合自身特点的农业风险管理体系。他山之石，可以攻玉，本章选择了美国、澳大利亚、西班牙、日本、印度等几个典型国家的农业风险管理体系进行分析和总结。本章的学习目标是，了解不同国家农业风险管理体系的构成，农业保险的地位、作用、发展特点等，借鉴他国经验更好地建立和完善我国农业风险管理体系和工具。

第一节　美国

一、美国农业及农业风险概况

（一）美国农业概况

美国位于北美洲中部，北邻加拿大，南接墨西哥，东濒大西洋，西临太平洋。国土面积为937万平方公里，其中耕地面积达18817万公顷，占国土总面积的20%，占世界耕地总面积的13%；天然草原面积为36.3亿亩（2.42亿公顷），占国土总面积的26.5%，占世界天然草原面积的7.9%，居世界第三位；森林面积约为2.7亿公顷，森林覆盖率约为33%，即国土面积的1/3为森林。

美国自然资源丰富，为农业发展提供了得天独厚的条件：美国大部分地区雨量充沛而且分布比较均匀，平均年降雨量为760毫米；土地、草原和森林资源的拥有量均位于世界前列，土质肥沃，约70%以上的耕地都是以大面积连片分布的方式集中在大平原和内陆平原，且土壤多以草原黑土（包括黑钙土）、栗钙土和暗棕钙土为主，有机质含量高，海拔500米以下的平原占国土面积的55%，有利于农业的机械化耕作和规模经营。

美国农业以种植业与畜牧业为主，并且根据气候和地理特征形成了不同的农业带。美国北部五大湖附近的乳畜带，以温带混交林和温带落叶阔叶林为主，气候湿冷温良，无霜期短，适宜多汁牧草和青贮玉米生长，但是土地贫瘠，不宜耕种。周围大城市林立，人们对乳品需求旺盛，交通便利，为乳畜业发展提供了良好的条件。此外，该地区也是马铃薯、苹果和葡萄的主要生产区。中北部的玉米带，地势平坦广阔，土壤深厚肥沃，春夏两季气温高，湿度大，极有利于玉米生长发育，成为世界上最大的玉米生产区。同时，该地区也是美国大豆最大产区，大豆农场占全国总数的54%。

高平原小麦带位于美国中部和北部地区，是海拔500米以下的高平原地带，地势平坦，土壤肥沃，雨热同期，水源充足，冬季较长而严寒，适宜于小麦生长，该地区的小麦播种面积占全国的70%。中东部的混合农业区地势平坦，密西西比河水源充足，气候温和，草类茂盛，畜牧业天敌少，距离主要公路、海港近，有固定的销售市场，适宜大规模农场生产。南部的棉花带地处河流下游，地势低平，纬度低，热量充足，春夏降水多而秋季干燥，沙质土壤，适宜棉花生长。该地区集中了全国大约1/3的棉花农场，播种面积超过160万公顷，产量占全国的36%。此外，美国的西南部（包括以"阳光地带"著称的加利福尼亚州和亚利桑那州的河谷地区）生产的棉花也占全国产量的22%。畜牧和灌溉农业区为温带大陆性气候，受大陆气团控制，降水少，因而多发展绿洲、河谷农业。小麦和林牧业区为温带海洋性气候，冬暖夏凉，全年降水均匀，气候温和湿润，适合多汁牧草的生长，故多发展林业、畜牧业以及种植小麦。水果和灌溉农业区为地中海气候，全年降水较少，夏季炎热干燥，冬季温和多雨，适合葡萄、无花果、柑橘等水果生长，邻近城市，市场需求充足且交通便利。亚热带作物带纬度低，光照、热量充足，雨热同期，适宜各种热带、亚热带作物生长，临近墨西哥湾，市场广阔。

（二）美国农业风险概况

美国的地貌广阔，气候灾害众多，常见的有龙卷风、飓风、热带气旋、暴风雪、暴雨洪涝灾害、泥石流、森林山火等，都对美国农业造成威胁。除了常规的天气灾害以外，美国集约化的农业生产方式，导致美国小农生产方式消失，美国多数大农场需要承担更高的社会及环境风险。大农场机械化的大量使用，在提高农业生产效率的同时，也使得美国农业资源退化，环境被破坏。气候变暖及农药使用使得美国耕作土地土质下降，微生物、昆虫与农作物共生的生态系统遭到破坏，弱化了土壤本身的生态修复功能。大农场单一种植的模式使得生物多样性消失，进而可能引发潜在的食物安全问题。

美国是世界上最大的农产品出口国，由于经常性的农产品生产过剩，使得美国农业对国际市场的依赖性很大，美国出口农产品约占总产量的1/5，所以国际市场的农产品供求关系是美国农产品面临的主要市场风险，一旦国际农产品市场供过于求，或者国际贸易方面有利空消息，美国农业就可能会面临农产品过剩带来的农业危机。

二、美国农业风险管理体系

（一）美国农业风险管理体系的演变

美国农业风险管理体系的构建始于 20 世纪 30 年代。最初美国的农业风险管理体系主要由联邦农作物保险计划、农业商品计划和农业灾害救助计划组成。大萧条时期，罗斯福政府为应对经济危机，实行了对经济广泛干预、调节的"新政"。1933 年美国第一部《农业调整法案》正是罗斯福新政的重要组成部分，由此美国政府全面启动农产品生产、流通、出口和环保等各个环节的支持政策。《法案》授权农场服务局用政府津贴鼓励农民缩减耕地、销毁农产品、屠宰幼畜，以控制基本农产品产量，从而提高农产品价格和农民购买力。1938 年，美国政府制定了《联邦农作物保险法》，同年联邦农作物保险公司成立，并着手进行小麦生长期一切险的试运行。其后，随着国内外形势的变化和农业发展目标的调整，美国农业风险管理体系的政策目标、发展重点、管理手段、管理思路也在不断调整变化。

20 世纪 70 年代后期到 90 年代中期，美国农业风险管理体系进行了市场化改革。在联邦农业商品计划方面，一是降低农产品的目标价格，以降低补贴支出和国家粮食库存，增强农产品出口竞争力；二是采用市场化的方法实施销售援助贷款，如果市场价格低于目标价格，农民可直接在市场上出售农产品而获得贷款差额补贴，以解决国家农产品库存过多问题；三是直接补贴不再与当年的实际种植面积挂钩，而是按预先确定的农作物"基数"面积确定，它同农民当年的实际产量无关，由此农民也获得了更多的种植选择权。在联邦农作物保险计划方面，一是引入市场竞争机制，把原保险业务交由商业性保险公司经营，联邦农作物保险公司逐渐退出原保险市场，专门从事再保险等业务；二是扩大了农作物保险品种范围，通过保费补贴引导农民参保，进一步提升农作物保险在风险管理体系中的作用。特别是 1994 年的《联邦农作物保险法改革》把购买联邦农作物保险与享受政府的各种支持政策相挂钩，实现准强制性保险；通过提高保费补贴率鼓励农民购买保障程度更高的保险；实施"巨灾保险计划"。在农业灾害救助计划方面，缩减该计划覆盖范围和支持力度，国会要求对农作物保险计划和灾害救助计划进行整合。根据 1994 年的《联邦农作物保险法改革》，取消一般性灾害救助计划，建立非可保农作物灾害救助计划，为联邦农作物保险未覆盖的农作物提供灾害损失救助。

20 世纪 90 年代后期以来，随着国际市场的开放和多方利益博弈的加剧，美国将农业政策目标基调确定为稳定农民收入、增强农产品竞争力、减少价格支持，转而向农民提供直接收入补贴。《1996 年联邦农业促进与改革法》中，取消了实施 60 余年的农产品价格支持，并拟于 2002 年取消一切补贴（最终因世界农产品价格下跌，该计划被美国国会紧急叫停）；《改革法》规定：农户可自愿与政府一次性签订为期 7 年的弹性生产合同，用弹性种植面积补贴取代以往的差额补贴，农户可根据市场状况自主决定种植面积和品种；同时为了填补联邦政府取消农业价格和收入支持政策所带来的保障空白，联邦农作物保险计划开办了农作物收入保险，由此美国收入保险进入高速发展时期。在农业商品计划方面，2002年颁布的《联邦农场安全和农村发展法》将一些临时性的补贴永久化，建立反周期支付（CCP），在农产品市场价格低迷时提供收入补贴。直接补贴和反周期支付补贴覆盖对象包括小麦、玉米、大米、棉花和油料作物等基本农产品；销售援助贷款范围从花生、羊毛等扩大到非基本农产品。2008年，《食品、环境保护与能源法》启动了农民自愿参加的平均作物收益选择项目（ACRE），改革了反周期支付政策，用基于收入的反周期支付替代了基于价格的反周期支付。在农作物保险计划方面，2002年《农业风险保障法》大幅提高了保费补贴比例，农作物保险平均保费补贴比例达到60％，尤其是提高了高保障性保险的保费补贴比例，农民参保积极性大幅提高，联邦农作物保险的作用和在农业风险管理体系中的地位被进一步强化。农业灾害救助计划被定位为联邦农作物保险计划的补充，包括补充收入救助支付项目（SURE），牲畜补偿项目（LIP），牲畜饲料灾害救济项目（LFP），牲畜、蜜蜂和饲养鱼的紧急救助项目（ELAP）以及果树救助项目（TAP）等。至此，经过激烈博弈和不断调整，美国形成了以联邦农作物保险计划和农业商品计划为双核心、以灾害救助计划为补充的现代农业风险管理体系。

（二）美国农业风险管理体系的构成

美国农业风险管理体系以农作物保险计划、农业商品计划和农业灾害救助计划三大部分为主，紧急贷款（Emergency Loans）和自主决定救助项目（Discretionary Assistance）为辅，发挥了稳定农民收入、保障国内农产品供应和提升美国农业的竞争力的作用。下文着重介绍三大支柱计划。

1. 农作物保险计划（Federal Crop Insurance）

农作物保险计划由美国农业部下设的风险管理局（RMA）管理，由商业化保险公司实际运作，是当前美国联邦政府农业风险管理体系中最为核心的组成部分。农作物保险计划主要是为农产品因产量或收入出现的损失提供风险保障的政府补贴性项目。

农业生产者需要与商业化保险公司签订农业保险保单，由商业化保险公司负责收取和管理保费并提供保险理赔。风险管理局负责批准和支持农业保险产品、研究和批准农业保险费率、为农业生产者提供保费补贴、为商业化保险公司提供管理与运营费用补贴以及再保险。

农业生产者参加农业保险项目，一般需要承担一定的保费，再由联邦政府补贴一部分保费，根据所选择的风险保障程度决定保费比例。一般而言，风险保障程度越低，联邦政府提供的保费补贴比例越高；风险保障程度越高，联邦政府提供的保费补贴比例越低。平均来看，目前美国政府对农业保险的保费补贴占农业保险总保费的62％。联邦农作物保险计划可以同时提供农产品生产风险与价格风险的保障，是覆盖农产品种类最广的农业安全网项目。目前，覆盖的农产品种类已经超过130种。

（1）农作物保险项目。当农作物价格或者产量遭受损失时，农场主可根据其选择的农作物保险项目和覆盖水平获得补偿。该类保险项目包括单个农场水平农作物保险和县级水平农作物保险两类，农民可以自由选择两类项目之一。单个农场水平农作物保险包括收入保险和产量保险两种，保险赔付基于农场的实际和历史生产收入状况，最高保障水平是播种前价格的85%，保费补贴范围为38%～100%。县级水平农作物保险也包括收入保险和产量保险两种，保险赔付基于县级预期收入和产量，最高保障水平是预期播前价格的90%，保费补贴为44%～59%。

（2）补充保险选择项目（Supplemental Coverage Option，SCO）。该项目是面向已经购买联邦农作物保险项目的生产者的补充保险项目，属于县级水平农作物保险类型，当县级损失超过14%时即可启动。SCO是对联邦作物保险免赔部分的补偿，为农作物保险选择的保障水平与86%之间的部分提供保障。例如，生产者投保了70%的收入保险，那么SCO的最大保障幅度是16%。此外，补充保险选择项目的保障类型须与所购买的农作物保险项目相同，如农户购买的农作物保险项目是产量保险，那么SCO也将采取产量保险的形式；如农户购买的是收入保险，那么SCO也将以收入保险的形式实施。由于该保险是补充选择项目，参加农业风险保障项目（ARC）或者累计收入保险项目（STAR）保险的农户不能同时参加SCO保险，但参加价格损失补偿项目（PLC）或者既不参加PLC项目也不参加ARC项目的生产者可以购买。SCO在2015作物年度开始以县为单位开展，对于数据不足的县则在更大的区域内展开。

（3）累计收入保险项目。为适应WTO规则，2014年，美国农业法案中棉花在价格损失补偿项目（PLC）和农业风险保障项目（ARC）中被剔除，同时在农作物保险计划中新设累计收入保险项目（STAR），主要针对陆地棉生产者的市场风险提供保障。累计收入保险项目属于县级水平农作物收入保险，可以作为一个独立的保险项目直接参保，也可以在原有联邦农作物保险项目的基础上提供附加收入支持。当一个县范围内的棉花种植收入低于预期收入10%时即可启动，保险公司对农场进行赔付时，补偿的是原有作物保险免赔的部分，赔付的比例根据农场预期收入和保险所选择的保障水平大小而变化，是棉花预期收入的70%～90%，收入保障水平越高，保费越高，其中政府补贴保费比例为85%。

2. 农业商品计划（Farm Commodity Programs）

农业商品计划是由美国农业部下设的农场服务局（Farm Service Agency，FSA）进行管理和运作的，其基本特点是由政府设定最低的价格或收入保障，当市场价格或收入低于保障水平时，政府直接对生产者进行补贴，包括价格支持政策和收入支持政策两部分，目前支持的农产品种类要远低于农作物保险计划，总共约24种农产品。2014年，美国农业商品计划取消每年的直接补贴（DP）、反周期补贴（CCP）、平均收入选择项目（ACRE），保留补充了收入协助项目（SURE），建立了农业风险保障项目（ARC）、价格损失补偿项目（PLC）。经过调整，农业商品计划加强了对价格下跌风险的保障，提高了补贴的精准性，更好地利用了"非特定产品黄箱补贴"空间，有力地规避了WTO 规则的约束。

（1）价格损失补偿项目（PLC）。该项目是 2014 年新设立的补贴政策，从属于价格支持政策，是对反周期补贴项目的改进和调整。新的价格损失补贴项目将反周期补贴的目标价格更名为参考价格，同时参考价格水平普遍提高了 30%～50%，覆盖商品则剔除了棉花和花生。当持续 12 个月的国内市场价格平均值低于参考价格时即触发。生产者获得补贴率是按照参考价格超过有效价格的部分计算的，其中有效价格取市场价格和贷款率二者中价高者，生产者可获得补贴额度按照如下公式计算：补贴额＝补贴率×基础面积的 85%×补贴单产，其中基础面积和补贴单产在 4 年执行期内是固定不变的。

（2）农业风险保障项目（ARC）。农业风险保障项目是对平均作物收入选择（ACRE）项目的改进和修订，属于收入支持政策。在计算收入补贴时，其基准收入采用的是最近 5 年价格滑动平均值和产量滑动平均值（去除最高值和最低值）的乘积，且平均价格要高于价格损失补偿项目的参考价格。由于补贴基准调整幅度慢于当年收入波动幅度，农业风险保障项目可防范长期收入损失带来的风险。2014 年，农业风险保障项目提供两种收入保障方式：县级水平农业风险保障补贴方式和农场水平农业风险保障补贴方式。县级水平农业风险保障补贴方式是在当县级实际作物收入低于县级基准作物收入 86%时即可触发，具体商品补贴总额＝单位面积补贴额×具体商品基础面积的 85%，单位面积补贴额不得超过具体商品单位面积基准收入的 10%；农场水平农业风险保障补贴方式在参与项目的整个农场作物的平均实际收入低于平均收入基准时才能触发，整个农场补贴总额＝整个农场单位面积补贴额×整个农场基础面积的 65%。农场主可根据自身情况在两种收入保障方式中灵活选择其中之一，一旦做出选择，在执行期间便不能更改。农场主选择加入县级水平农业风险保障补贴方式时，可以选择单个商品加入该项目，此时农场的其他商品可以在价格损失补偿项目与农业风险保障项目间做选择；农场主选择加入农场水平农业风险保障补贴方式，则是整个农场加入该项目，此时整个农场都不能加入价格损失补偿项目。

（3）营销支持贷款项目（MAL）。营销支持贷款项目是指政府规定一个底价作为贷款率（Loan Rate，单位产品可获得的贷款金额），当市场价格低于贷款率时政府对贷款利率与市场价格的差额进行补贴。它属于农产品价格支持政策的一部分，覆盖范围与 2008 年相同，除棉花贷款率从 2008 年的 0.52 美元/磅调整为 0.45～0.52 美元/磅的区间外，其他商品贷款率（支持价格）并没有变化。营销支持贷款项目的贷款利率（实际为作物价格）远低于 PLC 的参考价格，按规定适用于 PLC 或 ARC 的农产品均适用于 MAL。此外，陆地棉、长绒棉、羊毛、马海毛和蜂蜜虽然不适用于 PLC 或 ARC，但适用于 MAL。特别需要提到的是，陆地棉通常适用于美国农业商品计划的其他项目，但由于巴西在向 WTO 诉美国关于棉花国内支持政策扰乱国际棉花市场价格的诉讼中胜诉，2014 年农业法案中，美国对陆地棉的支持政策进行了比较大的调整。新的法案中，陆地棉不再适用于 PLC 或 ARC；同时，美国针对陆地棉设计了一种特殊的保险项目——累积收入保障保险项目（STAX）。

此外，对于糖料作物和牛奶，美国还有特殊的农产品计划项目。针对糖料作物采取的措施包括进口配额（Import Quotas）、糖料销售辅助贷款项目和市场配额（Marketing Allotments）。对于牛奶，采取的措施包括毛利润保障项目（MPP）和奶制品捐赠项目（DPDP）。

3. 农业灾害救助计划（Agricultural Disaster Assistance）

美国联邦作物保险一直没有直接替代灾害救助计划，而是把灾害救助计划作为农业保险计划的补充（Supplemental Agricultural Disaster Assistance）。农业灾害救助计划由美国农业部农场服务局负责管理运作，来帮助农业生产者在遭遇自然灾害后，能够从经济上恢复生产能力。这些项目包括非保险作物灾害救助项目（NAP）、牲畜与果树灾害救助项目（Livestock and Fruit Tree Disaster Programs）、紧急灾害贷款（EM）等。

（1）非保险作物灾害救助项目。非保险作物灾害救助项目是在 1996 年的联邦农业改进与改革法案中获得国会永久授权的，对于没有纳入联邦农作物保险计划的农作物，农业生产者几乎都可以选择申请 NAP。NAP 要求生产者对每种申请的农作物每年支付 250 美元的申请费，此外不收取其他费用。要获得 NAP 的赔付，作物因自然灾害造成的产量损失应超过 50%。如果满足条件，生产者获取的赔付额为该作物年度市场平均价格的 55%×作物预期产量的 50%。因此，NAP 十分类似于联邦农业保险中对作物巨灾风险保障的规定。此外，每个生产者每年能够获得的 NAP 赔付上限为 12.5 万美元。如果该生产者调整的年度总收入超过 90 万美元，那么将无法获得 NAP 赔付。

（2）牲畜与果树灾害救助项目。牲畜与果树灾害救助项目主要包括如下四个项目：牲畜补偿项目（LIP），牲畜饲料灾害救济项目（LFP），牲畜、蜜蜂和饲养鱼的紧急救助项目（ELAP）、果树救助项目（TAP）。这四个项目首次出现在《2008 年农业法案》中，2012 年获得重复授权，《2014 年农业法案》将其永久授权。除了 ELAP，其他三个项目均通过农产品信贷公司获得没有明确上限规定的资金支持。ELAP 每年的补贴上限是 2000 万美元。对于以上四个项目，生产者无须支付任何费用。按规定，每个生产者每年获得 LIP、LFP 和 ELAP 补贴的总和不超过 12.5 万美元，获得 TAP 补贴的额度上限也为 12.5 万美元。同样的，要获得这些项目的补贴，生产者调整的年度总收入不得超过 90 万美元。

（3）其他灾害应急项目。与农业灾害救助项目是根据特定农产品的损失提供政府补贴不同，紧急灾害贷款项目（EM）是当出现了重大自然灾害后，由美国农业部部长宣布某个区域为受灾区域，那么处于受灾区域县的生产者，如果满足一定的要求，可以向农场服务局申请紧急灾害贷款。申请紧急灾害贷款不仅可以用于弥补因自然灾害导致的作物或牲畜死亡损失，也可以用于弥补因自然灾害导致的厂房、设施、农用机械等的损失。紧急灾害贷款为政府补贴的低息贷款，生产者需要在 1～7 年内（对不动产贷款可提高贷款年限）偿还本息。CBO 预期 2015—2025 年，政府大概需要每年为紧急灾害贷款支付 200 万美元。对于特别重大的自然灾害或特别严重的市场环境，美国农业部也可以自由决定对特定区域的农业生产者提供特别的财政支持。美国农业部自主决定的支持项目（DS）也属于美国农业安全网的一部分。根据美国 1935 年的农业法案规定，美国农业部每年可以动用相当于当年进口关税 30% 的资金用于支持农业部门（目前大约为每年 80 亿美元）。现在这笔资金的大部分直接用于美国农业部设置的儿童营养支持项目，剩下的部分可以被美国农业部自由决定使用。例如，1999 年，猪肉价格出现了历史性的走低，美国农业部对猪饲养者提供了直接补贴；2004 年和 2005 年，美国农业部为佛罗里达州因飓风灾害导致巨额亏损的水果、蔬菜与园艺作物生产者提供了补贴。

三、美国农业风险管理的启示

美国农业风险管理体系历史悠久，经历了不断的修改优化，最终形成一套以农业保险为主，以灾害救助为辅，以风险预警、干预、培训教育等风险管理方法为补充的相对完善健全的农业风险管理制度，这其中有许多值得借鉴的经验。

（一）建立以农业保险为主的农业风险管理体系

许多农业补贴政策属于 WTO "黄箱"政策，但是一定条件下的农业保险政策及补贴属于 WTO "绿箱"政策，充分利用这些政策支持农业发展是保证农业风险管理可持续发展的重要手段。同时，农业保险由于其有效分散风险的性质，可以帮助国家稳定财政预算和收支稳定。农业保险的存在为国家面对需要临时大额财政支出以应对灾害风险损失的情况提供了一笔补偿金来源。

（二）农业风险管理应发挥政府和市场两方面的作用

美国早期的农业风险管理以政府为主，20 世纪 80 年代后期开始向市场化转变，目前已形成政府和市场有机结合的综合性风险管理体系。农作物保险计划和农业商品计划是组成美国农业安全网中最主要的两个要素，在农作物保险计划中，私人保险公司负责保险产品的具体运营，政府通过提供保费补贴、再保险支持以及法律法规建设、费率条款修订、承保理赔指引规范等工作引领农业保险的发展方向，确保农业保险更好地发挥风险保障作用、实现政府目标；在农业商品计划中，政府的作用虽然发挥得更大一些，但近年来农业商品计划的市场化明显加大，如自《2014 年农业法案》以来，取消了政府直接运作的直接补贴 DP 计划和反周期支付计划，新设立的 PLC 和 ARC 计划更加市场化，用类似保险的方式来实现同样的目标。

（三）农业风险管理应具有层次性，统筹考虑生产风险和市场风险

美国农业风险管理体系的农业商品计划、农作物保险计划、农业灾害救助计划密切配合，引导农业生产者更加健康、绿色地从事农业生产。农业商品计划中通过营销

支持贷款项目以固定的贷款利率提供较低层次的价格支持,价格损失补贴项目(PLC)和农业风险保障项目(ARC)提供价格支持和收入保障是高层次的保障;农作物保险项目设立了经营农业的保底收入,补充保险选择项目对原有农作物保险项目免赔部分进行补贴;灾害救助计划作为农作物保险计划的有机补充,对自然灾害造成的较大损失进行赔付。同时,作为农业风险管理体系的基石,美国农作物保险计划已从最初仅为部分作物提供生产风险保障,发展到了为100多种作物同时提供生产风险和市场风险保障,收入保险已成为美国最主要的作物保险形式,市场占有率达85%以上。

(四)建立并不断完善农业风险补偿法律法规

制度实施,法律先行。农业风险管理中,不论是补偿机制,还是保险机制,都会涉及多个部门、多个主体,协调规范各个主体之间的权责是确保农业风险管理体系良性发展的重要前提。这就需要有完善的法律法规作为背书,同时细化标准、加强监管、依法管理,确保农业风险管理体系可以公平、高效、有序地运行。美国农业风险管理体系中,法治化特点极为突出,美国国会每5年通过一个综合性农业法案,更新、修订、延期、增加或取消先前通过的农业法案,确保农业法案能够适应不断变化的国内外环境,发挥其最大效用。完善的法治体系为美国农业风险管理体系的运转打下了良好的基础。

第二节　澳大利亚

一、澳大利亚农业及农业风险概况

(一)澳大利亚农业概况

澳大利亚位于太平洋西南部与印度洋之间,四面临海,是世界上唯一一个管辖整个洲及其外围岛屿的国家,国土面积位居世界第六位。澳大利亚农业生产的最大特点和主要优势就是人少地多。虽然适宜大面积种植农作物、牧草、密集灌溉农业以及园艺作物的土地面积仅占国土面积的6%,但相对于澳大利亚较少的人口来说,仍是一个很大的区域。澳大利亚农业生产的短板有两个:一是澳大利亚水资源十分贫乏,水资源总量少且降水分布不均匀,是世界上干旱少雨的地区之一;二是土壤中有机物含量少,土壤贫瘠,缺乏天然植物必需的营养供应,故澳大利亚47%的土地面积不能种植。

澳大利亚有三大农业区:畜牧区、小麦-绵羊区和高降雨区。畜牧区包括西澳大利亚、南澳大利亚大部分地区以及新南威尔士州西部、昆士兰州南部,其特点是降雨量少,土壤肥力不足,适合大面积的天然牧草生长;小麦-绵羊区从昆士兰州中部向南延伸，经过新南威尔士州坡地至维多利亚北部和南澳大利亚农业区，其特点是气候和地形适合常规种植的谷物生长，相比畜牧区更适合密集地放牧牛羊；高降雨区从昆士兰州北部海岸延伸至南澳洲的东南角，涵盖西澳洲的西南部和塔斯马尼亚，降水较充沛，更适合放牧和密集的作物生长，澳大利亚的乳制品行业主要都是位于沿海地区的高降雨量区。

澳大利亚的主要粮油作物有小麦、大麦、高粱、水稻、棉花、向日葵、油菜、花生等，重要经济作物包括甘蔗、蔬菜、马铃薯、柑橘、苹果、菠萝、香蕉、梨、澳洲坚果、欧洲板栗、长山核桃等，生产 120 多种热带及亚热带园艺产品。澳大利亚养殖业发达，畜牧产品的生产和出口在国民经济中占有重要位置，是世界上大型的羊毛和牛肉出口国，渔业资源丰富，捕鱼区面积是国土面积的 1.16 倍，是世界上第三大捕鱼区。澳大利亚农业生产以家庭经营的农场为主，少数是公共或大型家庭农场公司。虽然澳大利亚大中小型农场同时存在，但占农场总数 20% 的大规模农场却提供了澳大利亚年农产品产量的 80%，农场数量占比 80% 的中小型家庭农场只提供了 20% 的年农产品产量。澳大利亚农场以混合农业为主，谷物收益占到农场总收益的 50%～60%，畜牧养殖的收益占到总收益的 10%～20%，澳大利亚 60% 的羊毛产自这种混合农业农场。

（二）澳大利亚农业风险概况

澳大利亚最主要的生产风险来源于多种多样的气候因素，主要由于澳大利亚作物生长季的不稳定降水。澳大利亚降水量的年际变化很大，有连续多年洪涝或干旱的记录，其中干旱更为突出，发生频率和灾害严重性逐年加大。研究表明，从 20 世纪 60 年代至今，由于温室效应，澳大利亚西南地区的降雨量减少了 50%。异常酷热年份的频率和影响范围近几十年来一直在增长，且有持续增长的趋势。澳大利亚降雨分布也不均匀，时间上主要集中在冬春之间，夏季最大降雨量集中在热带北部的季风地区，冬季最大降雨量分布在温和的西南和东南地区。除了降雨量时空分布不均造成的产量风险以外，自然灾害（包括洪水和山火）、动植物疫病、雹灾霜灾也是导致产量风险的重要因素，雹灾霜灾可能会对谷物生产造成巨大的伤害，但是澳大利亚良好的保险市场对此已有所应对。

澳大利亚农业是典型的外向型农业。由于澳大利亚国内消费市场有限，而农产品种类多、产量高，国际市场成为澳洲农产品竞争的主要目标，因此，澳大利亚农业面临的最主要市场风险是农产品国际价格波动、货币汇率波动和市场准入风险等因素造成的农产品出口价格的波动。

二、澳大利亚农业风险管理体系

（一）澳大利亚农业风险管理体系变革

2008 年，澳大利亚农产品销售局（Marketing Boards）彻底取消。在此之前，农产品销售局采取统一管理、统一采购、统一销售的模式，为参与农户制订统一的农产品销售价格，并通过平准基金的方式来缓解农产品市场价格的波动，俗称"一篮子"价格计划。虽然该计划在一定程度上可以缓解农产品的市场风险，但是同时也限制了农民使用其他市场风险管理工具的自由。20世纪90年代到21世纪以来，除了澳大利亚小麦出口局以外，大多数的农产品销售局都随着市场的开放陆续撤销。澳大利亚小麦局（Australian Wheat Board）在1989年国内小麦市场解禁的情况下依旧保留了强制性"一篮子"价格计划；1999年，澳大利亚小麦局转为私有化，但依旧保留了在小麦出口市场的专有权。直到2008年，该计划才被澳大利亚小麦出口局（Wheat Exports Australia）的小麦认证方案（Wheat Accreditation Scheme）所取代。该方案要求小麦出口商得到澳大利亚小麦出口局的官方认证。

（二）澳大利亚当前农业风险管理体系

澳大利亚的风险管理系统采用农户自主风险管理为主、政府供给补贴为辅的模式。对于发生频次高、损失程度小的常规风险，大都由农户通过多种手段进行风险的防范、转移和应对；对于发生频次低、损失程度大的大灾风险，以政府政策支持和援助为主进行管理；对于发生频次中等、损失程度中等的风险则大多通过市场化工具进行风险转移和分摊。政府项目大多是通过培训和税收优惠帮助农民应对干旱和气候变化，维持农民的现金流，并对科研活动和技术开发提供支持。表6-1从三个主体层面列举了澳大利亚主要的农业风险管理方式。

表 6-1　澳大利亚主要的农业风险管理方式

	农户层面	市场层面	政府层面
风险防范	采用节水耕作技术		水权交易
	灌溉		边境安全措施
	参加培训		培训计划
风险转移	金融管理	期货期权市场价格对冲	农场管理存款计划
	作物/牲畜多样化	汇率对冲	动植物疫情紧急响应措施
	库存管理		紧急情况利率补贴（ECIRS）
	非农收入和投资		
风险应对	缩减其他支出降低成本		紧急情况救济金（ECRP）
			大灾援助和恢复计划

资料来源：Kimura S, J Antón. Risk Management in Agriculture in Australia. OECD Food, Agriculture and Fisheries Papers. Paris: OECD Publishing。

1. 农户的自我风险控制策略

澳大利亚农户通过多种方式来管理自己面临的风险，他们会订阅天气预报，根据降水预报做出相应的防范措施。灾害发生后，节约农场的维护和经营费用是运用最广泛的应对策略。同时，减少个人消费和增加现金储蓄之类的金融管理策略也很受欢迎。

调查显示，持有高比例流动资产的股票和储备，多样化收入来源都可以确保干旱风险发生时拥有充足的应对资金。农户对于干旱灾害还有一些特有的应对机制，如种植户会提前计划并种植不同种类的作物，养殖户会利用牲畜和饲料的库存管理来加以应对。对于绝大多数牧业养殖者，储存盈余饲料以应对饲料短缺是基本的饲料库存管理手段。

大田农户的风险应对策略主要是建立混合的种植农场系统。首先是放牧牲畜与种植农作物交替进行的生产模式，在特定的年份中弃耕某些耕地，转而进行放牧。其次，农民还会进行多样化的连作，为了隔离病害作物，每年都会进行谷物、含油种子和豆科植物的混合种植。

棉花种植农户为应对其面临的主要风险——灌溉用水量的不确定性，经常采用与其他耐旱作物一起多样化种植的方式来缓解水资源风险。同时由于其棉花产品面向世界市场和出口市场，汇率和国际价格波动也是其面临的另一大风险，植棉农户通常利用期货期权等价格风险管理工具来规避市场价格风险。

澳大利亚牧羊区域主要集中在高降雨量地带，很少有其他农业活动，所以无法进行多元化的农场管理。羊毛产品主要面向国际市场，价格风险也很大，但由于近年来，普通羊毛的价格持续下滑、羊毛期货市场冷清，故农民也很难利用金融衍生工具来进行风险规避。牧羊农户的风险规避策略主要是通过载畜率的控制和农场外投资实现的。

2. 政府支持政策

（1）税收政策

澳大利亚农业部认为，保留一定程度的现金储备是应对风险的重要措施，所以澳洲政府提供了针对现金储备的税收优惠政策。农场管理准备金（Farm Management Deposits）计划允许农户免税存放最高 400000 澳元的现金，存够 12 个月后可提取，特殊地区农户也可以在保留税收优惠的情况下提前取用现金储备存款。农场管理存款延迟和节约了农民的税务，为他们创造了一个相对平等的环境，不受剧烈波动的收入影响。但是该计划不对公司机构和信托开放。

除了农场管理存款计划外，农户还可以利用平均税收计划来削减税收压力。该计划允许农户按照当年应纳税收入与前 4 年纳税收入的平均值来计算当年应纳税额，当农户当年的纳税收入高于前 4 年平均值时，可以少缴纳税金；但是，如果当年的纳税收入低于前 4 年平均值，则要强制缴纳更多税款。这项计划也起到了平滑收入的作用，有效避免了高收入年份产生的高赋税。

（2）水资源市场的发展

对于不规律的降雨量和频繁的干旱风险管理是澳大利亚农业风险管理的重中之重。为了更好地管理水资源，减少水资源浪费，政府启动了全国用水计划（National Water Initiative）。该计划建立了一个水资源水厂，对用水权注册、用水量记账进行了规范，并拓展了水资源交易。水资源市场对农户、公众开放，大家通过买卖交易获取水资源，使得他们更加珍惜、更加谨慎地合理利用水资源。

水资源市场的建立对生产者应对干旱风险有许多好处。一方面，农户会更加有效地利用水资源，如在雨季低价购买更多的水资源使用量来扩大自己的农场经营，而在旱季可高价出售用水权并减少农场的经营活动。另一方面，卖掉永久水资源使用权可以有效缓解干旱对农场收入带来的负面影响。通常，水资源的资产价值与可用水总量呈负相关关系。

（3）培训项目

为了帮助农户更好地应对和管理各种风险，政府出资设立了一些培训项目来帮助农户进行风险管理课程的学习。这些培训项目会报销个体农户经营者学习指定课程的费用，也支持产业公司和社区团体学习风险管理策略和气候变化应对课程，主要目的是让农民具备风险管理的知识和技能，通过农场运营和资产评估来制订应对气候变化和各种农业风险的行动方案。同时，政府还支持开办了农村金融咨询服务（Rural Financial Counselling Service），为农业生产者提供私人的农村金融建议，帮助其稳定农业经营现金流。

（4）研发计划

气候变化研究（Climate Change Research Program）资助了多领域合作研究项目。主要方向有减少温室效应、改善土壤肥力和增强气候变化适应性的研究。该项目还向企业和农户提出实际性的指导意见和解决方案。农户也可通过商品特殊征收费用资助研发计划的进行。

（5）巨灾风险管理政策

在澳大利亚，应对天气相关大灾的政策主要有两项：国家灾难救灾和修补安排（National Disaster Relief and Recovery Arrangement）和国家干旱政策（National Drought Policy）。前者为社区和个体提供除干旱灾害以外的特别的事后灾害援助，主要涵盖了山火、地震、洪涝、风暴、风暴潮、飓风、滑坡、海啸、陨击和龙卷风等大灾。后者主要为了应对各种干旱灾害管理，当政府公布了特殊情况（Exceptional Circumstance）之后，政策资金就被激活启用。特殊情况的判定主要是政府通过一系列标准来鉴定是否出现了极端且非常严重的灾害事件。除此之外，还有生物安全伙伴关系管理条例提供的公私伙伴关系管理和分担参与者之间动植物疾病暴发的风险。

3. 市场风险管理工具

（1）作物保险

在澳大利亚，很多农民都会购买农作物保险、畜牧业保险、家庭/农场财产和第三方责任险。雹灾保险是澳大利亚作物种植农户的标准配置。此外，购买火灾保险以规避因灾造成的农场财产、动物损失在农户中也很普遍。每年，澳大利亚承保雹灾、火灾和霜冻灾害的作物保险保额范围为70亿～100亿澳元，保费收入2亿澳元。澳大利亚农业保险市场主要由六七家保险公司占据，直保公司会以再保险的形式将大约85%的承保风险转移到再保险市场。尽管在过去的几十年中，澳大利亚一直致力于MPCI（多灾因保险）的研究和推行，但是受替代品影响，保险需求低，推行效果并不好。

（2）期货期权合约

澳大利亚各种商品销售局都会利用期货期权市场来管理市场价格风险，如澳大利亚小麦局通过广泛运用期货期权合约来控制价格风险和汇率风险。目前澳洲市场上主要的期货产品有棉花、谷物、糖、羊毛等。棉花种植户大都利用期货合约来管理价格风险，不足5％的绵羊养殖户参加羊毛期货，大约20％的小麦生产商利用期货、期权、掉期等工具对冲价格风险。

三、澳大利亚农业风险管理的启示

（一）良好的管理机制是风险管理体系成功的关键

澳大利亚为应对动植物疾病风险制订了应急反应计划，该计划中的费用分摊办法就是一种有效的管理机制。通过利益相关者之间签订可信的合约，明确政府、行业组织和农民的职责，有利于鼓励相关主体披露真实信息，有效消除信息不对称问题；科学划分风险管理分摊费用，平衡利益相关者的权责，确保他们不会在其中牟取私人利益，这也是澳大利亚成功应对农业风险的制胜法宝。

（二）大灾风险管理的目标应与农户的需求一致

一项政策的成功与否，关键取决于其是否适用。农民和农业企业的实际需求是风险管理政策制定者应考虑的主要因素。澳大利亚的农业风险管理政策较好地结合了上述二者的需求，国家干旱政策（NDP）等国家制定的大灾风险管理政策的目标不是减少农业生产者遭受某种灾害风险的损失，而是稳定其现金收入，这与农民的需求相契合，因此具有高度的适用性，值得我国学习借鉴。

（三）将农业支持政策与社会福利保障结合起来

在许多国家，农民通常会因农场资产的价格较高而不能享受到社会福利的待遇。澳大利亚将农业收入支持与一般社会福利制度联系起来，并制定专门规章制度的做法非常好，具有明显的优势，有助于确保农业和非农部门间的公平，同时能够助力社会发展必需的结构性改革。澳大利亚的做法为将农民纳入一般性社会福利保障体系之中提供了很好的借鉴。

（四）将税收政策与农业支持相结合

澳大利亚的农场管理准备金计划，允许农户将收入中的一部分存入银行，并不计入纳税收入，这种做法有利于鼓励农户增加储蓄、提高其抗风险能力。这种将税收政策和农业支持相结合的做法提供了一个管理常规性风险的很好案例，而且这种做法也不会对其他风险管理策略造成挤出，值得借鉴。

第三节　西班牙

一、西班牙农业及农业风险概况

（一）西班牙农业概况

西班牙位于欧洲西南部的伊比利亚半岛，多高原，多山，总面积约为 51 万平方公里，可用农业占地面积约为国土面积的 13.8％。农、林、渔业产值约占国内生产总值的 2.5％，农业就业人口约为 204.9 万，占总人口的 4.4％。西班牙气候多样，中部高原属大陆性气候，日常和季节性温差大，降雨量少且不规律；北部和西北部沿海属海洋性温带气候，冬暖夏凉，全年降雨量大；南部和东南部属地中海型亚热带气候，春秋季多雨。

西班牙土地类型多样，有沙漠、森林、高山、草地，其中可耕地面积大，拥有约 350 万公顷的灌溉面积，占全部可耕地的 15％，是欧盟拥有灌溉用地最多的国家。西班牙气候温暖，阳光充足，农业发达，是世界第八大出口国，也是世界上最大的橄榄油出口国，全球第二大葡萄酒出口国。西班牙的果蔬产量很大，被誉为"欧洲菜园"，是仅次于中国和美国的世界第三大果蔬出口国；同时，西班牙的猪肉、羊肉产量也很大，居欧盟第二位，猪肉出口居世界第四。

（二）西班牙农业风险概况

西班牙多样化的气候条件导致了西班牙多样的气候风险，不规律的降雨是西班牙农业面临的主要生产风险，降水量年度波动大（平均每 5 年就有 1 年的降雨波动率超过 20％），月度降雨波动率更大。此外，雹灾、霜冻、动物疫病分别是谷类生产者、水果种植者、养殖户面临的最大生产风险。

西班牙农业的市场风险主要来源于欧盟政策的变动和调整。西班牙于 1986 年加入了欧盟，在欧盟共同农业政策（Common Agricultural Policy，CAP）价格支持政策的保护下，国内农产品市场价格的波动程度很小。但是，近年来共同农业政策开始向市场化方向调整，共同农业政策对市场的严重干预和保护有所削减，如谷物的干预价格下降了 30％，牛肉和黄油的干预价格也分别下降了 20％和 15％，奶制品的干预价格下降了 15％，水稻的干预价格下降了 50％。欧盟共同农业政策的价格机制和干预价格是避免或缓冲欧盟各国农民遭受农产品价格风险冲击的最重要政策，并与西班牙农户如何做出风险管理策略高度相关，因此，随着共同农业政策的改革，西班牙农民，尤其是谷物、蔬菜和柑橘种植者面临的市场风险加大。

二、西班牙农业风险管理体系

同澳大利亚一样，按照 OECD 提供的农业风险管理分析框架，我们也根据承担主体和风险管理方式（防范、应对和转移）的不同对西班牙的农业风险管理体系进行划分。表 6-2 给出了西班牙几项主要的农业风险管理工具。需要说明的是，虽然西班牙农业风险管理体系中也包括了农户的自我管理策略和政府提供的相关支持政策，但是农业保险才是西班牙最重要的管理工具，且由于政府的监管和补贴，西班牙农业保险采取的是公私合营的混合制度模式。

表 6-2　西班牙农业风险管理重要举措

	农户层面	市场层面	政府层面
风险防范	生产实践		疾病预防
	灌溉		CAP 价格支持
风险转移	多样化生产	合作社销售	对接触性传染病进行控制和补偿
	非农收入和投资	猪肉和肉鸡产业纵向合并	
		农业保险	
风险应对	家庭援助		灾难援助
			CAP 一次性支付计划

资料来源：Antón J, S Kimura. Risk Management in Agriculture in Spain. OECD Food, Agriculture and Fisheries[M]. Paris: OECD Publishing, 2011 (43)。

（一）农户的自我风险管理策略

在西班牙，农户自发采取的分散风险策略主要有两种：生产和收入的多样化、借贷和储蓄。西班牙大多数农户都采用多样化生产的经营模式，很少有专业种植某一种作物的农场，且近年来非农收入逐渐成为西班牙农户的重要收入来源。2007 年，农场中 65％的劳动力是农场主本人及其家人，但近几年这一比例不断下降。目前，很多家庭农场往往只有农场主还参加农场的劳动，其余都靠雇工参与生产。

除了生产和收入的多样化之外，借贷也是西班牙农户分散风险的一种常用手段。在西班牙，农民很容易从信贷市场和农村银行获得贷款，大多数情况下贷款资金用于维持农场运营所需的资本投入，也有一些情况下贷款是为了购买农业机械或土地。

（二）政府的农业风险管理政策

西班牙政府的农业风险管理政策并不仅仅包括政府直接管理或应对农业风险的政策，同时也包括政府出台的帮助农民管理农业风险的政策措施，主要包括社会保障、税收系统、欧盟共同农业政策、大灾风险管理等方面。

1. 社会保障

西班牙政府专门为农户提供了一个强制性的社保系统。历史上，农户在该社保系统的储蓄并不足以支持养老保险及其他费用的支出，所以该社保系统不得不依靠一般社会保险系统的转移支付。近年来，随着越来越多的务农人员退休，从事农业生产活动的人员数量急剧下滑，该社保系统赤字规模都在每年 2 亿欧元左右。

2. 税收系统

当农户的农场年收入不超过 30 万欧元时，农户可以选择利用客观估计法（Objective Estimate Method）来计算和缴纳个人所得税。该方法是正式计税方法（基于每种商品的净收益）的一种简化，它允许农民将每种商品的销售额和政府补贴总额的一定比例作为应纳税收入。这一比例为 13%～56%，随商品类型的不同而不同，平均为 28%。

然而，西班牙这套简化计税方法并没有平衡农场收入的有关条款，计算应纳税收入的比例并不会在农场收入较低的"坏年份"有所调整，因此该办法并不能在年度间平衡西班牙农场主的收入水平，这一点使其广受批评，但由于简便，这种简化计税方法的应用范围越来越大，目前西班牙大部分农民（超过 100 万）都已采用该方法计税。

3. 欧盟共同农业政策（Common Agricultural Policy, CAP）

共同农业政策是欧盟最重要的农业支持保护政策，也是西班牙政府支持和保护本国农业的最重要工具。自 1962 年实施以来，CAP 政策为促进欧盟农业的发展起到了极为重要的作用。共同农业政策对西班牙农民的保护主要来自两个方面：市场价格支持政策和 CAP 补贴计划。

市场价格支持（Market Price Support, MPS）就是由 CAP 政策中目标价格、干预价格和门槛价格构成的价格机制，包含边境管制措施，如进口关税和出口补贴，以及国内控制措施，如生产限额、价格管理、收储干预和私人库存援助等。当然，这一政策是在全欧盟范围内实施的，而不是在一国范围内进行的。除了市场价格支持政策外，欧盟共同农业政策还有许多其他计划项目来推动农业风险管理。自 2006 年实施单一赔付计划以来，欧盟对农场的支持已经和农场种植结构"脱钩"，现在的支持更多锚定在农场收入上。虽然 CAP 政策对农场收入支持的力度随不同的作物类别有所差异，但无疑增加了农场的风险抵御能力。

延伸阅读：欧盟 CAP 政策的价格机制

价格机制是 CAP 政策运行机制的核心，由三部分组成：目标价格、干预价格和门槛价格。目标价格是价格机制的核心，是根据一种农产品在共同体内部最供不应求的地区所形成的市场价格而确定的，是农民有望在公开市场上得到的价格。干预价格又称为保护价格或保证价格，是低于目标价格的共同体农产品的最低保证价格。一旦共同体内的市场价格降到目标价格以下某一点时，共同体就以干预价格收购农产品，以维持市场价格的稳定。门槛价格是针对欧共体之外的国家设立的，是第三国农产品进入欧共体的最低进口价。门槛价格的目的在于保证欧共体进口农产品的价格能与欧共体的目标价格一致。

4. 巨灾风险管理

在西班牙，政府对超过市场（主要是保险体系）风险管理能力的大灾风险提供灾害救助措施。西班牙保险体系不仅承保传统的可保风险，同时也对一些发生频率小但损失程度大的巨灾事件进行保障，这样就降低了政府大灾风险管理的需求。西班牙巨灾风险管理措施都是由西班牙政府和地方政府执行的，但受欧盟法律法规（如欧盟运行条约第 107 条和 108 条）的管理和制约。

西班牙现有的灾后巨灾风险援助措施包括：①由中央政府和国家农业保险局（ENESA）提供的灾后直接补偿计划；②由中央政府提供的贷款利息优惠、担保优惠和特别财政措施；③由地方自治政府提供的灾后援助计划，包括由地方或中央政府给予的直接补偿或利息优惠措施。除此之外，西班牙还有两项与巨灾风险管理相关的重要政策：应对水资源短缺和干旱风险的灌溉政策，以及应对动物传染病风险的传染性动物疾病管理政策。

（三）市场化风险管理政策

1. 农业保险体系

同欧盟其他国家相比，西班牙农业保险是比较成熟的，不仅险种齐全，而且管理机制完善，政府支持有力。1978 年以前，西班牙农业保险完全由私人公司经营，农业保险经营效果不理想。1978 年西班牙颁布了《农业保险法》之后，"政府＋商业保险公司"的模式得以确立，农业保险得到了长足发展。目前，西班牙农业保险险种超过90 个，覆盖了西班牙绝大部分农作物、畜牧品种、林业和渔业等，已成为西班牙最重要的市场化农业风险管理工具。

西班牙农业保险体系构成主体完备，主要由保险与养老基金监管总局、国家农业保险局、保险赔偿集团、农业保险有限公司等四部分主体组成。保险与养老基金监管总局是农业保险的监管机构，主要对商业保险公司的农业保险业务进行业务和财务监管，会同农业部制订年度保险计划，并提供技术支持，如制订条款费率、保费补贴比例等。国家农业保险局负责提出年度出台新险种的建议，代表政府将对农户的保费补贴直接支付给保险公司，负责农业保险的宣传和推广等。保险赔偿集团主要应对商业保险机构不能承担的巨灾损失，如洪水、恐怖袭击等；代表政府作为商业保险公司农业保险业务的最终再保人，清算偿付能力不足的保险公司等。农业保险有限公司是由西班牙境内经营农险的保险公司组成的农业保险共保体，是具体经营机构，代表行业管理农业保险市场，包括农业保险产品的开发，业务的运营、定损及理赔等。

2. 期货市场

期货合约是标准化的远期合约或者交货时的价格协议。这些合约在数量、质量、交货时间和地点方面都是标准化的，并在特定的期货市场上交易。1995 年，巴伦西亚建立了期货和期权市场，并制订了各种新鲜橙品种的期货合约，但是它只存在了几年就因吸引不到足够的参与者导致资金不足而关闭。现在西班牙只有一个交易所——橄榄油期货市场（Olive Oil Futures Market）进行期货合约交易。交易市场成立于2004年，自成立以来，以加工企业参与为主，业务量不断增加，参与程度不断提高。

3. 订单农业

与波兰、德国、匈牙利和荷兰的农民相比，西班牙农民在订单农业的使用上相对落后，但在产业化经营方面却名列前茅。在西班牙，43.5%的农民依靠个人途径销售其收获的农产品，53%的农户通过合作社销售，仅有3.5%的农户利用订单的方式销售农产品。西班牙许多行业都制订了由政府和行业认可的"标准合同"，这些合同的主要目的是增加市场的透明度，而不是在农民和买家之间建立长期的商业关系。农业部门的订单和标准合同虽然可以帮助农户有效地销售农产品，但对风险管理方面的作用有限。在西班牙，水果和蔬菜生产者、批发商和分销商之间签订了数量众多的具有合约性质的农产品购销协议，烟草、橄榄油、奶制品和绵羊等行业也有类似合约，而在猪肉和肉鸡行业，通过产业化和纵向整合建立起来的长期商业关系非常普遍。

三、西班牙农业风险管理体系的启示

西班牙农业风险管理体系中，农业保险处于绝对核心的地位。而西班牙农业保险在世界范围内也是比较成熟、成功的，其险种丰富齐全，管理机制完善，政府支持有力，各级保险公司良性运转，健康发展。本节主要介绍西班牙农业保险的启示。

（一）农业保险公司层级分明，理赔得当

西班牙农业保险三个层级的保险公司由经济与财政部保险司统筹管理，各司其职，使得农业保险的赔付更为合理高效。西班牙农业灾害发生后，首先由专人勘察定损，然后交由私人保险公司处理赔付，如果农户对于私人保险公司的理赔结果不满意，可以就保险总公司的投诉处理结果申请仲裁，如果对保险总公司的仲裁结果依旧不满意，则可再请评估师进行第二次、第三次评估，如果依旧有异议则交由司法程序处理。

西班牙保险理赔的流程和仲裁制度通过专业人士层层处理，大大简化了因理赔不合理而引发司法程序的复杂手续，同时也最大限度地保障了投保农户的权益和诉讼权利，使得保险理赔更为规范合理。

（二）农业保险种类繁多、标准细化

西班牙农业保险的种类丰富，且不同品种、不同投保标的、不同投保主体的保险也有所差异。例如，全职农民的补贴标准比兼业农民高5%～14%；橄榄自然灾害保险费率为18%，而橄榄收入保险费率则高达28%；稀有珍贵作物保险补贴高于普通作物等。细化保险标准的好处在于可以最大限度地满足农户对于各种作物的保险需求。

同时准强制性的参保特征要求（不参加农业保险的农户将不能得到政府方面给予的救灾援助）也在某种程度上避免了农户对农业保险的逆向选择并保证了参保率，这对于农业保险行业的健康发展起到了促进作用。

（三）保险政策透明，鼓励外资保险公司入驻

西班牙允许欧盟成员国随时在境内成立新的农业保险公司并开展农业保险业务。在监管部门的严格把关下，透明的保险政策和积极的引入手段都会引导保险行业发展良性循环，健康发展。开放的保险市场使得保险公司之间的竞争更加激烈，也更有动力提供优质的保险服务。

第四节　日本

一、日本农业及农业风险概况

（一）日本农业概况

日本是个岛国，由北海道、本州、四国、九州 4 个大岛和 3900 多个小岛组成，是世界人口密度最大的国家之一，属典型的人多地少国家。日本是一个土地资源较为匮乏的国家，山地和丘陵约占国土总面积的 80％，适合农业生产使用的土地仅占国土面积的 30％。平原，特别是沿海平原往往狭小而分散。不仅如此，日本土壤还较为贫瘠，主要为黑土（火山灰）、泥炭土以及泛碱土，大部分冲积土已开垦为水田，形成特殊的水田土壤。根据地理位置、气候、土壤条件和生产特点，日本可划分为北海道、东北、北陆、关东和东山、东海、近畿、中国地方、四国、九州 9 个农业区。

自从工业化完成之后，日本农业在国民经济中的占比就比较小，农业生产总值仅占国内生产总值的 1％，除了大米以外几乎所有农产品都依靠进口。不仅如此，日本农业发展还面临着农业人口逐年减少，劳动力老龄化的严峻挑战。根据日本农林水产省数据，2016 年日本的农业人口首次跌破 200 万人，与 1990 年相比减少了 60％，而今后支撑农业生产的人口还将进一步减少。造成农业人口锐减的主要原因是人口老龄化，日本农业人口平均年龄已高达 67 岁，随着年龄的增长，许多农户不得不放弃务农。此外，艰苦的劳动环境、没有固定休息日，加之收入不稳定令日本年轻人对农业生产敬而远之。与此同时，耕地面积不断缩小也限制了日本农业的发展。2015 年，日本全国耕地面积为 449.6 万公顷，同比减少 0.5％。

日本农业资源相对有限，土地经营规模零散，人均耕地面积低于世界平均水平，且农业生产以家庭经营为主。不过，日本农业组织化程度较高，主要依靠的是庞大的

农业协同组织，简称农协。农协为农民提供农资服务、生产信息、技术指导、销售对接等从产到销一系列综合服务，也提供日常生活资料、存贷款等信用服务和共济互助、医疗保健等生活服务。日本农协的组织体系分为基层农协（一般是以市、町、村等行政区域为单位组织起来的）、县级农协（都、道、府一级，以基层农协为团体会员）和中央农协（以县级农协为团体会员）三级系统。各级组织彼此关系密切，各项事业均可通过对应机构上传下达，统一行动。

（二）日本农业风险概况

日本是以险峻的地形和脆弱的地质构成的列岛，台风或梅雨等带来的风灾、水灾、沙尘暴等对农业生产构成巨大威胁。日本地处世界最活跃的环太平洋地震带上，是地震灾害高发、频发的国家。据统计，日本每年发生地震多达 1500 次以上，其中震级在 3 级以上的每天就有 4 次，而日本虽然国土面积只占全世界的 0.25%，但其 6 级及 6 级以上地震发生的次数却占全世界发生总数的 20.8%。不过，日本在防灾减灾方面做了巨大努力，防灾体系处于世界领先水平，因而尽管自然灾害较为严重，但灾害损失却能够得到最大程度的控制。

日本农产品自给率相对较低，对外依存度比较高，农产品市场不仅受本国供需影响，还受到国际市场影响，因而农产品市场风险管控难度较大。近 20 年来，日本除稻米自给有余外（1993 年例外），其他作物的种植面积和总产量逐年减少，自给率下降，进口增加。现在，日本的食物热量自给率只有 46%，食用农产品综合自给率 65%，主食谷物自给率 66%，饲料自给率 26%。随着国际农产品市场不稳定加剧，农产品市场风险及其管控也成为近年来日本农业风险管理的重点。

二、日本农业风险管理体系

农业资源有限、气候环境多变、自然灾害频发、市场风险加大，使得日本农业的弱质性更加突显。同时，日本耕地细碎化程度较高，农业生产规模偏小，这也加大了风险管理的难度。如何尽量降低各类风险的危害，帮助农民灾后恢复生产，保障农业生产稳定，一直是日本政府及相关部门关注的重要课题。为此，日本政府主要从风险管理组织体系、产业支持体系、法律保障体系、价格管理、市场干预、收入支持政策等方面着手，建立了适应本国国情、农情的农业风险管理体系。

（一）农业保险制度

1. 组织体系

日本是世界早期开展农业保险的重要国家之一，早在幕府时期就有了农业保险的萌芽。农业保险制度是日本农业风险管理的基本手段，也是风险管理体系的重要组成部分。日本农业保险制度最大的特色，是结合本国国情，形成了政府支持下的农业互助保险模式，形成了从村到县再到国家的三层次农业保险组织体系（图 6-1）。

最基层的是村级(市、町、村)农业保险共济合作组织(the Agricultural Mutual Relief Associations)，它是非营利性的互助组织，直接承办农业保险的原保险业务，负责农户保费收取、受灾农户保险赔付等直接相关业务。早期采用一村一社的模式，但后来为提高运行效率进行了合并，目前每个合作社基本覆盖 6 个村级组织。在共济合作组织覆盖范围内的所有农民，只要可保农作物种植面积超过法定最低限（0.3 公顷），就自动成为该组织会员。目前，日本类似的共济组合已经超过了 2000 个。

在基层合作社之上的县级（都、道、府、县）成立农业保险共济组合联合会（the Federations Mutual Relief Associations），承担共济组合的再保险，并为辖区内的农业共济组合提供防灾防损指导。联合会为共济组合提供的再保险服务采取成数再保险模式，每个农业供给组合将保险金额的一定比例自留，其余部分及其相应的保险责任分给联合会。共济组合和联合会的法定分保比例起初是 10% 和 90%，1963 年后法律规定共济组合的自留责任增加到农作物损失中正常损失的 50%～80%，分保比例则下降到 20%～50%，由此也增加了共济组合的保费留用额，提高其经营的灵活性。

最上层的国家农业保险机关是设在农林水产省的农业共济再保险特别会计处（the Federations Relief Reinsurance Special Account），它为县级共济组合联合会提供再保险，在全国范围内分散风险。特别会计处对联合会的再保险服务采取超额赔再保险模式，当联合会所承担的保险标的损失超过"一般灾年损失水平"，由再保险特别会计处对"异常损失"给予补偿。此外，为了解决补充、保障保险合作组织资金，日本还成立了农业共济基金，可为共济组合联合会提供贷款服务。

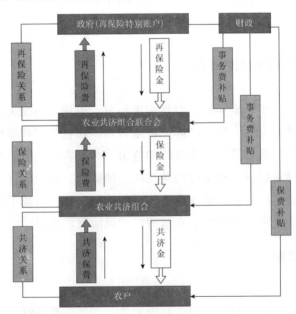

图 6-1 日本农业保险组织体系

资料来源：穆月英. 日本农业收入保险[J]. 中国农险论坛（第四期）。

2. 产品体系

日本目前开展的农业保险业务，主要有农作物（如水稻、麦类以及旱稻等）、家畜（主要是指牛、马以及猪等）、果树（主要是蜜橘、苹果、葡萄等）、旱田作物（马铃薯、大豆、小豆等）、园艺设施（特定园艺设施、附属设施、设施内的农作物等）以及任意保险（建筑物、农机具以及其他上述以外的农作物）六大类。

对于不同的险种，日本采取分类施策的办法，主要可分成法定强制、农户自愿两大类，并给予差异化的财政补贴。首先，对关系国计民生的重点农产品，如水稻、大麦、小麦等，实行强制性投保。不过，法律对强制投保规定还设置了面积的下限，只有农民种植农作物面积超过 0.3 公顷时（1957 年前是 0.1 公顷），才必须购买保险。如此一来，许多种植面积较小的兼业农民可以自主选择是否参加种植业保险。其次，根据农业产业和农户需求变化调整农业保险产品体系，针对水果、精细园艺作物、园艺设施等作物开设保险。与强制投保的产品不同，此类农业保险产品完全凭农民自愿参与，同时政府也给予适当的保费补贴。最后，日本还根据农业生产情况的变化、受灾数据的累积、农户需求的变化等不断调整保险品种和保险补偿标准。

3. 法律体系

从 1929 年起，日本便着手为防范、规避农业灾害构建相应的法律体系，并在此后不断完善。作为日本农业保险法的代表，1947 年颁布的《农业灾害补偿法》被认为是全球农业保险行业的"试金石"。该法对农险参与主体、政府职责、险种等均做出详细的规定。例如，在政府责任方面，法律明确政府不直接参与农险的经营，政府责任包括提供一定比例的保费和经营费用补贴，建立再保险组合农业保险体系，以及为农险运行提供有效的制度监督。再如，法律对保险费、事业费的主要来源、走向予以控制，实现专款专用。保险费，通常只用作保险、再保险以及投资用途，投资部分风险基金或者直接向农户返还，为其提供防范灾害的公共服务。农业保险运营的相关费用，则被列为专门的事业费用，严禁将保费及其投资增值用于保险运营。事业费用，一般包括财政补贴、会员手续费以及商业险盈余等。此外，该法律还确立了互助合作为基础的农业保险制度模式，并通过实践发挥了其独特的制度优势。

（二）价格支持制度

日本农产品自给率较低，但政府对农产品价格管理比较严格，其政策目标是确保农民利益，维持消费者物价稳定。经过长期发展，日本形成了种类繁多的价格支持和调控政策，包括价格直接管理、市场干预、市场价格事后修正等价格调控政策。目前，日本几乎对所有上市农产品都给予不同的价格补贴。

1. 价格管理制度

农产品价格管理制度是指日本政府直接控制价格的制度，即由政府直接规定购销价格，收购价格高于销售价格时差额由财政补贴，主要适用于大米和烟草。

2. 市场干预制度

市场干预制度是政府不直接参与价格制定，但在自由市场的前提下，通过相关买卖操作、供求调整等手段，防范农产品价格的异常波动，主要包括最低价格保证制度、价格抑制制度。

最低价格保证制度是指当市场价格低于政府所规定的最低价格水平时，政府按该价格买入全部农产品，从而保证生产者的收入和再生产的维持。目前主要适用于麦类、甜菜、甘蔗、薯类等农产品。例如，针对麦类设置"标准出售价格"，是参照大米的消费价格测算的，大部分是由政府购入和卖出的；甜菜和甘蔗的行政价格称为"最低生产价格"，是根据"农业平价指数"的上升率以上年度价格计算的。不同产品的政策执行主体有所差异，以甜菜和甘蔗为例，其最低价格保证制度通过"蚕丝砂糖类价格安定事业团"进行操作。

价格抑制制度是指为农产品设置价格的上下限，如市场价格超过或低于这个幅度时，则由政府有关机构通过买卖操作来稳定价格。该制度主要适用于肉类、生丝、蚕茧及乳制品等。例如，在自由市场的前提下，政府对乳制品设置"安定指标价格"，当指定乳品价格降到指标价格10%以下时，由畜产振兴事业团购进；反之，当价格上涨超过指标价格的4%时，由事业团卖出持有的指定乳制品，无存货时则进口。

3. 收入支持政策

随着多边贸易谈判压力的增大，直接的价格支持政策受到诸多限制，因而日本农业支持保护政策开始向收入支持转型，主要可以分为收入补贴政策和收入保险政策。

（1）收入补贴类政策主要包括直接补贴、灾害补贴、投入补贴等。农作物直接补贴的目的是平抑不同地区间的成本差异；灾害补贴是指政府对因灾受损的农地、农业设施进行的补贴，目的是减少农民收入损失；投入补贴是指在一定标准下，联合农户平整耕地、区划田块或建设蔬菜大棚等农业生产投入给予的补贴，其中投入的一半由中央财政进行补贴，25％由都府县进行补贴，其余部分可以从接受国家补贴的金融机构获得相应的贷款。

（2）收入保险类政策。日本自2014年起开始规划及准备以保险方式来确保农户整体农业收入的收入保险制度，旨在充分利用WTO的绿箱政策做到既能支持农民收入稳定，又可以作为被免于削减的对象。收入保险政策预计于2018年10月接受农民投保，2019年正式实施。收入保险政策建立的基础是"稻作经营安定支持政策"，即利用政府和农户两方面共同出资建立起来的基金，对稻米价格下降而带给农民的损失进行补偿，从而支持稻米产业发展。具体内容是：以各品牌大米3年市场价格作为基准价格，当稻米价格低于基准价格时，就由稻作安定经营基金支付基准价格和当年价格差额的80％。补贴资金由政府提供基准价格6％的基金和由农户提供大米基准价格2％的资金共同组成，共同构成稻作安定经营基金。农业产品收入保险制度不受农产品品种框架限制，是一类综合性的保障政策，农民可以根据需要选择合适的制度。例如，对于牛、猪以及被特殊制度覆盖的鸡蛋，它们不仅有收入减少的风险，还有成本增加的风险，所以不适用于收入保险制度，在与其他农产品联合管理时，只有其他产品适用于收入保险制度。

三、日本农业风险管理的启示

（1）政策性强。即国家通过立法，对关系国计民生和显著影响农民收入的农作物和饲养动物实行法定保险，而对其他作物和饲养动物则实行自愿投保。

（2）民间组织负责经营，即负责经营的是保险相互会社，也就是市、町、村农业共济保险组合与都、道、府、县农业共济保险组合联合会，它既不是政府保险机构，也不是商业保险公司，而是民间组织，不以营利为目的。

（3）中央政府职责明确，即中央政府通过农林省对农业保险进行监督和指导，通过大藏省提供保费补贴和管理费补贴，通过官方和非官方的机构提供再保险。

第五节　印度

一、印度农业风险评估

（一）印度农业基本概况

印度是南亚次大陆最大的国家，总占地面积约为297.47万平方公里。东北部同中国、尼泊尔、不丹接壤，孟加拉国夹在东北国土之间，东部与缅甸为邻，东南部与斯里兰卡隔海相望，西北部与巴基斯坦交界。东临孟加拉湾，西濒阿拉伯海，海岸线长5560公里。印度拥有全世界1/10的可耕地，面积约为1.6亿公顷，人均0.17公顷，是世界上最大的粮食生产国之一。2016年，印度农业生产总值为3920亿美元，占其GDP的17%。农村人口占总人口的72%。印度农业以种植业为主，种植业以粮食作物为主，其水稻、小麦产量位居全球第二。

印度农业季节主要根据季风雨划定，雨季（Kharif）从季风到来后的第一场雨算起，通常为7～10月；凉季（Rabi）是雨季之后的作物生长季，通常为10月到来年的3月；3～6月为热季，高温干旱，作物难以生长，不是农业季节。雨季作物主要包括东西沿海地区种植的水稻以及谷物、花生、大豆、棉花、甘蔗等。凉季作物主要包括在西北地区种植的小麦，以及油菜、马铃薯等。

（二）印度农业风险概况

1. 气候风险

印度主要的自然灾害有旱涝、热害、热带气旋等。其中雨季作物主要受季风变化和热带气旋的影响，凉季作物主要受极端温度、非季节性天气和干旱的影响。危害印度农业的最主要气候风险则来自降雨。降雨主要发生在持续大约两个半月的季风雨季。季风雨的异常和不规律可能导致如干旱、洪涝、气旋等自然灾害。这些灾害每年平均影响 1200 万公顷面积的作物，严重影响农业总产量。近年来，影响范围大、造成农作物大量减产的灾害有 2014 年和 2015 年雨季时的旱灾，2017 年雨季时的洪涝灾害，2014 年和 2015 年以及 2015 年和 2016 年凉季时的非季节性降雨和洪水。

印度大约 2/3 的耕地缺少灌溉，即便是灌溉区，大部分也没有足够的水资源来进行集约化种植。雨季作物的播种通常伴随着季风雨季，季风雨的延迟会延迟作物播种，从而对产量产生负面影响。此外，作物的生长情况和产量情况还取决于雨季的降雨量及其分布。即使是凉季作物，其产量也与雨季后的土壤湿度有关。降雨也会对灌溉作物产生影响：花期降雨冲刷花粉，影响作物产量。过量降雨可能对作物产量产生不利影响。大雨可能会淹没生长初期的作物，并可能导致作物生长后期的倒伏。在集水区，大雨可能会在平原上引起洪水。洪水会打乱播种计划，破坏常备作物，导致产量下降，甚至造成作物和农场收入的全部损失以及财产损失。其他影响产量的天气变量还有阳光、温度、风和冰雹。气候变动在引起农作物产量周期性变动的同时，还会导致农业资源的损毁，如暴雨冲击毁坏梯田等，进而导致整体农业出现减产等情况。有研究表明，印度 50% 的作物产量变化是由降雨量变化造成的。

2. 价格风险

农产品市场价格的波动构成了印度农业的市场风险。气候风险会影响价格的波动，但不是唯一因素，政策的变动、政府补贴的变动、消费者偏好的转移等不确定性因素都可能引起农产品的价格波动。农产品价格的波动影响了农民收入的稳定，不稳定的农业收入进而会对不同作物的土地分配和化肥施用产生影响，同时打击农民采取新生产技术的信心和积极性，也会致使农户改变种植作物类型。目前，印度农业正不断向全球化推进，全球市场在带来更大的机遇的同时也带来了更高的价格风险。如何稳定农产品价格，降低农产品国际市场价格波动对国内市场的影响，成为印度目前亟须解决的问题。

二、印度农业风险管理

印度农业风险管理体系主要通过农户层面、市场层面和政府层面来实施。其中，农户层面属于非正式的风险管理手段，而市场层面和政府层面的管理措施属于正式的风险管理措施。每一个层面的风险管理策略又分为灾前预防和灾后应对两大类，表 6-4

列举了各个层面的具体措施。

表 6-3　印度农业风险管理体系

		农户层面	市场层面	政府层面
灾前预防	风险缓释	避免接触风险 多样化种植或间作 地块多样 混合农场 多样化收入来源 作物库存储备 采用先进的种植技术		农业推广 提供优质种子 病虫害管理系统 基础设施建设（道路、堤坝、灌溉系统等）
	风险分散	作物共享 农业设备资源共享（灌溉系统共享等） 非正式风险池	订单 期货 农业保险（主要）	
灾后应对	大灾救助	节约开支 变卖资产 迁移 裁员 互助	信贷	社会救助 放贷 农业保险 放宽粮食采购程序 饲料供应 资金转移

资料来源：R C A Jain, M Parshad (2006)。

（一）农户层面的风险管理策略

印度农户主要的风险防范手段就是生产和经营的多样化。许多地方的传统种植制度依赖于作物多样化和混合耕作。在减少由于不利天气事件、作物病虫害而引起的作物减产方面，作物多样化种植和间作制度是重要的手段。研究表明，家庭消费水平接近生存水平的（即容易受到收入冲击影响的）农户，通常会选择种植更安全、传统的水稻和其他谷物品种，而不是种植风险更高、产量更高的品种。研究还表明，接近自给自足的家庭会尽量在空间上进行分散种植，以减少天气对整体农业收入的冲击。

除了多样化生产外，农户家庭还通过收入来源多样化手段尽量降低灾害引发的影响，从而使收入稳定下来。根据国际半干旱热带作物研究所（ICRISAT）的研究，在印度半干旱地区的村庄中，大多数农户家庭至少有两种不同的收入来源：典型的农作物收入和一些牲畜或乳制品收入。非农的季节性劳动、手工业的贸易和销售也是共同的收入来源。

（二）市场层面的风险管理策略——农业保险

1. 印度农业保险发展历程

印度农业风险管理体系以农业保险为主，而印度的农业保险历史悠久，经历了种种尝试和调整，发展出了目前相对成熟的保险体系，并以其天气指数保险最为著名。下面简要介绍印度农业保险的发展历程。

印度早在其建国元年（1947 年）就开始考虑实施农业保险。当年，印度的农业食品部向中央立法机关提交了关于开展作物保险和牲畜保险的提案。但是直到 1968 年 10 月，印度政府起草了作物保险法案和实施方案，并以此指导各邦农业保险的开展，才迈出了印度农业保险发展实质性的一步。

1972 年，印度通用保险公司（GIC）正式引入一项名为个体化农业保险计划（First Individual Approach Scheme）。同年，该公司被收归国有。这项农业保险计划是针对单一农作物的小范围试验性计划，保险标的由初期的棉花发展到涵盖花生、小麦和马铃薯等。截止到 1979 年，该计划参保农户达 3110 人，保费收入 0.454 亿卢比，赔付额为 3.788 亿卢比。

1979 年，印度通用保险公司开展了作物保险试点计划（Pilot Crop Insurance Scheme，PCIS），代替了先前的个体化农业保险计划，将保险标的扩大至谷类作物、小米、鹰嘴豆、马铃薯、棉花、油菜籽 6 大类作物。更为重要的是，PCIS 对投保人的投保资格和保费补贴做出了明确的规定：只有季节性农业贷款的农民才能够参保，自愿参保的贷款农民能够获得政府提供的 50% 保费补贴。这一规定直接将农业保险上升为政策性保险，并奠定了今后印度农业保险的基本发展方向。

1985 年，PCIS 到期结束。同年，印度中央政府、19 个邦及联合属地政府、银行机构和通用保险公司联合推出了印度第一个全国性的作物保险计划——综合作物保险计划（Comprehensive Crop Insurance Scheme，CCIS）。该计划与自愿投保的 PCIS 不同，是强制性保险计划，要求从金融机构贷款进行耕种的农民必须参保，保险限定在贷款额的 100% 之内且每个农民的保额限定在 1 万卢比，后来保额限定改为在贷款额的 150% 之内。

1999 年，印度推出了一项综合性、国家层面上的农业保险计划——国家农业保险计划（National Agricultural Insurance Scheme，NAIS），旨在为农民的农业生产提供保险保障和资金支持，同时帮助农民稳定收入。该计划不再只针对贷款的农民，而是对所有农民开放，但是对于贷款农民来说，该保险是强制要求购买的，而其他非贷款农民则是自愿参保的。承保作物覆盖所有粮食作物（谷物和豆类）、油籽、园艺作物和商业作物，保费率上涨至 1.5%～3.5%。NAIS 失败的主要原因是只考虑全国平均作物价格，而在进行赔付时没有考虑地区之间的差异。

2007 年，天气指数保险计划（Weather Based Crop Insurance Scheme, WBCIS）在印度 20 个邦推行，希望借此进一步扩大农业保险覆盖面。该计划是基于天气指数的作物保险计划，采用精算公平费率，保额、政府补贴和主流农作物保险计划相协调，与NAIS并行运作。WBCIS参与率低于同期的产量保险（NAIS），主要原因包括：①WBCIS精算定损导致保费较高；②基差风险（区域天气指数与个体产量损失的差异）。后来，印度政府对该计划进行了修改，并将其更名为RWBCIS（详细介绍见下文）。

2010年，印度政府推出了改进后的国家农业保险计划（Modified National Agricultural Insurance Scheme, MNAIS）。印度政府在该计划中对保费和减免总额都设置了上限，政府补贴随之减少，但农民获得的理赔额也有所降低。

2016年，印度政府推出了新的农作物保险计划——总理农作物保险计划（Pradhan Mantri Fasal Bima Yojana, PMFBY），旨在大幅提升印度农业保险的覆盖面和参保率，新的保险计划降低了农户承担的保费，去除了对保额上限的设置，使得农户可以在灾害理赔时获得更多的赔偿。

2. 当前印度农业保险的体系构成

目前，印度农业保险由两个保险计划组成：一是新推出的总理农作物保险计划，二是修改完善之后的天气指数保险计划。

（1）总理农作物保险计划（PMFBY）

PMFBY是2016年印度政府新颁布的农作物保险，它替代了之前的MNAIS。印度政府希望它可以成为一个可持续的农业保险计划。PMFBY旨在为受灾农户提供经济支持，稳定受灾农户收入以确保他们可以持续耕种，鼓励农民采用创新的现代农业技术，确保信贷资金流向农业的同时提高农业部门的竞争力。该计划是保障多作物、多灾害的产量保险，较以往大幅提高了保障水平、覆盖区域和补贴水平，采用科学方法查勘定损。

PMFBY由农业和农民福利部控制的多家保险公司实施，并向私营公司和新公司开放，目前印度36个邦中已有28个实施了该计划。农业和农民福利部指定或委托印度农业保险公司（Agriculture Insurance Company of India, AIC）和目前参与政府资助的农作物保险计划的一些私人保险公司实施保险计划，保险公司通过竞标获得经营农险的资格，并在竞标前做好再保计划，以提高承保能力和风险分散能力。各邦政府的职责是负责农险计划的规划和市场分配，具体而言：①确定参保的农作物、实施区域、保额和赔付标准；②根据实际情况进行科学的风险区划；③就本邦区域的保险业务组织竞标，最终确定有权在本邦范围内经营农业保险业务的公司。

PMFBTY计划的保险责任覆盖了产量损失、收获后损失和局部灾害损失。其中，①产量损失主要承保作物从种植到收获之前，因自然火灾和闪电、风暴、冰雹、气旋、台风、暴风雨、飓风、龙卷风、洪水、滑坡、干旱、病虫害等导致的作物产量降低的风险；②收获后损失主要承保那些在收割后仍在地里晾晒的农作物，在收割后最多14天内因气候天气事件而遭受的损失，主要目的是防范全国各地出现气旋/气旋雨和非季节性雨等特定灾害对作物收获产量的影响；③局部灾害损失是指对已确定的局部风险事件（如冰雹、滑坡和洪水）的发生而造成的局部地区内农场造成的损失/损害进行保障。

　　PMFBY 覆盖了粮食作物（谷类、小米及豆类）、油菜籽、商业和园艺作物等。该计划取消了费率上限，各类作物的费率多为 3%～15%。对于雨季作物，农民的保费费率为 2%；对于凉季作物，农民的保费费率为 1.5%；对于商业和园艺作物，农民的保费费率为 5%；剩余 1%～10% 的保费费率和保费补贴由中央政府和各州政府平均承担。

　　新的保险计划吸引了大量农户投保，2016 年投保农民的数量比 2013 年雨季投保的农民数量增加了 193%，非贷款农民的数量增加了 6 倍以上。承保面积也从 2013 年的 16.5 万公顷和 2015 年的 27.2 万公顷增加到 PMFBY 计划下的 37.5 万公顷。保险金额也大幅上升，从 2013 年的 34749 亿卢比上升到 2015 年的 60773 亿卢比，到 PMFBY 计划，已经达到了 108055 亿卢比。

　　（2）天气指数农作物保险（Restructured Weather Based Crop Insurance Scheme, RWBCIS）

　　印度的首个天气指数保险是 2003 年印度工业信贷投资银行伦巴德（ICICI Lombard）具体操作的雨水保险项目，该项目获得了来自世界银行的资金支持。在项目实施的 2003—2007 年间，农户参保率一直保持高速增长，但是农户续保率却很低。雨水保险规定，如果当季累积降雨量低于历史平均值，保险公司就要进行赔偿。降雨量的衡量是通过降雨指数判断的，该指数保险把降雨和特定农作物产量进行了关联，通过收集历史数据，选定合适的降雨期间，在不同降雨期间加入权数来关联不同时期降雨与农作物产量。

　　2007 年，基于天气的农作物保险计划（WBCIS）正式推行，印度天气指数保险发生了根本性的改变。在 2007 年之前，各邦只有两个选择：要么加入 NAIS 计划，要么不加入。2007 年之后，各邦多了一个选择，他们可以选择天气指数保险计划作为 NAIS 计划的替代方案。政府对 WBCIS 计划提供保费补贴，政府对农户自缴的保费设置了上限，种植不同类型作物的农民须缴纳的保费不同。小麦种植户自缴保费上限为 1.5%，其他谷物种植农户为 2%，而经济作物种植农户需缴纳的保费则要高一些。尽管对于经济作物种植农户来说，NAIS 计划下享受的政府补贴更多，但由于天气指数保险操作简便、透明，理赔时效快，许多农民还是选择参加了天气指数保险。2016 年印度推出总理农作物保险计划（PMFBY）以后，WBCIS 计划也相应进行了修改，并更名为 RWBCIS，在费率、保额等方面进行了重新规划，以便与 PMFBY 计划相协调。

三、印度农业风险管理的启示

　　印度农业风险管理的发展离不开农业保险的进步和完善，印度政府一直致力于开发出周全可持续发展的农业保险来保障农户的利益，下文主要介绍印度农业保险发展中值得我们借鉴与学习的方面。

（一）政府大力支持

印度政府对农业保险发展的支持力度很大，从政策支持到资金支持都不遗余力，印度政府对于农业保险的全方位支持也是印度农业保险发展的成功因素之一。同时，印度政府也敢于尝试并密切关注保险制度的运行情况，发现问题和漏洞后会及时停止原有保险制度，更新完善后推出经过修复的新保险制度。可以说印度农业保险的成长是建立在一次又一次的尝试与教训上的。

（二）建立与国情相符的农业保险体系

根据国情和国力，实事求是、因地制宜、有的放矢地制定与国情相适应的农业保险体系是农业保险发展的重要条件。印度人口数量多、耕地广、粮食需求大，政府从基本国情出发，将保障粮食生产安全定位为农业保险发展的首要目的，并且随着国力增强，力所能及地逐步改进农业保险计划、扩大承保标的、扩充保险领域、开展产品创新，建立广覆盖、多层次的农业保险体系。

（三）建立农业保险与其他政策的关联

农业保险的性质使得逆向选择和道德风险的发生概率大，一味单独发展农业保险会比较困难。印度政府通过把农业保险和农业贷款相结合的方式来强制或者限制农户参保，在一定程度上保证了农业保险的参保率，有助于农业保险的可持续性发展。同时，多个政策支持与农业保险之间可以相辅相成地发挥最大效应。提高农业保险与其他政策的协作性、关联性是农业保险健康发展的保障。

参考文献

1. Antón J, S Kimura. Risk Management in Agriculture in Spain. OECD Food, Agriculture and Fisheries Papers[M]. Paris: OECD Publishing, 2011 (43).

2. Clarke D J, Clarke D, Mahul O, et al. Weather Based Crop Insurance in India[J]. Policy Research Working Paper, 2012: 1-31.

3. Harwood J, Heifner R, Coble K, et al. Managing Risk in Farming: Concepts, Research, and Analysis[J]. Agricultural Economics Reports, 1999.

4. Kimura S, J Antón. Risk Management in Agriculture in Australia. OECD Food, Agriculture and Fisheries Papers[M]. Paris: OECD Publishing, 2011 (39).

5. Sinha S. Agriculture Insurance in India[J]. 2014.

6. 安兵. 美国农业自然风险和市场风险管理研究[J]. 世界农业，2015（5）：82-85.

7. 陈珏. 法国、印度、日本农业保险体系探析及启示[J]. 世界农业，2016（7）：188-191.

8. 丁学东. 西班牙农业保险政策及对我们的启示[J]. 农业经济问题, 2005 (8): 75-78, 80.

9. 黄洁, 丁士军, 陈传波. 印度的农业风险及应对策略[J]. 世界农业, 2003 (1): 40-41.

10. 柯炳生. 美国农业风险管理政策及启示[J]. 世界农业, 2001 (1): 11-13.

11. 黎银霞. 美国农业保险财政补贴的经验及启示[J]. 未来与发展, 2017, 41 (4): 27-34.

12. 李聪, 李丹. 日本种植业保险制度对我国种植业保险发展的启示[J]. 现代经济信息, 2011 (14): 177-178.

13. 李坤荣, 乔长晟. 美国农业发展模式的环境风险及其警示[J]. 世界农业, 2017 (11): 69-75.

14. 李清. 日本渔业现状及其发展历程[J]. 中国水产, 2012 (12): 42-44.

15. 李筱菁, 任金政. 印度农业保险的发展历程及启示[J]. 世界农业, 2008 (11): 53-55.

16. 卢秀茹, 杨伟坤, 赵蒙, 等. 日本农业风险管理对中国的启示[J]. 世界农业, 2011 (2): 38-40.

17. 邱昊颙. 印度农业保险发展研究及启示分析[J]. 新疆农垦经济, 2012 (6): 90-92.

18. 王丽薇, 朱续章. 美国与巴西农业生产风险管理比较[J]. 人民论坛, 2014 (29): 251-253.

19. 叶湘. 澳大利亚的农业政策及其启示[D]. 福州: 福建农林大学, 2013.

20. 尹成远, 周稳海. 国际农业保险的成功经验对我国的启示[J]. 国际金融研究, 2006 (3): 20-25.

21. 张国鹏, 华静, 王丽明, 等. 美国农业风险管理体系及对中国的借鉴——从农业风险损失补偿的视角[J]. 世界农业, 2015 (3): 85-91, 95, 211-212.

22. 张峭, 李越, 张晶, 等. 美国农业风险管理政策体系及其演变（上）[N]. 中国保险报, 2017-07-05 (004).

23. 张峭, 李越, 张晶, 等. 美国农业风险管理政策体系及其演变（下）[N]. 中国保险报, 2017-07-07 (006).

24. 张瑞纲. 印度农业保险项目研究[J]. 区域金融研究, 2014 (4): 30-36.

25. 郑军, 汤轩, 王晓芳. 日本农业保险的制度演变与运行机制[J]. 宏观经济研究, 2016 (5): 152-159.

第七章　农业风险综合评估与管理框架

【学习目标】前文依据风险来源的不同，分别介绍了农业生产经营过程中几类常见风险及对应的风险管理策略、工具和方法。但是，随着经济社会的发展，不同类型农业风险之间的交互性增强，传统的农业风险管理面临着许多新的挑战。为适应现代风险社会下农业风险管理和农业产业发展的新特征、新需求，近年来，一体化综合管理的现代风险管理新理念逐渐萌发并开始应用于农业风险管理领域。本章学习目标是，理解农业风险综合管理的内涵理念、框架特征，以期读者能够以更宏观的视角审视农业风险管理，尤其是农业保险在整个农业风险管理体系中的地位和作用。

第一节　农业风险管理面临的挑战

当今社会，农业正表现出生产规模化、经营市场化、组织社会化、技术科学化、增长集约化的发展趋势。在农业发展模式转变的同时，农业风险的来源、相互影响和传导机制等也在随之发生相应变化，突出表现在以下三个方面：①风险来源日益增多，新兴风险不断涌现；②风险影响相互交织，增加了风险的危害性和不可预测性；③风险传递不断加剧，风险影响范围逐步扩大。新的风险特征给农业风险管理带来了新的挑战，不仅如此，随着农业生产经营环境的逐步改变，农业风险管理自身所处的管理环境也较以往有了较大变化，而这诸多变化本身同样也构成了农业风险管理要面临的新挑战。

其一，管理目标日益多元化，对农业风险管理体系的包容性提出了更高要求。从宏观层面看，农业风险管理体系的建立是服务于农业生产整体目标，在过去农产品供不应求的农业发展阶段，农产品数量安全是首要问题，因而传统风险管理目标主要以保障农产品供给为核心。而随着经济社会的发展，农业风险管理的目标除了保障农产品数量安全目标以外，还包括保护农业生产者利益的收入目标、保护农产品消费者利益的质量安全目标等。在多元性的基础上，农业目标往往会呈现出一致性与冲突性并存的复杂局面。例如，由于生产量与市场价呈负相关，量价目标难以同时兼顾；各级政府风险管理目标不一致，政策实施执行效果难以保证；国内外价差矛盾加剧，保护国内产业与遵循 WTO 相关规定难以协调等，都是现阶段农业风险管理中需要面对的现实困难。从微观层面看，即使在农业生产经营者内部，资源禀赋、风险偏好、情景变化等因素的差异也会导致风险管理目标的差异。本书第一章从理论上将微观农业生产经营主体的风险管理目标划分为"最小最大原则""安全第一原则""预期效用最大化原则"三类；而在实践中，不同农业生产经营主体的风险管理态度、目标则更为灵活和多元化。例如，兼业农户的风险管理目标必然有别于专业农户；相对贫困家庭与相对富裕家庭的风险承受能力和农业风险管理目标也不尽相同；小规模农户与大规模农业生产经营主体的农业风险管理目标可能存在较大差异。而随着农村社会内部的分层分化以及农业生产经营方式的多元化，微观主体的农业风险管理目标也必然会更加丰富多元。总之，无论是宏观层面还是微观层面，农业风险管理目标都呈现出多元化趋势，从而增加了农业风险管理的难度。

其二，管理工具逐渐多样，工具间挤出效应增强，对恰当管理工具的选择和组合提出新的挑战。为了适应农业风险的动态变化和农业生产经营需求的细化，农业风险管理工具和手段也在不断丰富。传统的农业风险管理主要依托于一系列非正式性制度安排，运用诸如优化生产管理过程、多样化种植、动用储蓄或借款、社区互助等自组织性工具管理农业风险，政策性工具主要用于应对巨灾风险，市场化工具作用并不显著。随着农业生产经营者风险管理需求的扩大，部分市场化工具在自组织工具的基础上逐步衍生和发展，例如，传统邻里间、社区内的风险互助随着范围的扩大，逐步演化成现代保险制度的雏形——互助合作保险。市场化工具在现代农业风险管理中发挥着越来越重要的作用，并通过管理对象、管理方式的创新不断发展出多种行之有效的市场化风险管理工具，极大地充实了农业风险管理工具箱。管理工具的丰富，一方面有效扩展了农业风险管理的实施范围，有助于提高风险管理的针对性以及满足各类生产经营者的差异化需求，但另一方面也存在着农业风险管理工具相互重叠甚至冲突的风险。例如，如果存在较高的收入保险覆盖率，农户对价格对冲工具的需求就会降低甚至消除。此外，政府政策工具的存在也可能会对市场工具产生挤出效应。例如，我国政府实施的最低收购价和临时收储政策就在很大程度上挤出和制约了期货期权等市场化价格风险管理工具的发展。因此，在管理工具日渐丰富的背景下，如何优化组合各类管理工具，提高风险管理效率、效果，成为摆在农业风险管理面前的新问题。

其三，风险管理相关主体利益交错复杂化，拷问风险管理机制的协调性。相比传统的农业风险管理环境，当今社会的农业风险管理环境无疑更为复杂，其中一个重要原因就在于，农业风险管理过程中涉及更多的主体，而各主体间的利益关系也更为错综复杂。一方面，如前所述，风险在产业链上的加速传递是现代社会农业风险的重要变化之一，这意味着各主体的风险管理策略也将存在着相互的影响，产业链条上的各主体的利益虽然有很大的联动性，但很多时候存在着明显的冲突。一个典型的例子就是产业链上下游主体的价格风险问题，对于上游主体而言，符合其利益诉求的产品价格上涨会给下游主体带来成本上涨、利润下跌的风险；另一方面，从风险管理本身来看，管理工具逐渐丰富的背后是更多风险管理工具的供给者的多元化参与。管理农业生产经营风险虽然是各管理工具供给者共同的直接目标，但并不能代表其全部的利益诉求。例如，自组织工具供给者参与风险管理的动力在于农业生产经营收入稳定、家庭收入最大化等；而对于保险公司、期货公司等市场工具供给者来说，其参与农业风险管理的目的要服从于企业利润最大化的经营目标；而政策性工具供给者——政府作为公共利益的代表，其目标包含了保障国家粮食安全、维护社会稳定、承担兜底性安全等众多责任。可以说，随着农业产业化的发展和农业风险管理手段的创新，农业风险管理涉及的利益相关主体越来越多，而各类主体自身利益的差异也决定了其行为策略未必完全统一，甚至会出现明显的利益博弈。在这样的背景下，对农业风险的管理已绝不能仅满足单一主体利益最大、风险最小的利益诉求，而必须考虑如何通过更完善的机制设计形成有效的集体行动。

第二节　农业风险综合管理的内涵特征

一、农业风险综合管理的内涵

所谓农业风险综合管理，是指立足于农业生产经营的整体价值目标，对生产经营中涉及的众多风险因素进行辨识、评估和统筹考虑，协调农户、市场和政府等不同的风险管理主体，整合运用各种风险管理方式和工具，从全产业链的角度综合管理各类风险。与传统农业风险管理方式相比，农业风险综合管理的最大不同就是不再孤立和线性地分析和管理特定风险，而是从系统论的角度看待农业风险管理，强调农业风险管理的各要素——风险环境、行为主体、管理策略和管理工具内部以及各要素之间的联系性和交互性（如图 7-1 所示）。①不同类型的农业风险并不是相互独立的，因此农业风险综合管理强调要对农业风险进行综合考虑，不能忽视风险之间的相互性而只对某类风险进行管理；②不同类型的风险管理工具具有交互作用，因此农业风险综合管理强调要对各种类型的风险管理工具进行组合运用，不能片面强调某一类或一种风险工具的作用；③农业风险管理涉及多个行为主体，因此农业风险综合管理强调既要对相关主体的利益进行协调，同时又要注重这些主体的合作和配合；④农业风险管理有多种可能的风险管理策略，但这些策略的选择既受其他管理策略的影响，又受风险环境、管理工具和行为主体的影响；⑤风险管理的各要素并不是单向影响的，因此农业风险综合管理强调要重视和利用风险管理各要素间的相互作用和影响。

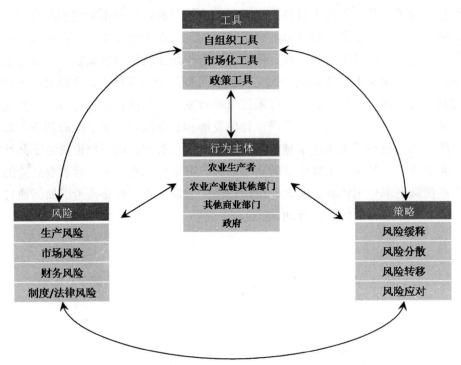

图 7-1　农业风险管理各要素及交互性示意图

二、农业风险综合管理的特征

农业风险综合管理具有以下三个方面的显著特征。

（一）综合性

传统的农业风险管理一般是孤立地分析不同来源与特征的农业风险，针对每一种农业风险提出农业风险管理策略与工具。农业风险综合管理则更加强调风险管理各要素之间的联系和交互作用，强调要把不同类型的风险、管理工具、管理策略和管理主体纳入一个统一的框架下进行综合考虑，因此具有全局性和综合性的特点。我们认为，农业风险综合管理的综合性主要体现在三个方面：①风险管理要素内的综合性。例如，农业风险综合管理不是单纯研究某一类型的风险（如生产风险）的管理，而是将不同来源、不同特征的农业风险进行综合考虑和整体的分析；同理，农业风险综合管理也强调要组合运用不同的风险管理工具，在农业风险管理中，要让不同的主体承担相对应的职责并相互配合。②风险管理要素间的综合性，即将农业风险环境、风险管理工具、策略和主体等不同风险管理要素进行统筹考虑，充分考虑各要素之间的相互作用和双向影响。③风险管理"对象"的综合性。传统的农业风险管理方法一般只关注农业风险管理措施对农业生产经营者经济收益的影响，而农业风险综合管理则强调，除了要关注农业生产经营活动本身面临的风险外，还要重视农业产业链或农业风险转移链条中上下游企业或主体面临的风险和风险管理，因为如果风险在产业链或风险链条的某个环节过度集中，最终会危害整个产业的发展。例如，如果签订订单农业的企业缺乏必要的农产品价格风险转移和分散的渠道，当重大风险事件发生时，企业可能不得不选择违约来规避自身破产的风险，进而会损害到农民的利益。

（二）交互性

由于要将各种风险管理要素纳入一个整体框架进行综合考虑，因此农业风险综合管理的另一个显著特征是，十分注重风险管理各要素内以及各要素间的交互性。主要表现在如下几个方面：①不同来源农业风险之间的交互性。由于同一种农产品的产量与市场价格一般会存在一定程度的负相关关系，即当农产品产量供应充足时，市场价格会下降，而当农产品的产量供应不足时，市场价格会上升，从而对农业生产经营者的收入产生一定的调节作用。因此农业风险综合管理强调要考虑不同来源农业风险之间具有的交互影响。②农业风险管理的工具措施与农业风险之间的交互性。虽然农业风险的大小与特征往往是各农业风险管理主体采取农业风险管理工具措施的依据，但在农业风险管理的体系中，任何一个主体采用的一项农业风险管理工具或措施都会对农业生产经营者面临的实际农业风险状况与特征产生影响。例如，如果政府在农村采取了兴修水利的措施，就可以降低农业生产者面临的干旱或洪涝灾害的风险。因此农业风险综合管理也强调要考虑风险管理工具措施和农业风险环境之间的交互性。③不同管理工具之间的交互性。从风险管理的内在原理来说，一些风险管理工具的存在，可能会为其他工具的发展提供基础，也可能会造成阻碍。例如，如果农产品期货市场发展良好，龙头企业就可以进一步将农产品价格风险转移到期货市场，则农产品期货市场的发展可以促进订单农业的发展。但是如果政府采取了稳定农产品价格的措施，使得农产品价格风险降低甚至完全消除，此时价格风险管理工具就会失去市场。因此，农业风险综合管理也特别强调要考虑风险管理工具之间的挤出或促进效应。④风险管理主体之间的交互性。农业风险管理中涉及众多行为主体，这些主体之间既有合作也有竞争，某一主体采取了风险管理措施后，就会影响农业风险的实际状况和其他利益主体采取某种措施的效果。因此，在制订农业风险管理措施时，尤其是政府在制定农业风险管理政策时，必须充分考虑到不同主体之间的这种交互性。

（三）协调性

由于要对农业风险管理的各要素进行综合考虑，同时又要注意各要素内和各要素之间的相互作用和交互性，因此农业风险综合管理的第三个显著特征就是协调性。这种协调性主要表现在两个方面：①风险管理的成本和收益要协调。如同第一章所言，风险管理是有成本的，因此农业风险综合管理强调风险管理活动并不是要消灭风险，风险管理工具和风险管理主体也不是越多越好，而是要在农业风险和拟采用的管理工具和管理主体之间进行平衡，权衡成本和收益，协调好风险管理各要素之间的关系和相互作用程度。②风险管理的主体要协调。农业风险综合管理涉及农业生产经营者、农业产业链其他部门、其他市场类主体（如保险公司）和政府等多个主体，而各行为主体在进行农业风险管理决策时，其利益既存在一致的情况，也存在不一致的情况，因此农业风险综合管理强调要协调好不同主体之间的利益，让不同主体在农业风险综合管理中各司其职、相互配合，合力制订出最有利于全社会整体利益的农业风险管理方案。

第三节　农业风险综合评估与管理基本框架

一、农业风险综合分析

按照现代风险管理理论，深入分析农业风险并在此基础上形成对农业风险的准确理解和正确认识，是开展有效风险管理的前提和重要基础。但正如上文所言，风险来源多、风险影响交互性强是现代农业风险管理面临的新挑战，因此农业风险综合管理强调要对管理的对象——农业风险进行综合分析，这里的综合主要体现在"横""纵"两个维度上（图7-2）。横向维度的农业风险综合分析是指要对农业生产经营环节的风险进行深入和综合的分析，不仅要考虑对自然灾害风险、市场价格风险等单一风险本身的管理，还要重视各种农业风险因素之间的相关性和交互性，以及这种交互性对风险管理效果可能产生的影响。纵向维度的农业风险综合分析是指不能仅关注农业生产经营环节的风险，还要从现代产业组织的视角出发整体看待和分析整个产业链或风险链条的相关风险，既要注重风险分散链条上的风险分散和利益平衡问题，又要通过不同风险管理工具的紧密衔接对产业链条上下游的风险进行综合一体化分析。

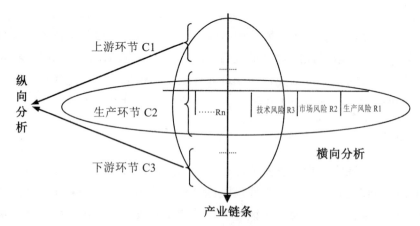

注：（1）纵向分析，公式为 $Risk_{Ag} = f(Risk_{C1}, Risk_{C2}, Risk_{C3}, Cov(C1,C2), Cov(C2,C3))$；
　　（2）横向分析，公式为 $Risk_{Ag} = f(R1, R2, R3, \cdots, Rn)$。

图7-2　农业风险综合分析示意图

二、管理目标平衡设定

农业风险管理目标的设定是风险管理行动的导向，不同的农业风险管理目标反映出不同的利益指向。如前所述，在风险管理涉及的生产经营者、市场参与主体和各级政府等利益相关主体中，任何主体都不是孤立的，而是与其他主体相互关联、相互影响的，如果不考虑主体之间可能存在的利益冲突和博弈行为，那么制定出的风险管理政策就可能会顾此失彼，导致"按下葫芦起了瓢"。

我们认为，在农业风险综合管理中，对农业风险管理目标不应该孤立地进行设定，对于某一个风险管理主体尤其是政府来说，其在农业风险综合管理体系中的目标都不能简单地依照自身的偏好来设定，还必须考虑风险综合管理体系中其他主体的目标、行为、策略造成的影响，在制订管理目标时要将这些影响因素纳入考虑。简言之，农业风险综合管理的目标应在尊重主体间存在利益博弈的客观事实，兼顾自身及其他主体的差异性目标，平衡各相关主体利益的基础上进行设定。

此外，农业风险管理目标也不应该固定不变，而是要与农业生产经营的现实发展需求相适应。在农业发展不同阶段以及生产经营者收入结构、收入水平的不同发展阶段，农业风险管理的侧重点和解决的优先顺序截然不同，农业风险综合管理体系的目标也会不同。例如，从宏观政策层面来说，在农产品供不应求阶段，农产品数量安全是首要问题，需要建立以增加农产品供给为核心的农业风险管理政策目标导向体系；在农产品供大于求或供求平衡阶段，则转向以强调增加农民收入、保护资源与生态环境为主体的农业风险管理政策目标导向体系。类似的，从微观个体角度来说，当口粮需求未能得到充分保障时，农业风险管理主要保证产量为目标；当农业收入并不构成农业生产经营者主要收入来源时，农业风险管理目标则可能设定为考虑风险管理成本因素的净收益最大化。

三、管理主体协同配合

由于农业生产具有自然再生产和经济再生产相互交织的特征，农业风险具有时空性、相关性等许多不同于其他风险的特征。国外也有学者认为农业风险是一种介乎于独立风险和系统性风险之间的"中间风险"，因此农业风险的管理需要农业生产经营者、政府和保险公司、期货市场各类市场主体的共同参与，这也就涉及农业风险管理主体的职责分工和相互配合问题。我们认为，不同的风险管理主体在农业风险管理中既要有合理的分工，又必须进行协作。

其一，不同的风险管理主体具有不同的资源禀赋和优势，其适宜管理的风险也是不同的，要根据风险特征和不同主体具备的优势来对农业风险管理中不同主体进行合理的分工和角色定位。作为农业生产经营活动的直接参与者，农业生产经营者对风险因素往往有最敏锐的感知，因而可以灵活地采取相应的策略、以较低的成本及时管理农业生产经营中的各类发生极为频繁、但损失不大的"小微"风险；对于市场类风险管理主体而言，他们虽不直接参与农业风险管理过程，却能为农业风险管理提供专业、高效的管理工具和管理服务，并且在市场竞争机制的激励下，市场性风险管理主体往往具有较强的创新能力，适合管理超出农户管理范围的发生频率稍低、损失程度稍大的"中等"风险；而对于超出市场能力范围，发生频率很小但损失破坏程度极大的"巨灾风险"，由于农业本身具有较强的公共物品属性，政府作为社会公共利益的代表介入并管理巨灾风险也就成为必然。

其二，除强调要发挥不同管理主体的优势外，农业风险综合风险管理还要注意加强各主体间的协调和配合。在农业风险综合管理体系下，上述分工定位仅仅说明不同管理主体在风险管理中的作用各有侧重，并非是完全孤立的。例如，政府对农田水利设施的投入、各项支农惠农补贴政策的实施，其目的之一就在于增强生产经营者应对自留层面风险的能力。也正是由于不同主体间的作用和角色存在相互的影响——包括相互增进和相互抵消，从而决定了农业风险综合管理必须要重视各主体的密切配合，放大增进效应而降低抵消效应，共同实现风险管理的目标。例如，政府可以通过多种方式对农业风险管理实施干预，但这些干预可能会导致风险管理中其他相关主体激励的调整，同时政府也需要为其干预行为支付相应的成本。因此，政府是否应该实施干预、应该采取何种干预方式，就需要在综合风险管理中平衡把握。

四、管理策略合适选择

如果说风险管理目标是农业风险综合管理的导向性宏观纲领，那么风险管理策略就是农业风险综合管理决策的具体性指导方针。在风险管理过程中，可供选择的管理策略有很多，每种风险所采取的策略都不尽相同。根据本书第二章的梳理，农业风险管理的策略可以分为风险缓释策略、风险分散策略、风险转移策略、风险应对策略四大类。其中，缓释、分散、转移属于事前风险管理策略，应对策略属于事后风险管理策略。农业风险综合管理就是从一个动态连续的视角，针对风险的不同性质、生产经营的不同阶段而采取相应的、适宜的管理策略组合。

我们认同世界银行的观点，认为农业风险管理策略的选择主要与农业风险的损失程度（相对预期收益）及其发生概率相关，农业风险可以被划分为风险自留、市场保险、市场失灵三个层级。各层级相应的风险管理策略如图 7-3 所示。

（1）风险自留层级（Risk Retention Layer）及其管理策略。该层级风险的特点是发生频率高，但损失比较小。在农业中，一般来说，发生频率比较高的风险，其损失相对较小，如非持续性的大降雨、非传染性动物疾病等。这类风险不需要通过某种组织安排，将风险转移或分散给其他人，因为风险转移与分散也需要成本。对于这类风险，农业生产经营者可以自己承受或通过风险缓释的策略应对。

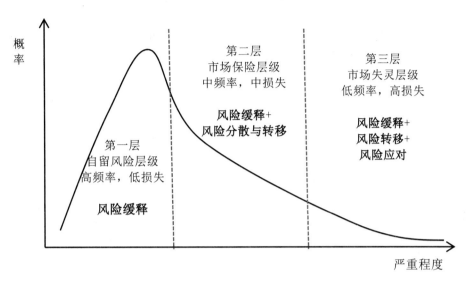

图 7-3　农业风险的分层与策略的选择

资料来源：作者根据 World Bank（2011）相关资料改编。

（2）市场保险层级（Market Insurance Layer）及其管理策略。该层级风险的特点是发生频率和损失程度都相对居中。对于这类风险，仅仅采取风险缓释的措施，农业生产经营者自身还是无法承担，因而还需要采取风险分散与转移策略。例如，即使农户已经采取了足够的技术措施，严重或持续性的暴雨依然会造成作物显著减产。通过风险分散与转移策略，农业生产经营者可以以较低的成本获得较高的风险保障水平。此外，由于保险机制是风险分散转移机制的主要形式之一，因此，世界银行将这个层级称为市场保险层级。

（3）市场失灵层级（Market Failure Layer）及其管理策略。该层级风险的特点是发生频率非常低，但损失程度非常高。这种风险很难通过市场机制分担或汇聚，尤其是当巨灾风险同时为系统性风险的时候。应对巨灾风险，一般需要政府采取相应的行动，建立巨灾风险分散与应对机制。从风险管理策略上来讲，该层级的风险需要在风险缓释与风险分散、转移的基础上，再加上风险应对策略。

五、风险管理工具有机组合

风险管理目标、策略的实现最终将落实到各类风险管理工具的运用上。每种风险管理工具均有其特定的管理对象和最佳适用范围，同时，不同风险管理工具之间也可能互为补充或替代。农业风险综合管理就是要根据不同的风险特征、管理目标，选择适当的风险管理工具，并充分考虑工具间可能存在的交互关系，通过定性分析和定量模拟确定适宜的风险管理工具组合。

首先，要根据风险的大小和性质，综合布局不同类型的风险管理工具。风险管理工具是对风险管理策略的综合运用。不同大小的风险需要不同的风险管理策略。同样的，不同大小的风险也需要使用不同的风险管理工具。此外，如果风险管理工具运用的是风险分散与转移的原理，那么风险在不同个体之间的相关性也会影响风险管理工具的使用。如果个体面临的农业风险是比较独立的，如冰雹和火灾风险，可以运用商业保险来管理；但如果农业风险在众多个体中具有很大的正相关性，如由暴雨、大风、霜灾、虫害等导致的作物产量损失，那么农业保险必须有政府的补贴才能运作；如果农业风险在不同个体中是完全相关的，如农产品价格风险，则保险手段一般是失效的，需要选择订单农业或农产品期货、期权工具。根据以上两个维度，我们在科迪尔和德巴尔（Cordier and Debar，2004）的研究基础上，给出了常用的农业风险管理工具布局，如图 7-4 所示。

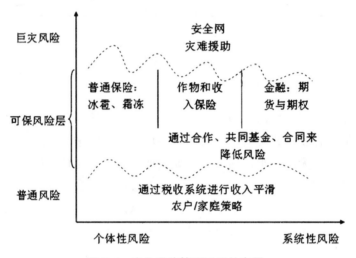

图 7-4　农业风险管理工具的布局

资料来源：OECD（2009），作者根据 Cordier and Debar（2004）图形做出调整。

其次，要分析不同风险管理工具之间的交互作用，合理利用工具之间的相互促进作用，避免工具之间效果的冲突。农业风险管理工具之间并非独立地起作用，而是会通过农业风险管理的综合体系，交互地发挥作用。有些工具之间可以起到相互补充和相互协调的作用。例如，订单农业与期货市场之间存在相互促进的关系。但有些工具之间则会彼此抵消和冲突，如收入保险对美国典型农户使用价格对冲策略的影响，如果存在很高的收入保险覆盖率，那么就会降低甚至消除对价格对冲工具的需求，这是因为通过期货市场平抑的价格风险，已经大部分被收入保险覆盖了。当存在工具之间的相互抵消作用时，必须综合权衡每一种工具的效果，选择使用其中一种工具，或者对工具本身做适当的调整，使不同的工具之间的冲突降至最低。

最后，风险管理工具之间的具体优化组合要借助数值模拟等技术，根据定量分析的结果进行确定。考虑到可供选择的风险管理工具和工具间的交互影响，结合风险管理的预期目标，就可以得出一组或几组风险管理工具组合。组合中的工具应该在功能上互为补充、在效果上相互增进，但如何能达到更好的风险管理效果，还需要对工具组合方案从定量的角度进行效果模拟，并根据模拟结果进一步优化组合方式，最终达到最大化风险工具组合效果的目的。

第四节 构建中国农业风险综合管理体系的建议

一、中国农业风险管理现状

随着中国市场经济体制的改革和经济与社会的进步，中国在农业风险管理方面取得了快速的发展。从风险综合管理的角度看，中国农业风险管理工具的种类基本齐全，农业综合风险管理的雏形初步建成，主要表现在如下三个方面。

（一）多层级农业风险管理体系基本建立

在改革开放之后，尤其是中国确立发展社会主义市场经济制度之后，中国不断向发达国家学习先进的农业风险管理经验，到目前为止，已经初步建立了针对不同类型、不同层级农业风险的立体式综合管理体系。第一层级，针对发生频率较高但损失相对较小的自留层级的风险，农业生产经营者一般可通过多元化经营策略、动用储蓄、社区互助等策略自行应对，政府也采取了诸如气象预报、技术指导、农产品市场监测预警等各项基础服务以减少此类风险对农业生产的影响；第二层级，针对发生频率略低但损失程度超出农户可承受范围的风险，市场提供了农业保险、农产品期货、订单农业等多种风险分散工具，同时政府通过实施最低收购价格、临时性收储等政策保护生产者利益，在市场失灵部分发挥作用；第三层级，针对农业巨灾风险，目前主要依靠政府救济、省级统筹的大灾准备金制度、再保险工具等，并逐步探索利用资本市场将巨灾风险证券化，研究建立全国性农业巨灾风险分散体系和制度。

中国逐步应用了农业产量保险、农产品期货、订单农业等风险管理手段，使得中国的农业风险管理工具从过去主要依靠农民的经验、农业科技和政府的救济，转变为开始依靠政策性工具和市场化工具，从而实现风险的分散与转移。在巨灾风险管理方面，也从过去单纯依靠救济措施，逐渐转变为依托农业保险，建立政府与市场合作的农业保险大灾风险分散机制。中国针对不同类型、不同层级农业风险，基本构建了不同农业风险管理工具的布局。

（二）风险管理相关主体的职责逐渐明确

农业风险综合管理理论认为，政府、商业机构和农户在农业风险管理中，由于所处的地位和能力的不同，其承担的责任也不相同。一个理想的风险管理框架需要多元化主体的参与协作。在过去相当长的一段时期内，中国农业风险管理以家庭和社区力量为主，一旦遭遇风险损失，生产者往往采用动用储蓄、向亲戚朋友借贷、变卖资产、省吃俭用甚至放弃行动的策略；政府主要以救灾救济等直接干预的方式，起到托底性作用；而市场工具作用不大，甚至长期处于缺位状态。随着市场经济的不断发育和完善，市场主体更多地参与到农业风险管理中来，生产者、市场组织和政府在农业风险管理的实践中开始逐渐明确各自的职责。具体来说：一是政府从风险管理工具的直接供给者转变为引导者，采用政府购买服务、税收优惠等多种方式，充分激发市场主体在农业风险管理中的积极性；二是政府的风险管理手段从直接干预转向间接干预，如试点以目标价格制度来保护市场风险中的农业生产者，改善原有粮食最低收购价格制度对市场价格的扭曲，实现信号的归信号（价格变化由市场决定）、利益的归利益（政策补贴由政府决定）；三是在逐步退出对市场直接干预的同时，政府强化了自身在农业风险管理公共服务和弥补市场失灵领域的职责，通过加强农田水利基础设施建设、提供农业生产信息服务等方式，提高农业生产者在农业风险综合管理方面的能力，建立和完善农业巨灾风险分散体系。

（三）风险管理工具组合初步形成

随着中国许多市场化工具的发展，不同风险管理工具之间开始出现了共同发展趋势。订单农业与期货市场的结合就是很好的例子，其成效也初见端倪。自订单农业出现以来，中国传统的订单农业发展模式一直受到违约率较高的困扰，特别是当市场收购价格高于合同价格时，农民存在较强的违约激励以实现当期收益最大化，而面对小规模分散生产的农户，龙头企业对违约农户的追偿成本往往较高，从而很难形成有效的"惩罚"机制。一些企业尝试将期货工具引入订单农业，利用期货市场的价格发现功能为订单合同价格确定提供参考，并通过期货市场将企业承担的市场风险予以转移。还有一些企业采用"延期点价订单"，即签订合同时只确定农户交货时农产品的数量和质量，农户可在交货后一定期限内自由选择某一时点的价格进行结算，以消除其担心"卖亏了"的惜售心理；而企业则可根据延期点价订单签订情况进行期货买入套期保值，以规避延期结算价格的浮动为企业带来的敞口风险。期货工具的嵌入有效地降低了订单农业的违约率，促进了订单农业的发展。与此同时，订单农业与期货工具的结合也为小规模农户间接参与期货市场提供了渠道，从而使得期货市场的参与度大大提升，提高了期货市场的有效性。除"订单＋期货市场"的组合外，"农业保险＋信贷""订单农业＋信贷""农业保险＋期货"和"农业订单＋保险＋期货/期权"的模式也正在试点和推广。

二、中国农业风险管理主要问题

近年来，尽管中国农业风险管理发展迅速，但与发达国家相比，中国农业风险综合管理体系建设仍处于起步阶段，特别是从风险综合管理角度来看，当前的农业风险管理仍然存在许多不足，阻碍了不同工具有效性的发挥，在中国农业风险综合管理过程中亟待解决。

（一）农业风险综合管理的顶层设计不足

农业风险管理是一项系统性和综合性极强的工作，政府部门要充分考虑各种农业风险之间的相关性以及不同管理措施之间的作用和影响，国外较成熟的农业风险管理模式多是在全面顶层设计下实施的。以美国为例，1938 年，美国农业部成立了联邦农作物保险公司，负责全国农作物保险的经营和管理。为了加强对农业风险管理，又于1996 年专门成立了农业风险管理局，风险管理局下设 10 个办事处，每个办事处分管 3～14 个州。在农业风险管理局的统筹指导下，美国构建了包括联邦农业商品计划、农作物保险计划和农业灾害救助计划三大类计划的综合风险管理体系，每一类计划又是由一揽子重点明确的具体计划组成，该体系被美国农业界称为"联邦农业安全网"。"联邦农业安全网"中的各类政策工具并不是独立发展的，而是在《农业法案》和各类具体法规指导下组成的严密的政策体系：联邦农业商品计划由美国政府农业部农场局直接管理操作支持计划，为主要农产品（共计 28 种农作物）的生产提供价格和收入支持，解决主要农产品的周期性价格和收入波动风险；联邦农作物保险计划由政府和市场合作并采用政府支持下市场化运作方式，为 140 多种农产品短期产量或收入风险提供保障；非可保农作物灾害救助计划为暂未列入联邦农作物保险的农产品提供损失保护，补充性灾害救助计划为上述农产品计划和联邦农作物保险未提供保障的与气候相关的损失提供保障。这些政策交互作用，构成体系相对严密的农业支持政策体系。

反观中国，目前尚未成立独立的、常设的农业风险管理机构，也缺乏统一的农业风险管理综合协调机制。现有农业风险管理体系，虽然已经提供了多种工具和政策来管理不同层次、不同类型的风险，但不同政策和工具基本上各自为政，独立发展，缺乏一个完善的顶层设计对各类风险管理工具进行统筹安排。以分散管理为特点的农业风险管理体制并未考虑到现代农业风险的多因性、系统性和复杂性特点，与现代社会对农业风险管理的基本要求严重不符。

（二）风险管理重单一风险，轻复合型风险

中国现有农业风险管理体系中，风险管理工具的设计多针对单一风险，如农业保险用于管理生产风险，订单农业和期货市场用于管理市场风险，同时考虑生产风险和市场风险的工具很少。这种安排的优点是管理工具的针对性强，推行起来相对简单，但是不能充分利用农业风险之间的相互作用。例如，从风险关联性考虑，农业生产风险和市场风险之间存在密切的联系，会相互传导和影响，农作物产量与价格之间就存在明显的负相关关系。为了充分利用农业风险之间的这种关联性，特别是生产风险和市场风险之间的对冲性，在美国等许多发达国家，农产品收入保险已经取代产量保险，

成为最重要的农业保险形式。但在中国，对收入风险等复合型风险的管理虽开始试点，但还没有得到充分的开发和利用。

（三）市场化农业风险管理工具发展不足

中国现有农业风险管理工具大多是由政府提供或主导的，市场化风险管理工具发展不足，导致在风险管理实践中，市场机制发挥不够，影响了风险管理的总体成效。

一方面，中国现有市场化农业风险管理工具如期货市场、订单农业发育尚不完善，工具本身的风险管理功能尚未得到充分发挥，特别是期权产品刚开始上市和品种缺乏，客观上也无法为其他风险管理工具的发展提供足够的支撑。造成这一问题的原因，可能是为了保障人口大国的吃饭问题，中国的农业政策更偏重于生产，强调保障粮食安全，而对农产品市场风险重视程度相对较弱；再加上，农产品期货的宣传推广力度不足、农产品期货市场的有效性差，导致中国的农产品期货市场的参与度长期偏低，利用期货市场进行套期保值的农业企业数量还非常少，期货市场的风险管理功能还未能得到充分发挥。而从国外发展经验来看，期货市场的发展对订单农业和农产品价格保险的发展具有难以替代的重要作用。

另一方面，农业保险等风险管理工具的市场机制发挥不够。中国的农业保险需要政府的支持，尤其需要基层政府协助保险公司进行农业保险的宣传、组织和展业、理赔等活动，在降低农业保险经营交易成本的同时，推进农业保险在中国的发展。但政府深度介入农业保险也是一把"双刃剑"。《农业保险条例》赋予了政府引导和协同推进农业保险的职能，在多家保险机构进入农业保险市场竞争的背景下，政府"依法"参与农业保险活动，就在某种程度上具有市场"主导权"，在缺乏约束的条件下就可能导致权力寻租。例如，在有的地方，农业保险市场竞争正在演变为"寻租竞争"和手续费竞争。此外，在政策性农业保险推出后，不少地方政府推动建立本地保险公司，或者为了将农业保险的收益留在地方选择本地成立的保险公司进行经营，形成了"诸侯争霸"的局面，但这种局面并不利于农业保险在大的空间范围内进行风险分散，从长期看削弱了农业保险的持续发展能力。总之，政府的过多介入在一定程度上弱化了农业保险机构自身的风险分散和转移能力，从而降低了风险管理的市场效率。

（四）对农业产业链的其他风险重视不足

农业产业链作为农业产业化经营中连接农户和市场的一种主要组织形式，多种形式的农业产业链，对繁荣农村经济、增加农民收入发挥了积极的推动作用。农业现代化过程中的一个标志是，农业的分工越来越细，专业化程度越来越高，这样可以提高每个部门工作的效率。但是，分工越来越细的同时，也使得农业产业链的风险管理更加复杂，因为风险贯穿农业产业链中的始终，任一环节的风险事故，都可能向其他环节传导，并成为整个产业链的风险。目前中国的农业风险管理多集中于农业初级产品的生产风险和价格风险，但对于农业产业链中的其他风险，诸如农业技术风险、农产品安全风险、生产资料质量安全风险、产业链运营风险、农业生产环境风险等，尚缺乏有效的管理工具。如何将现有的"点"式管理工具，变成"链"式管理工具，对农业产业链全程风险进行有效管理，是中国农业风险综合管理面临的又一关键问题。

三、提升中国农业风险综合管理能力的政策建议

（一）创新保险与救济相组合的农业巨灾风险管理模式

中国是世界上自然灾害最严重的国家之一，特别是近年来，我国进入新的灾害多发期，极端气候事件发生频次增加，重特大自然灾害接连发生，给我国农业生产和农民生活带来巨大冲击。在许多发达国家，除政府灾害救济外，市场化的巨灾风险分散工具，如农业保险、巨灾保险在农业巨灾风险管理中同样发挥着重要的作用，例如，根据瑞士再保险于 2015 年 5 月发布的 Six Sigma 报告，在世界发达国家和地区，地震、洪涝等巨灾风险事件发生后保险赔付已达到 30% 以上，部分国家巨灾损失保险赔付甚至达到 60%～70%。而在我国农村地区遭受的历次巨灾事件中，政府救济均发挥了绝对主导作用，市场作用十分有限。政府财政救济具有资源调动能力强、有利于促进社会公平的优势，对于维持社会稳定、帮助灾后生产生活恢复重建具有重要意义，然而，以政府财政救济为主的巨灾风险管理模式同样有很大的缺陷，一方面，巨额且不定期的农业巨灾救灾救济投入不仅会对财政收支的稳定性产生冲击，也会"挤出"政府其他方面的财政支出，从长期来看潜藏着巨大的财政风险；另一方面，资源短期内过度集中也会带来分配效率低下和"谁受益"的问题。

因此，从完善我国农业巨灾风险管理体系的角度看，未来需要在厘清政府与市场责任的基础上，进一步发挥市场在农业巨灾风险管理中的潜力。一方面，政府作为预算管理机构，可以更积极地运用灾前风险融资手段来转移风险，借助于农业保险的资金调集和杠杆撬动作用，使不确定的巨灾损失支出平稳化；另一方面，政府作为公共利益的代表，应加大在基础设施建设、减灾抗灾管理和服务等公共物品或准公共物品中的投入，把握好"保基本、兜底线、促公平"的政府责任。通过农业保险与政府救济的有机结合，在保障社会底线安全、公平的同时，促进巨灾风险管理效率的提高。

（二）完善政府与市场有效结合的农产品市场风险管理制度

近年来，随着我国农产品市场价格的频繁剧烈波动，如何有效管控农产品市场风险已成为党和政府关注的重大问题之一。党的十八届三中全会做出了完善农产品市场价格形成机制的战略部署，2014 年中央"一号文件"也明确提出，在我国东北和新疆地区开展大豆和棉花目标价格补贴试点。与此同时，据保监会统计，农产品目标价格保险目前也在全国 20 多个省份得到了试点推广。尽管我国对农产品市场价格风险管理做出了积极的尝试和探索，但其效果并不如人意。一方面，农产品目标价格补贴试点

虽然基本达到了预期改革目标，但存在财政成本和风险巨大、政策执行成本高昂、容易滋生腐败和引发社会不稳定等许多问题，亟须进一步完善；另一方面，农产品价格保险受到逆选择和巨额赔付风险问题的困扰，并不能够完全起到稳定农产品价格的作用。

那么，应该如何完善我国农产品市场价格风险管理制度呢？我们认为，由于农产品市场价格影响因素的复杂性，对农产品市场风险的高效管理需要建立在对农产品价格波动进行深入分析的基础之上。许多学者的研究都表明，农产品的价格波动一般由周期性波动、季节性波动和随机性波动三部分构成。三部分价格波动的产生根源、风险性质和影响后果各不相同。相应的，其所要求的风险管理方式和手段也不一样，这正好和本书第三章中介绍的农业风险综合管理思想（"要根据风险特征和不同主体具备的优势来对农业风险管理中不同主体进行合理的分工和角色定位"）相一致。因此，高效的农产品市场价格风险管理制度应该是政府与市场有效结合、分工明确和相互配合的。周期性波动和季节性波动一般可以通过农产品价格波动的历史信息进行判断，属于可预期的价格波动，市场机制对于管理这种类型的风险往往是失灵的，这个时候需要政府采取直接的干预措施，采用反周期的价格稳定（Price Stabilization）政策和措施。美国政府针对农产品价格的周期性波动，采取的逆周期补贴（Counter Cyclical Payments）措施，美国农业商品计划中包含的价格损失补偿计划（PLC）和农业风险保障计划（ARC）就是典型的例子；只有随机性价格波动才是完全不可预期的价格波动，属于风险管理（Risk Management）措施的范畴，这时候市场化风险管理工具如期货期权以及农产品价格与收入保险等市场化管理工具，都可以很好地实现这种功能，政府只需要支持和培育这些市场工具的发展即可，不需要进行额外的干预。

（三）探索由"点"到"线"的农业风险链一体化管理体系

农业风险的管理并不是仅对农业生产者遇到的风险或农业产业链中的某一个环节的风险进行管理，需要我们从现代产业组织体系的视角整体看待、分析和管理整个产业链与风险链条的相关风险，既要注重风险分散链条上的风险分散和利益平衡问题，又要通过不同风险管理工具的紧密衔接对产业链条上下游的风险进行综合一体化的管理。也就是说，对农业风险的管理，不仅要着力于对农业生产者这一个"点"的风险管理，还应该对农业产业链条和农业风险转移链条这条"线"上的风险进行管理。针对我国当前农业风险管理的具体实践问题，我们认为针对农产品价格风险，应该探索建立起"农户＋龙头企业/保险公司＋期货市场"的一体化农产品价格风险分散体系；针对农业生产风险中的巨灾风险，应该探索建立起"农户＋保险公司＋再保险公司＋政府巨灾风险准备金＋巨灾证券"的巨灾风险分散体系。

"农户＋龙头企业/保险公司＋期货市场"的风险管理办法，就是将订单农业、农产品价格保险与农产品期货、期权这两种农业风险管理工具进行组合使用，充分发挥市场化风险管理工具的效果。对农产品的价格风险进行管理，不仅可以直接将降低农业生产者价格风险作为政策与措施设计的出发点（如采取目标价格补贴制度、最低收购价制度、调节性库存制度等），也可以借助整个产业链对农产品价格风险进行一体化管理。通过"农户＋龙头企业"的订单农业模式，农户可以将销售与价格风险完全转移给龙头企业，从而锁定单位产品的销售价格，自己仅需要承担生产风险。而另一方面，龙头企业在承接了全部的市场价格变动风险之后，也需要进一步寻求转移价格风险带来收益不稳定的措施。当农产品期货市场能够有效地运行，对龙头企业而言，通过在期货市场上进行期货或期权的对冲交易，龙头企业可以进一步锁定未来交易的价格，并将价格风险转移给期货市场上众多分散的投资者或投机者。通过这种链条式的二级风险转移模式，就可以实现对农产品价格风险的有效分散和转移（图7-5）。

图7-5　"农户＋龙头企业＋期货市场"模式示意图

"农户＋保险公司＋再保险公司＋政府巨灾风险准备金＋巨灾证券"的农业巨灾风险分散体系，则是对生产风险的转移链条进行一体化的管理。我们知道，农业产量保险是保险公司对农业生产者遇到的生产风险提供的保险保障服务。但在某些年份，农业生产风险造成的损失可能特别巨大，超出了保险公司的赔付能力，从而造成保险巨灾风险。如果不能很好地解决保险巨灾风险，保险公司就会遇到比较严重的承保风险，即一旦出现巨灾风险，保险公司将无法履行赔付责任，甚至破产倒闭。因而，在进行保险方案设计的时候，除了要考虑将农户的生产风险转移给保险公司外，还必须考虑如何进一步分散和转移保险公司可能遭遇的巨灾风险。我们认为，可以根据风险转移的原理，根据农业生产风险的大小，建立"农户＋保险公司＋再保险公司＋政府巨灾风险准备金＋巨灾证券"的逐级生产风险转移体系。

（四）组建中央与地方相衔接的独立农业风险管理组织机构

坚强的组织领导是确保我国农业风险综合管理取得预期效果的重要保障。从全球范围看，建立相对集中统一的组织体系，强化风险管理决策部门对风险管理政策、制度、程序的集中统一管理职能，是发达国家建立农业风险管理体系较成熟的经验。以美国的农业风险管理局（Risk Management Agency, RMA）为例，这个设立在美国农业部的管理机构是美国农业风险管理的综合统筹机构，其通过管理和实施一系列由国会授权、联邦政府执行的农业风险管理计划，有效地增强了美国农业生产、经营和贸易的稳定性。反观中国的农业风险管理体系，目前尚未成立专门性机构整体统领、协调农业风险的管理工作，不同环节的风险管理职能往往分散于不同的部门，并且有风险管理职能缺位和多头管理并存的问题,从而造成管理效率低下、管理资源浪费等情况。鉴于此种情况,在构建和完善我国农业风险综合管理体系时,我们建议:借鉴国外成熟经验,成立独立的农业风险管理机构,以加强对各类风险的统一管理。具体来说,农业风险管理机构主要职责体现在如下方面:其一,布局农业风险管理政策体系,构建覆盖不同类型、不同层级风险的严密风险管理安全网,加强不同政策(包括培育市场工具的政策)之间的协同和配合,形成政策合力,降低政策成本;其二,理顺中央、地方风险管理关系,从组织机构、职责分工、管理机制等多个方面对各地农业风险管理进行统一规范,改变现阶段一地一策的农业风险管理格局,形成从中央到地方的一体化风险管理组织体系;其三,统筹协调不同业务部门风险管理资源,形成一套行之有效的风险监测、预警、响应、决策机制和组织构架,从综合管理的角度统筹农业风险管理问题。

案例:如何开发市场化风险管理工具管理农业风险?——以农业保险为例

利用市场化风险管理工具管理可保风险是农业综合风险管理中的一环。那么,在综合风险管理框架下,开发市场化风险管理工具(农业保险、期货/期权、订单农业、合作组织、互助基金等)管理可保风险,需要考虑哪些问题呢?下文以农业保险为例,进行简要的梳理和介绍。

一是关注风险本身。某类风险或风险事件的性质本身是否可以用保险工具进行管理?或者说,哪些环节和风险有被保险的可能性?

二是关注农业生产经营者。①农民使用的市场化风险管理工具是什么?农民参与程度如何?(例如,有期货市场吗?农民参与、利用程度如何?为什么?)②农业保险工具在农民中有多受欢迎?为什么?③农民之前参保比例较高的,是针对哪类风险的保险?

三是关注农业保险工具本身。①农业保险在本国是否具有应用的条件和基础,包括之前农业保险产品在多大程度上得到应用?②如果之前农业保险(或某类保险产品)没有被开发、应用,原因是什么?

四是关注政府政策。①政府是否应当干预农业风险市场?如何干预?②政府是否有价格支持政策以平滑价格波动或阻断价格风险向农业生产经营者传递?③是否有其他类型(诸如生产配额或市场干预)的农业支持政策安排?④政府在开发和应用农业保险产品中应扮演何种角色?起到什么作用?(特别是,政府是否有对此类农业保险产品的补贴或干预措施?如果有,政府部门与保险公司、农业生产经营者等私人部门是如何划分职责关系的?补贴比例如何?实施效果如何?)

五是关注农业保险市场环境。①农业保险供给的市场竞争结构是什么样的?有几个相互竞争的公司?这种市场竞争性如何得到保证?②是否有公私伙伴关系?这一机制是如何运作的?

参考文献

1. Mahul, Olivier, Charles J Stutley. Government Support to Agricultural Insurance: Challenges and Options for Developing Countries. Washington D.C: The World Bank, 2010.

2. OECD. Managing Risk in Agriculture: Policy Assessment and Design. OECD Publishing, 2011.

3. OECD. Risk Management In Agriculture-A Holistic Conceptual Framework. OECD Working Papers, TAD/CA/APM/WP (2008) 22/FINAL, 2009.

4. 栾敬东, 程杰. 基于产业链的农业风险管理体系建设[J]. 农业经济问题, 2007 (3): 86-91, 112.

5. 穆月英, 陈家骥. 两类风险两种对策: 兼析农业自然风险与市场风险的界限[J]. 农业经济问题, 1994 (8): 33-36.

6. 张峭, 王克, 等. 中国农业风险综合管理[M]. 北京: 中国农业科学技术出版社, 2015.